東京外国語大学アジア・アフリカ言語文化研究所
叢書 知られざるアジアの言語文化 I

タイ族が語る歴史

「センウィー王統紀」
「ウンポン・スィーポ王統紀」

新谷 忠彦 著

黄金の四角地帯 略図

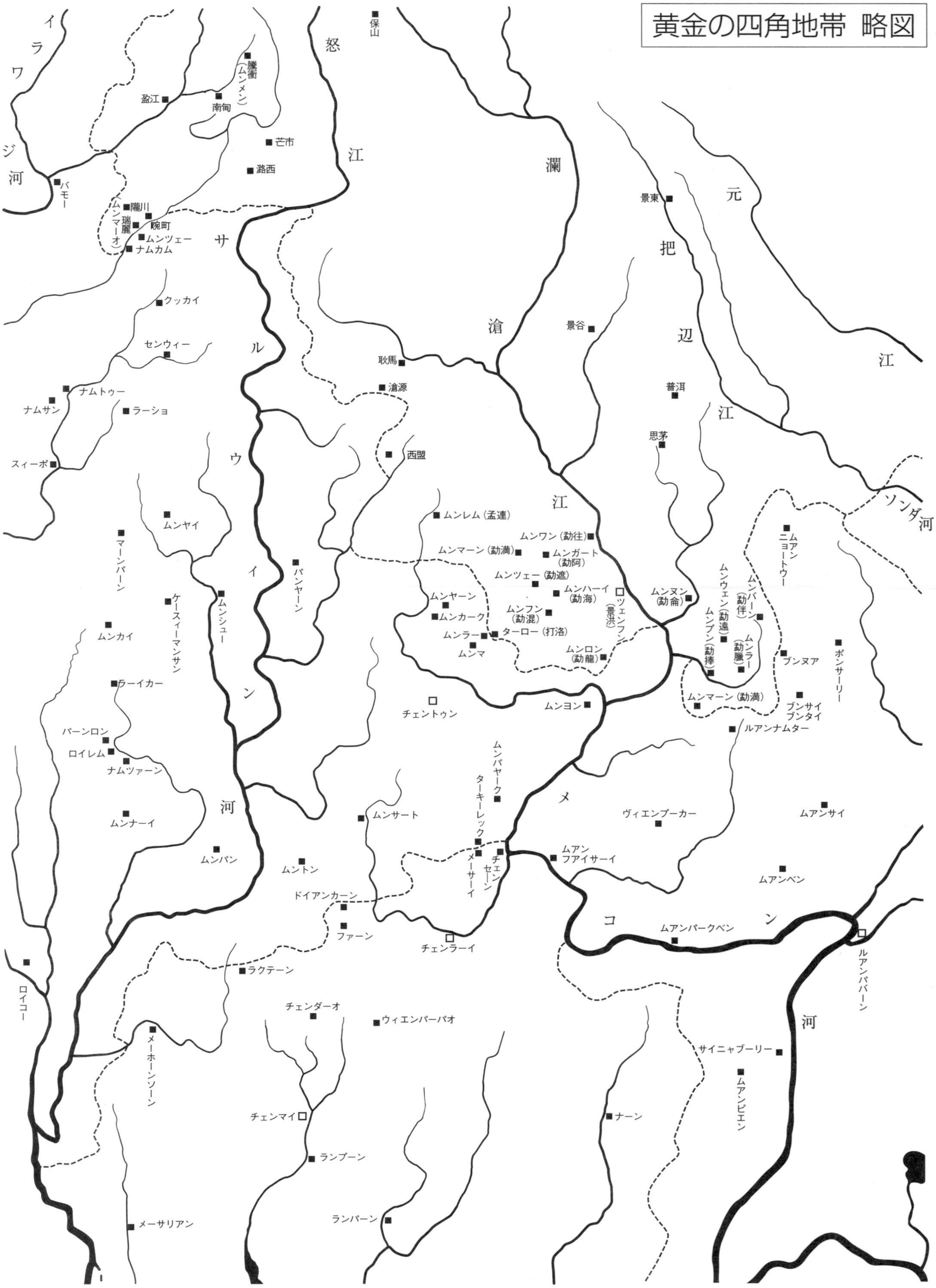

保山
怒江
騰衝(ムンメン)
盈江
南甸
芒市
潞西
イラワジ河
バモー
隴川
瑞麗(ムンマーオ)
畹町
ムンツェー
ナムカム
サルウィン河
クッカイ
センウィー
ナムトゥー
ナムサン
ラーショ
スィーポ
瀾滄江
耿馬
滄源
西盟
景東
景谷
普洱
思茅
把辺江
元江
ソンダ河
ムンヤイ
マーンバーン
ケースィーマンサン
ムンシュー
パンヤーン
ムンカイ
ラーイカー
パーンロン
ロイレム
ナムツァーン
ムンナーイ
ムンパン
ムンレム(孟連)
ムンワン(勐往)
ムンマーン(勐満)
ムンガート(勐阿)
ムンツェー(勐遮)
ムンハーイ(勐海)
ツェンフン(景洪)
ムンヤーン
ムンカーク
ムンフン(勐混)
ムンラー
ターロー(打洛)
ムンマ
ムンロン(勐龍)
ムンヌン(勐侖)
ムンウェン(勐遠)
ムンバーン(勐伴)
ムンプン(勐捧)
ムンラー(勐臘)
ムアンニョートウー
ブンヌア
ポンサーリー
ムンマーン(勐満)
ブンサイ
ブンタイ
ルアンナムター
チェントゥン
ムンヨン
ムンパヤーク
ターキーレック
メーサーイ
チェンセーン
ムンサート
ムントン
ドイアンカーン
ファーン
チェンラーイ
ムアンフアイサーイ
ヴィエンプーカー
ムアンサイ
ムアンベン
メコン河
ムアンパークベン
ルアンパバーン
ロイコー
ラクテーン
チェンダーオ
ウィエンパーパオ
メーホーンソーン
チェンマイ
ランプーン
ランパーン
メーサリアン
ナーン
サイニャブーリー
ムアンピエン

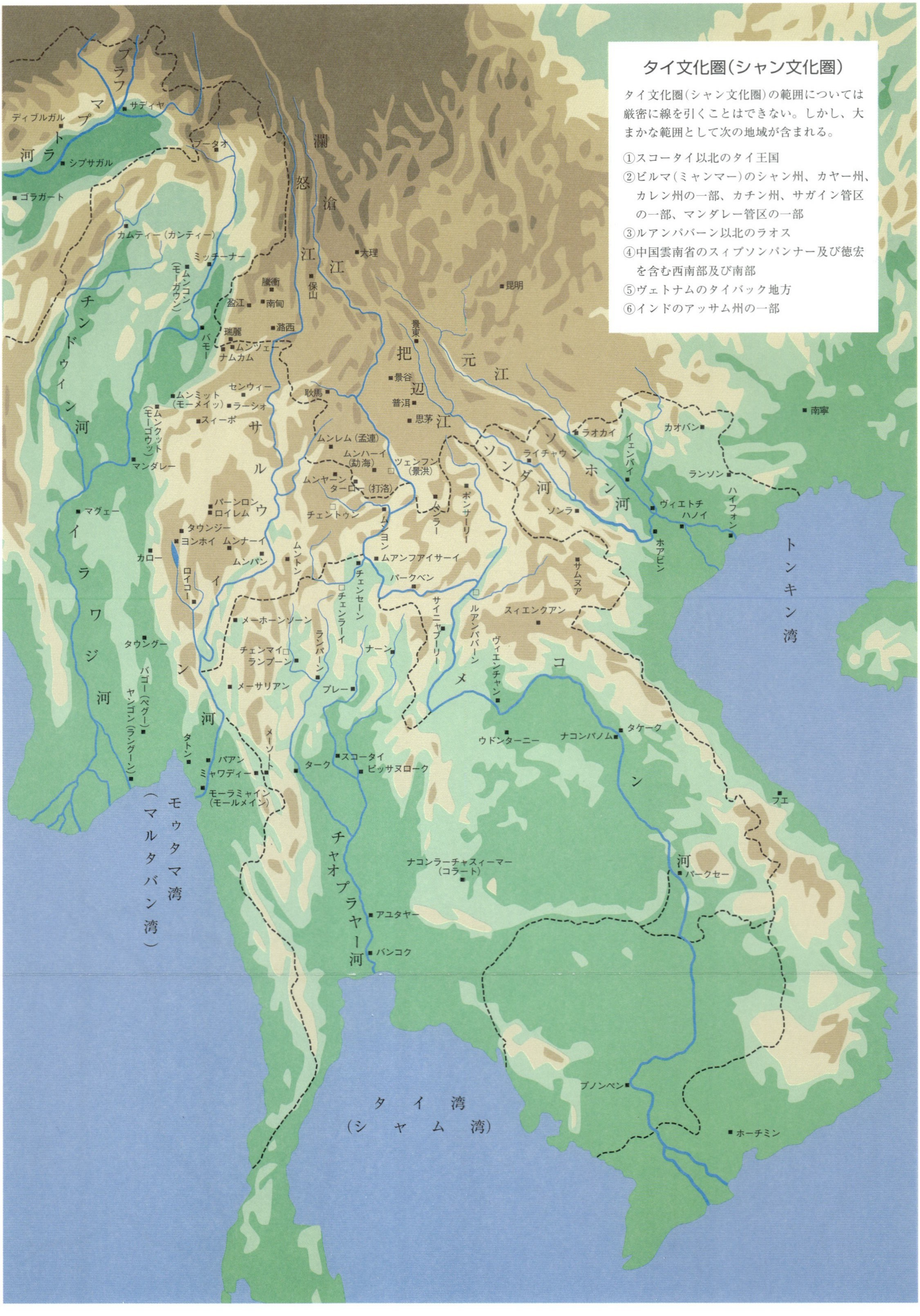

タイ文化圏（シャン文化圏）

タイ文化圏（シャン文化圏）の範囲については厳密に線を引くことはできない。しかし、大まかな範囲として次の地域が含まれる。

①スコータイ以北のタイ王国
②ビルマ（ミャンマー）のシャン州、カヤー州、カレン州の一部、カチン州、サガイン管区の一部、マンダレー管区の一部
③ルアンパバーン以北のラオス
④中国雲南省のスィプソンパンナー及び徳宏を含む西南部及び南部
⑤ヴェトナムのタイバック地方
⑥インドのアッサム州の一部

「叢書　知られざるアジアの言語文化」刊行にあたって

自己の国家をもたない民族が多数アジアで暮らしています。彼らは、近代領域国家の周縁に置かれており、少数民族と呼ばれています。これまでわれわれは、少数民族の言語・文化に接する機会が少なく、あったとしても、それは往々にして、他の民族のフィルターをとおしてでした。たとえば、和訳された民話や神話などの文献は、ほとんど原語からではなく、英文、仏文や近代国家の標準語からの重訳が多かったことを思い起こせば、この点は容易に理解できるでしょう。

「叢書　知られざるアジアの言語文化」は、少数民族が自身の言語で叙述した歴史と文化に関する口頭伝承や文献を和訳することによって、彼らに対する理解を深め、その思考法に一歩でも近づくためのシリーズです。これによって、より多くの読者が少数民族固有の価値観を熟知するきっかけになればと願っています。

原則として、少数民族の言語から直接和訳することが求められます。少数民族の文字による文献および聞き取りによって採集されたオーラル資料のテキストからの翻訳が主流となりますが、第三者、つまり多数民族の言語と文字を借りて自己表現する場合も無視できません。少数民族はしばしば政治権力を掌握する人々の言語と文字を用いて自己を表現する境遇にあるからです。その場合は、少数民族自身によって語られるか書かれている点、また内容は少数民族の価値観を表している点などが要求されます。

誰しも、表現した内容を相手に理解してもらいたいと望んでいます。相手がそれを理解してくれないことほど悲しいことはありません。多数民族は自己が立てた標準に彼らが達しないことや彼らの思考法が自分たちと異なることを理由に、少数民族を解ろうと努力してこなかった向きがあります。人間の表現は、音で意思を伝達する言葉と符号で意味を伝達する文字に頼っています。言語が異なると意味が通じないのは自明のことわりですが、その言語を習得すれば、言葉の背後に潜む思考法も理解でき、他者の文化的価値観を知る能力が増大することは確かです。

幸い、近年、アジアの少数民族のあいだで長期のフィールドワークをすすめ、多くの困難を克服して彼らの言語と文字を習得した若手研究者が増えています。東京外国語大学アジア・アフリカ言語文化研究所では、そうした若手研究者を共同研究プロジェクトに迎え入れて、所員とともにさまざまなオーラルと文献の資料を和訳し公刊することになりました。少数民族の言語と文化を少しでも多くの日本人に理解していただく一助となればと期待しています。

クリスチャン・ダニエルス（唐 立）
都下府中の研究室にて
2007年10月１日

序　文

京都大学名誉教授
石井　米雄

フランスの歴史家ジョルジュ・セデスは、13・14世紀に、中国の西南部から東南アジア大陸部にかけて、タイ族の小国家群が叢生した事実に注目し、これを「タイ族の大沸騰」と呼んだ。アメリカのタイ史家デヴィッド・ワイアットは、これに「タイ族の世紀」という名を与えている。現在までのところ、かれらの所説に異論を唱えるものはいないが、それではそこで誕生したとされる小国家の実態がいかなるものであったかについての研究はほとんど進んでいない。これらの小国家に関する「文献」の解明も遅れている。その理由のひとつは、すでに発見された若干の文献についてみても、用いられた表記法がきわめて難解なため、読解が困難であったことが考えられる。こうした研究の現状を考えると、歴史に理解をもつ言語学者新谷忠彦氏が発表した2篇の訳業、「センウィー王統紀」と「ウンポン・スィーポ王統紀」は、わが国のみならず、ビルマを含む関係諸国や、欧米の学界にも見られない先駆的な業績としていかに高い評価に価するものであるかがわかるであろう。

新谷氏がこれら両「王統紀」の翻訳中に出会った困難の大きさについては、「解説」のなかで具体的に述べられている。その苦労が並大抵のものでなかったことは、30年の長きにわたる新谷氏の現地における言語調査の記録を読めば容易に想像できる。この難行を完遂できたのは、新谷氏が、フランスの言語学者オードリクールの学統を継ぐ言語学者であったからであろう。ついでながら本書に収録された「解説」が、言語学者のみならず、ひろく「シャン文化圏」の文化・社会の研究を志す後進の研究者の参照すべき、またとない手引きとなっていることを申し添えておく。

19世紀アジアに進出した西欧帝国主義は、それまで長く存在をつづけてきた文化圏を無視してそれぞれの国境を設定してしまった。その結果、伝統的文化圏は寸断され、別々の政治圏に位置づけられることとなった。民族問題発生の根源がここにある。それゆえ、今日声高にさけばれる「民族問題」を的確に理解するためには、まずその問題の根源にある伝統的な文化的座標について正確な認識をもつことから始める必要があろう。新谷氏の先駆的業績は、現在四カ国の国境に分断されてしまっているインドシナ半島北部に、「シャン文化圏」となづける文化圏の存在を学術的に実証した。同様の状況は、アジアの他の地域においても存在するに違いない。こうした新谷氏の研究成果をひとつの指針として、後進の若い研究者が「シャン文化圏」の言語学的、人類学的、歴史学的研究をさらに深めるとともに、他の「文化圏」の研究にもいどみ、斯学の発展に寄与されることをつよく期待したい。

目　次

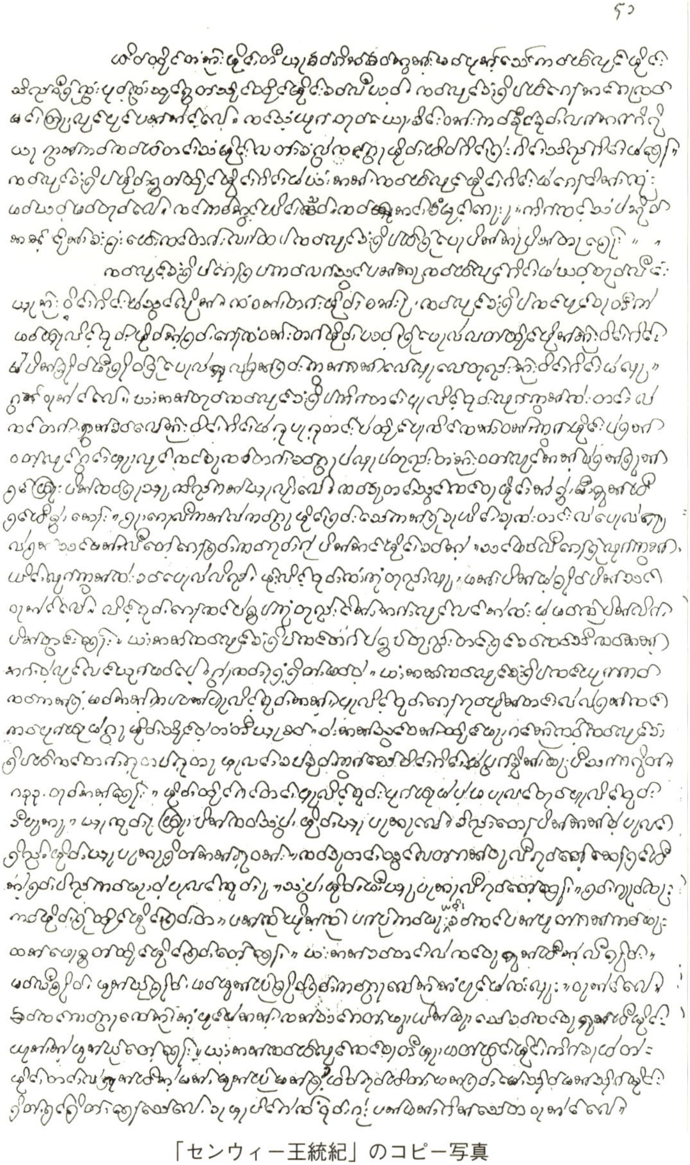

「センウィー王統紀」のコピー写真

チェントゥンに残るチャオファー(ツァオパ。前近代の盆地連合国家の統治者。本書中の「王」にあたる)の墓。「王統紀」の時代をしのばせる数少ない史跡のひとつ。

著者還暦の記念として

解　　説

本書をお読みになるにあたって

本書をお読みになるにあたって、用語について2点御注意いただきたいと思います。こうした用語を使うに至った詳しい経緯については本書の中で述べてありますので、そちらを参照してください。

(1) ビルマあるいはミャンマーと呼ばれている国名について、原則として本書では漢字の「緬甸」を使っております。
(2) タイ文化圏とシャン文化圏は同じものです。カッコ付きで両方書いております。また、タイという名称も通常日本で使われているものとは意味が違います。

「シャン文化圏(タイ文化圏)」研究と
シャン語(タイ語)で書かれた王統紀

私が「シャン文化圏」に最初に足を踏み入れたのは1974年のことである。その当時は現在とは違い、学生が自由に海外へ出かけることなどほとんどありえないことであった。私の場合は1971年から1974年までフランス政府給費留学生としてパリに滞在し、帰りの東京までの航空券をフランス政府が支給してくれたために「シャン文化圏」への立ち寄りが可能になったものである。当時の航空券は今とは比べ物にならないくらい高価なものであったが、一定の距離の範囲内におさまれば１年の間どのようなルートを通ることもできるという自由なものになっていたので、パリを出発し、タイ王国、緬甸、ラオス、南ベトナム(当時)、カンボジアを回って１年後に東京に帰着するような極めて貪欲な計画を立てていた。その間の生活費はパリ留学中にアルバイトで稼いだはした金を使っての貧乏旅行の予定であった。ところが当時はベトナム戦争の最終段階で、サイゴン(当時)やプノンペンには、行くことは問題なかったのだが、これらの都市からの出国便は脱出を急ぐ人でいっぱいで、帰れなくなる恐れがあったため、最終的には南ベトナム、カンボジア行きは断念し、タイ王国、緬甸、ラオスの三ヵ国だけを回って1975年に東京に帰って来た。

最初から「シャン文化圏」という、一般にはあまり馴染みのない言葉を使ってしまったが、ここで私とシャンとのかかわりを述べたうえで、その言葉の意味するところ、その後の私の研究に与えた影響、さらにはシャン語(タイ語)で書かれた王統紀との出会いやその価値などについて触れてみたいと思う。

私がシャン語(タイ語)に興味を持つようになったのはパリ留学中のことである。そのころタイ王国語の /b/ や /d/ は教科書ではいずれも通常の有声閉鎖音であると書かれていたが、声調との対応から本来これらは無声音でなくてはならないはずであった。そこで現代のタイ系言語をいろいろと調べているうちに、シャン語(タイ語)ではタイ王国語の /b/ が /m/ あるいは /w/ に対応し、/d/ が /l/ に対応していることが分かったのである。このことは現代の /b/ や /d/ がもともと声門閉鎖を伴う入破音であったことを意味することになる。入破音が声調とのかかわりで無声音系列に入ること、また、それが鼻音に変化する可能性があることは、ベトナム語の例ですでに分かっていたので、シャン語(タイ語)の例からタイ系言語におけるこの部分の音韻変化の流れがすんなりと理解できた。また、16〜17世紀ごろに書かれたと考えられる、漢語との対訳語彙集である「華夷譯語《かいやくご》」の中の『暹羅《せんら》(シャム)譯語』におけるこの部分の漢字による注音の状況からも、現代タイ王国語の /b/ および /d/ はもともと入破音であったことがはっきり分かったのである。

少し余談になるが、ベトナム語は私が最初に勉強したアジアの言語であり、最初に勉強した声調言語であって、このことが現在に至るまでの私の研究に決定的な影響を与えている。私がまだ20歳を少し過ぎたころにベトナム語をベトナム人から直接習うことによって、声調とは単なる音の高低ではなく、もっと多様なものであることを知り、緊喉母音の存在や入破音の存在を知ると同時に、それらを若い時期に実際に聞き、発音する訓練ができたのである。私が音韻変化の中でも、声調の発生・変化や緊喉母音や入破音の発生・変化に特段の興味を持つのもこのことが大きく影響している。後にタイ王国で実地調査を始めるようになってから、この国の一部の人にはまだ入破音が残っていることもこれによってすぐに聞き取ることができたのである。アジアの言語や声調言語というと、漢語(北京官話)を最初に勉強する人が圧倒的に多いのではないかと思われるが、将来音声学や音韻論の研究をしようとする人にとっては、ほとんど利益がないばかりか、場合によっては有害である。漢語の中でも特に北京官話はその声調体系がきれい過ぎて、若い時期にこれが声調だと思うようになったら後で苦労することになる。今にして思えば、私が声調言語として最初にベトナム語を勉強する機会に恵まれたことは大変な幸運であったように思う。

話を元に戻すと、上に述べたような経緯でシャン語(タイ語)の勉強を始めようとしたのだが、これが実に大変なことであることがすぐに分かった。まともな教科書などまったくなく、あるものといえば20世紀はじめころに出版された J.N.Cushing《クッシング》 の辞書と簡単なハンドブックだけであった。また、その文字法が実に不可解な文字法で、この文字法を完全に理解できるようになったのは、後にタイ王国でシャン人を捉まえて勉強するようになってからのことである。シャン語(タイ語)に興味を持ち、シャン語(タイ語)の勉強を始めるようになってから、シャン語(タイ語)で書かれた王統紀の存在を知るようになった。しかし当時はそれがどのようなものであるのかさっぱり分からなかったし、また、その所在もまったくつかむことができなかった。1970年代は緬甸のシャン州でそのような調査研究をすることなどできる状況下にはなく、タイ王国で緬甸側から国境を越えて来た人たちを捉まえて勉強することだけが唯一可能な方法であった。

タイ王国やラオスで調査研究をするようになってからもうひとつシャン語(タイ語)を勉強する動機が出てきた。当時の私の主な調査対象はタイ王国北部やラオスの山岳部に居住するさまざまな民族の言語に向けられていた。これらの言語を調査するには媒介言語が必要であるが、当時のこの地域の山岳民族の間では国語があまり通じず、シャン語(タイ語)あるいはそれに近いカムムアン(北部タイ王国語、ラーンナー語)やルー語などがよく通じたのである。従ってシャン語(タイ語)を勉強することがこの地域での調査を円滑に進めるために極めて有用だったのである。こうしたことからシャン語(タイ語)を勉強しながらほかのさまざまな言語の調査を進めていたわけであるが、そうこうしている中で、シャンを含め、この地域に居住する民族の間に国境を越えた何らかの一体感が存在することが徐々に分かってきた。当時この地域の人たちにとって国境を越えて移動することはそんなに珍しいことではなく、また、異なる民族間で分業関係やある種の社会階層関係が形成されているように感じられてきたのである。山間部を歩く際に道案内人は欠かせないが、タイ王国語しかしゃべらない人を連れて歩くと警戒されるのとは反対に、シャン人やヤオ(ミエン)人を連れて歩くと受けがよかったのである。彼らはリンガフランカとしてのシャン語(タイ語)あるいはそれに近い言語を話すと同時に、ある種の親近感を持たれていたようである。このようないわば「感覚」が私の「シャン文化圏」という発想の出発点になっている。よく考えてみれば、現在のタイ王国北部にはかつて「ラーンナー王国」があり、緬甸のシャン州にはいくつものタイ系民族が中心となった「王国」が存在していたのである。今は中国領に組み入れられているスィプソンパンナーや徳宏も然りである。インドのアッサム州の一部やベトナムのタイバック地方でも同じである。国境で囲まれた現在の領域国家の政治的中心から見れば「シャン文化圏」は辺境の地でしかなくなるが、歴史的に見れば今のタイ王国やラオスは辺境の地かもしれないのである。それに加えて、言語を見てみれば、この地域のタイ系言語の中では現在のタイ王国語とラオスの国語であるラオ語はある意味で異常なのである。この地域のタイ系言語はみな古来の有声閉鎖音(b, d など)が無声無気音化(*b>p, *d>t など)しているのに対し、タイ王国語とラオ語に限っては無声有気音化(*b>ph, *d>th など)している。またこの両言語はカンボジア語からの借用語が多い点でもほかのタイ系言語とは異なっている。人口はともかく、東南アジアのタイ系言語の中ではこの二つの言語はマイノリティーなのである。

国境を取り払って東南アジア大陸部の地図を見てみたらどうなるであろうか。大きな河が東の方から、紅河、メコン河、サルウィン河、イラワジ河とあるが、紅河の上流域、メコン河、サルウィン河の上流および中流域には多くのタイ系民族が居住し、メー○○、ナム○○、ター○○といった地名がたくさん見られる。メーはタイ王国語のメーナム「川」からきた言葉で、ナムはシャン語(タイ語)をはじめとするタイ系言語のナムメー「川」に由来する言葉で、ターはタイ系言語の「渡し場」を意味する言葉である。一方、イラワジ河の上流および中流域にはチベット・緬甸系の民族が多く住み、その西側にはチン族が多く住んでいる。紅河、メコン河、サルウィン河の下流地帯にはモン・クメール系民族が住み、さらに、イラワジデルタおよびサルウィン河の中流から下流域にかけてはブラカロン(カレン)系民族が住んでいる。タイ系民族はこうした四大河の下流域には基本的に住んでいないが、ただひとつの例外はチャオプラヤー河流域一帯に住むタイ王国のタイ族である。こうした点からもタイ王国のタイ族はほかのタイ系民族とはやや異なることが分かる。このように、国境で民族の分布を眺めるよりも、川を基準に眺めたほうが分かりやすいのである。国境という先入観を取り払うこと、それに、現代政治の中心地から眺めるという偏見を止め、見方を相対化すること、この二つを実行すれば自然と「シャン文化圏」の姿が浮かび上がってくる。そこでは、主に川の流れに沿った盆地平野部に住むタイ系民族を中心に、周辺地域の異民族も含めた複合文化交流圏が形成されていることを実感することは容易なことである。言語もシャン語あるいはそれに近いタイ系言語がリンガフランカとして広く通用している。そこでは異民族間の交流が古来より長く続いていたために、印欧語などとは違った言語音変化が起こっている。私がライフワークとしている根本的な研究テーマは、言語音とは時間の経過の中でどのように変化し、またその変化の背景には何があるのかを探ることである。印欧語のように短期間の間にほかの言語を駆逐しながら広まっていった言語群とは違い、長い間異なる言語間の接触がずっと続いてきたこの地域ではおのずと違った言語音変化が起こっており、このことからも私にとって「シャン文化圏」は格好の研究対象となるのである。

1980年代に入り、国際情勢の変化とともに調査環境も変わってきた。私は1980年代を「世の中を支配する原理が変わった時期」と考えている。具体的にはイデオロギー支配の時代からゼニオロジー支配の時代に世の中が変わったのである。このことによって世の中の人々はゼニを求めてこれまでの伝統的な移動範囲をはるかに超えて遠くまで移動するようになった。この変化を決定的にしたのはヨーロッパにおいてはソ連をはじめとする東欧共産主義社会の崩壊であり、アジアにおいては緬甸のラングーン事件や中国の天安門事件であった。こうしたイデオロギー支配の時代からゼニオロジー支配の時代への変化についてはいずれ別途稿を改めて詳述したいと考えているが、とにかくこの変化によって私の調査環境は大きく好転した。人の移動範囲が大きく広がったことで、これまでまったく接触不可能であった幾多の少数民族との接触が可能になったのである。また、こうした人の移動によって、これまでまったく様子が分からなかった地域の事情も人を通じてわかるようになってきた。同じ頃、もうひとつ私の調査の進展に大きく貢献したのはデジタル録音技術の進歩である。これによって比較的手軽に質のよい録音が可能になり、短時間の調査でもかなり大きな成果を挙げることが可能になった。このような調査環境の好転を踏まえた上で、1995年に私は何人かの同志と相談し、私が勤務するアジア・アフリカ言語文化研究所（通称ＡＡ研）に共同研究プロジェクトとして「シャン文化圏に関する総合的研究」を20年計画として立ち上げたのである。さらに、1996年から1998年までの３年間、文部省（当時）の科学研究費補助金（通称科研費）を受けることができ、より積極的な現地調査を行うことができた。また1998年から1999年の２年間は三菱財団の人文科学助成金も受けることができ、現地調査はいっそう加速した。この科研費と三菱財団の助成金によって行われた調査の成果は計り知れないくらい大きなものがある。未知の言語や名前だけは知られていても科学的データのまったくなかった言語の科学的データが大量に収集された。このことによって特にブラカロン（カレン）系言語や北方モン・クメール系言語の研究が格段に進歩し、この分野の研究に関しては世界で最先端の位置を占めるに至ったのである。文化史的側面からは従来の Cis-Salween / Trans-Salween という観点は緬甸側から見た観点でしかなく、サルウィン文化圏／メコン文化圏という積極的な意義付けが可能であることが分かった。更には、この調査の過程でこれまで所在がまったくつかめていなかったセンウィー王統紀のコピーを入手することもできた。こうした現地調査を踏まえた成果の第一弾として出版したのが『黄金の四角地帯―シャン文化圏の歴史・言語・民族』（1998年、慶友社刊）である。この出版は東南アジア研究者に対し少なからぬ衝撃を与えたはずであるが、一方で誤解や反発も生む結果となった。国境を取り去ることの重要性を指摘しておいたが、それが従来型の研究の寄せ集めである地域研究と誤解された。これまでのシャン研究ではタイ王国のシャン研究や緬甸のシャン研究しかなく、座標系が異なるこの両者をつなぎ合わせてもひとつのシャン研究にはならないし、そもそも座標系が異なる二つを合わせることなどできない話である。シャンはシャンでしかないのであって、つまるところ、単に国境を取り払うだけではなく、物の見方を相対化しなくてはならないのである。同じことが「学際的研究」についても言える。「学際的研究」という言葉が盛んに使われるようになってもう随分になるが、異なる分野の一流専門家を寄せ集めてみても特段の成果が上がるわけではない。物の見方を相対化し、異なる研究者間に共通の基盤がなくては「学際的研究」故の特別な成果を期待することはできない。

もうひとつ大きな反発を買ったのは、20年計画という期間の長さに関してである。プロジェクトを始めた時期が「ヒョーカ、ヒョーカ」と盛んに言われ始めるようになった時期と重なったこともあり、年を経る毎に風当たりが強くなってくるのを感じていた。結局こうした流れに抗することが難しくなって共同研究プロジェクトは6年間で止めてしまう羽目になるのだが、私自身の研究はプロジェクトのあるなしにかかわらず同じように続けてきたし、現在も同じように続けている。また、少数ながらも私の考えを支持してくださる人や志を同じくする人とは情報交換を続けながら協力している。最近、ある枢要な立場についておられる方から「15年、20年の期間を考えた長期計画をもって研究して欲しい。」という話があったのは私にとっては大きな驚きであった。少し考えてみればまともな人ならすぐに分かることであるが、シャン文化圏には未知の言語や民族はまだ無数にあるし、シャン語(タイ語)を始めとするタイ系言語の文献は無数にある。こうした言語の調査や文献の解読には気の遠くなるような時間を要するのである。その存在がかなり古くから知られていながら、シャン語(タイ語)の王統紀がなぜこれまで外国語に翻訳されていなかったのか、その理由を考えれば20年という期間は短いことはあっても決して長すぎることはなく、成果主義の企業の論理はこの世界では通用しないのである。

シャン文化圏プロジェクトを始めてから、いくつかの問題点も見えてきた。まず第一はシャン文化圏という名称についてである。プロジェクト発足当初よりシャンの名称は必ずしも好ましい名称だとは思っていなかった。シャンは自称ではなく緬甸語の名称であり、また、この地域にはシャン以外にもいろいろなタイ系民族がいて、それをまとめてシャンとするのには問題がないわけではなかった。しかし、この地域のタイ系民族の大部分の自称は tai であり、タイ王国語やラオ語の thai とは違うものであるが、日本語では tai と thai の区別(無気音と有気音の対立)が難しく、非 thai の中心的な存在としてシャンの名称を暫定的に使ったものである。しかし、シャン文化圏とした場合、緬甸のシャン州が中心の文化圏と誤解される可能性があり、英文名称はプロジェクト発足後すぐに Tai Cultural Area に変更している。ただ、日本語で「タイ文化圏」とした場合、タイ王国が中心の文化圏と誤解される恐れが大きく、いずれにしても、国境という概念から離れ、相対的なものの見方をするという趣旨とは相容れないことになる。そこで最近では通常タイと呼ばれている国名を原語名の「タイ王国」ないしは英語名由来の「タイランド」と呼ぶことにし、研究対象としている文化圏の名称を「タイ文化圏」と呼ぶことにしたいと考えている。これに伴い、通常タイ語と呼ばれている言語名はタイ王国語ないしはタイランド語と呼ぶことにし、単にタイとした場合にはシャン語やシャン族を含む広い意味でのタイ系の言語ないしは民族を指すものとしたいと考えている。ただ、こうした用語の普及には時間が必要であり、本稿ではカッコ付きでどちらも書くようにしている。

第二の問題点は、ゼニオロジー支配の時代に入ってこれまで接触できなかった少数民族と接触できる機会が出てきたのはいいのだが、それに伴い彼らの言語・文化が急速に失われつつあるということである。最も人口の多いシャン人にしても、古い文献が読める人が極端に少なくなってしまっている。シャン語で書かれた古い文献を読んだところでゼニにはならないからである。この点もまたシャン語(タイ語)で書かれた王統紀がこれまで外国語に翻訳されなかった理由のひとつであろう。少数言語がどんどん失われていく理由として、政府が禁止したから、とか、学校で教えられなかったから、ということがよく取り上げられるが、現実は必ずしもそうではないように感じている。政府が禁止したところで家庭の中や社会の中で使われれば失われることはない。学校で教えられなくても学校へ行かない人がたくさんいたらこれまた言語が失われることはない。最近の世界的な傾向として少数言語の再教育が学校などで取り上げられるようになってきているが、肝心の若い世代がそうした言語の習得に興味を持たないので、逆に、急速に言語が失われるという皮肉な結果となっている。なぜ若い世代が少数言語の再教育に興味を持たないか、理由は簡単である。そのような言語を勉強したところでゼニにならないからである。このことは何も言語の問題だけに留まることはなく、文化遺産とは、まことに残念ながら、失って初めてその価値に気づくものなのであり、気づいた時にはもはや手遅れになってしまっているのが現実である。こうした現象を逆に考えてみると、文化遺産の保存はゼニオロジーが支配する社会では無理であるということになる。このことは科学研究や大学が、ゼニを生み出すか生み出さないかで淘汰されるようになれば、当然のことながら、文化遺産の保存は不可能であるということを意味している。

第三の問題点はゼニオロジー支配の浸透と相俟って、領域国家、国民国家なる概念の浸透が近年著しく、国語普及の圧力が非常に強くなっていることである。私がタイ王国で調査を始めた初期の頃は、タイ王国語が通じないためにシャン語(タイ語)やラーンナー語やクン語などを勉強したのだが、今では私の調査に協力してくれる人も徐々に世代代わりし、私のしゃべるタイ王国語にはシャン語(タイ語)訛りがあって、かえって相手に通じにくいことが多くなってしまった。30年という時代の流れを切実に感じている。

いろいろな批判や反発、問題点などがあり、またその研究過程では紆余曲折もあったが、私が1974年に足を踏み入れてから既に32年が経ち、ＡＡ研で共同研究プロジェクトを始めてからでも既に12年が経った現在、私のタイ文化圏(シャン文化圏)研究は一定の重要な成果を収めたものと確信している。私がこの文化圏の研究を始めた当時、最も重要な参考文献としてJ.G.Scott《スコット》の Gazetteer of Upper Burma and the Shan States(Rangoon, 1900-1901)という書物があって、この中にタイ文化圏(シャン文化圏)のさまざまな言語の200語ほどのワードリストが掲載されていた。ここに載せられている言語データは、音声学や音韻論が未発達の時期に役人や軍人が英語流の表記で書いたもので、とてもまともに使えるデータではなかったのだが、当時はこうした言語の実地調査ができることなど想像もできないことで、こうしたものでも使うしか仕方がない状況であった。私のタイ文化圏(シャン文化圏)研究の大きな目標の一つに、この書物に載せられている言語データを全て科学的な新しいデータに書き換えたいという願望があった。そのために未知の言語や科学的データの乏しい言語が見付かったときにはなりふり構わず調査してきた。その結果はどうであろうか。ブラカロン(カレン)系の言語について、世界中でまともなデータのある言語は現在でも10言語程度にしかならないが、私はこれまでに28言語のデータ収集に成功するとともに、さまざまな情報から判断して、この言語群には40を超える言語が存在する可能性があると考えられるようになっている。こうして集められたデータから、ブラカロン(カレン)系言語には歴史的に二段階の無声化現象が起こった可能性があること、古代のピュー語がブラカロン(カレン)系言語のひとつである可能性があることなど画期的な知見が得られた。ピューとブラカロン(カレン)との関係が明らかになることによって、この地域の歴史構図が一変することになるはずである。北方モン・クメール系言語の調査によって新しい声調言語がいくつも発見され、声調の対立と緊喉/非緊喉母音の対立という、表面的には異なる現象も、起源が同じ同列の現象として捉えることが可能であることが分かった。これによって Einstein《アインシュタイン》 が相対性理論はニュートン力学をも取り込んでしまうものであることの説明に使った「二つの法則よりもひとつの法則」といった原則がこの分野にも可能であることが明らかになった。また、スィアム語やヴァ(エン)語のように初頭子音の有気/無気の対立(ph/p, th/t など)が声調の高/低の対立に変化している言語も世界で初めて明らかになった。上述の Scott の著書に載せられているワードリストは一世紀以上を経た今でもなお世界の言語学者によって使われているが、私にとってはひとつの言語を除いて全て調査ずみとなってしまい、ほとんど用がなくなってしまった。20世紀最大の天才言語学者 A.G.Haudricourt《オードリクール》 は「学術的業績とは、それまでの研究成果の価値をなくすものでなくてはならない。」と私に言ったことがあるが、今では少しはそのような領域に近づけたような気がしている。現在、世界では、この地域の言語について語るとき、AA研で孤立無援のたった一人の研究者がわずかばかりの同志と進めているタイ文化圏(シャン文化圏)研究で得られた成果を無視することはできなくなってしまっている。世界の方々から言語データの照会がある。

私はタイ文化圏(シャン文化圏)研究を進める際の重要な基本理念とし

て、物事全てを先入観なしに率直に観察し、相対的なものの見方をするように努めている。未知の言語があったらとにかくそれを調査してみる必要がある。他人のデータを引用する場合でも自ら直接確認する必要がある。シャン語の文献やクン語の文献やルー語の文献（シャン語、クン語、ルー語はいずれもタイ文化圏（シャン文化圏）で話されているタイ系の言語である。）があったらまずそれらを読んでみる必要がある。記述対象となっている言語や民族とは別の言語や人の手によって書かれたものは必ず何らかのフィルターがかかっている。緬甸語で書かれたシャンに関する記述や漢語で書かれたタイに関する記述は緬甸族や漢族の視点から書かれたものである。私がシャン語（タイ語）の王統紀の話をすると大抵の緬甸研究者は「緬甸と同じではないか。」と言ってくる。しかしこうした断定は予断と偏見に基づくものでしかなく、微妙なところで違っているのである。もちろんシャン語の王統紀などを読むことは大変な苦労と時間を要することであり、ばかばかしいと思う人も多いであろう。特に成果主義に支配された現在の学術体制下ではそのような時間的余裕はないかもしれない。しかしEinstein は自分が光と同じ速度で飛行していたら一体何が見えるかを長年考えた末に特殊相対性理論が生まれ、エレベーターが限りなく落下し続けたらその内側と外側でどのようなことが観察されるかをこれまた長年考え続けた末に一般相対性理論が生まれた。どちらも誰も思いつかない、ある意味で実にばかばかしいことに悩み続けたことから革命的な発見が生まれたのである。革命的な発見とはいつも実にばかばかしい「非常識」から生まれるものである。かつてはタイ王国語の文献を読まずに漢籍や欧文の資料でタイ王国の歴史を研究する人も珍しくなかった。しかし今ではそうした人は相手にされない時代になっている。ラーンナー語の文献が読まれてラーンナー研究に使われるようになってからまだそんなに時間は経っていないが、それでも今では徐々に当たり前になりつつある。ところがシャン研究となったらどうであろうか。シャン語（タイ語）の文献を読んでシャンの研究をすることはごく当たり前のことだと思うのだが、残念ながら現実はまったくそうなってはいない。そのようなことは現在のこの世界では「非常識」なことなのである。こうした悪しき現状を多少なりとも改善することも私のタイ文化圏(シャン文化圏)研究の大きな目標の一つである。その手始めとしてクン語で書かれた創世神話の翻訳を完成し(The Origin of the World in the Khün Literature,『言語文化接触に関する研究』No.6, pp.161-234, 1993)、現在はシャン語で書かれた王統紀の翻訳を手がけていて、その結果の一部が本書である。この王統紀の学術的価値についてはいろいろな意見があるであろう。これをそのまま歴史研究の資料として使うことができるとはとても思えないが、このような王統紀が書かれ、かつ、それが長年受け継がれてきたという事実は無視してはならないであろう。どのように使えるかは今後さまざまな分野の専門家の判断にゆだねる必要があるが、そうした判断をするためにも、これを翻訳することが不可欠であり、この翻訳の完成がその第一歩になることと確信している。これまで述べてきたとおり、タイ文化圏(シャン文化圏)研究は幾多の「世界で初めて」を生んできたが、本書の出版によって、タイ語(シャン語)で書かれた王統紀の翻訳でもまた「世界初」が生まれることになる。

本書に収めているものは、タイ語(シャン語)で書かれた２種類の王統紀、すなわち、センウィー王統紀とスィーポ王統紀の日本語訳である。タイ系民族の中にはかなり古くより固有の文字を持ち、独自の文献を残しているグループが散見される。そうしたグループのひとつに緬甸では「シャン」と呼ばれているグループがあり、数多くの文字資料を残している。そうした文字資料の中に、歴史的な読み物としての王統紀の存在はかなり前から知られてはいたが、未だ外国語に翻訳されたことはない。外国語に翻訳されない最大の理由は、このタイ語(シャン語)の文字法が母音を完全に表記せず、五つある声調も基本的に表記しない、いわば欠陥のある文字法であることに加え、文章自体も難解な文体で書かれていることによるものである。従って、こうした文献を読むには、母音を補い、声調を補い、文章のスタイルを考えながら読みこなしていかなくてはならず、大変な苦労を要する仕事となる。過去にはツァオツァーイムンマンラーイ氏がセンウィー王統紀の英訳を目指していたと聞いているが、完成する前に故人となられてしまった。私がタイ語(シャン語)の勉強を始めてからもう30年以上になるが、未だこの翻訳に関して疑問点が完全に消えたわけではない。しかし、この出版によって私のタイ(シャン)研究のひとつのステップの区切りをつけることは意味のあることだと考え、今回出版することにした次第である。

トー・ナオ。丸い煎餅状に乾かしたものを味付けの材料として使うのが普通。強烈な臭いはタイ文化圏(シャン文化圏)を象徴すると言っていいほどに独特だ。

タイ文化圏(シャン文化圏)の諸相とその変遷

(1) 食べ物

タイ文化圏(シャン文化圏)を旅行していて一つの文化圏としての一体性を感じるのは、一つは国境を越えた共通性であり、もう一つは国境で隔てられた国家の中の他の地域との異質性である。こうした共通性と異質性は、そこに住む人々のさまざまな生活環境(地理、言語、民族、文化など)の中で感じ取ることができる。中でも食べ物は、我々旅行者にとっては、こうした共通性と異質性を端的に際立たせてくれる。

タイ文化圏(シャン文化圏)には発酵食品が随分とある。大豆を発酵させて作ったトー・ナオ(納豆)、魚を発酵させて作ったパー・ソム、豚肉を発酵させて作ったヌ・ソム、豆腐を発酵させて作ったイェン・トーフなど、数限りない。中でもトー・ナオは日本における味噌や醤油のように、この文化圏では欠かせない味付けのベースになっている。作り方は日本の納豆と基本的に同じであるが、ここでは日本のように生の納豆をそのまま食べることはほとんどない。すり潰してニンニクや唐辛子などの香辛料を加え、煎餅状に乾かしたものを使うのが普通である。これを焼いたものに油を付

カオ・レン・フン。さまざまな調味料・香辛料を加えて食べる。食あたりし易いのが難点で、外来者は注意しなければならない。

けてそのまま食べることもあるが、料理用の臼で潰して味付けの材料とすることが最も多い。日本の納豆に較べてはるかに臭いが強く、いかに納豆好きな日本人でも敬遠する人が多いが、これこそタイ文化圏(シャン文化圏)の臭いである。「外国へ行って飛行機から降りた瞬間にその国(地域)独特のにおいがする。」とどなたかがどこかで書いておられたような記憶があるが、この納豆の臭いは、緬甸やタイ王国、ラオス、はたまた中国とはまったく違った臭いである。

米を加工した食品もこの文化圏の特徴の一つかもしれない。そうした食品の一つにカオ・レン・フンがある。これは、うるち米を一晩水につけておき、その後これを水とともに石臼で挽く。こうしてできたものの中に石灰を加えて鍋で煮た後、適当な容器に入れて冷ます。冷めて固形となればこれを切り刻んで食器に入れ、さまざまな調味料・香辛料を加えて食べる。加える調味料・香辛料としては、トー・ナオ、唐辛子、生姜《しょうが》、ニンニク、塩、油、サトウキビの絞り汁から作った酢、サトウキビの絞り汁、コリアンダー、ニンニクの芽などがある。市場や露天でよく売られているし、篭を担いだオバチャンたちの売り歩く姿もよく見かける。一見おいしそうだが、この食品、食あたりし易いのが難点で、外来者は注意しなくてはならない。ちなみに、タイ文化圏(シャン文化圏)の米は日本人に評判の悪い長粒種のインディカ米ではなく、熱帯ジャポニカ米である。一度緬甸のヤンゴンに日本の米を持って行ったことがある。シャン人はとてもおいしいと

日本のものにそっくりな赤飯。市場で売られているのを目にすると、なんとも不思議な気分になる。（チェントゥンの市場で）

言ってたくさん食べてくれたが、緬甸人には食べにくいと言われて敬遠された経験がある。米といえば、この文化圏では米を原料とした酒造りがあちこちで行われている。造り方も日本のように精米されたものを使うやり方ばかりではなく、籾を使ったやり方もある。一度造り酒屋で酒造りを見ていたとき、近くの寺の小坊主がウイスキーの空き瓶を持って酒を買いに来たのに出会ったことがある。お寺では酒はご法度のはずであるが、さて、どうするのであろうか。

タイ文化圏（シャン文化圏）の食品には日本と似たものが多々見られる。前述の納豆はもちろん、糯米《もちごめ》もよく使われ、日本のものによく似た餅や赤飯などもよく見かける。チェントゥンの市場で日本のものにそっくりな赤飯が売られていたのに出会ったときは、なんとも不思議な気分になったものである。コンニャクもこの文化圏ではよく見られ、ムックあるいはウックと呼ばれている。作り方は日本と基本的に同じであるが、食べ方がやや異なる。食事のおかずというよりもおやつのような感じである。

タイ文化圏（シャン文化圏）ではココナツを使った料理が乏しい。ココナツがないからである。椰子類は生育地が限られ、この文化圏ではごく一部を除いて存在しない。貝葉《ばいよう》文書がシャン州東部やスィプソンパンナーを除いてほとんど存在しないのも同じ理由によるものと推察される。

この地域の食品はある意味では全てが「手作り」である。日本では「手作り」というと高級でおいしく健康によい自然食品というようなイメージ

ムックあるいはウックと呼ばれるコンニャク。タイ文化圏（シャン文化圏）では、食事のおかずというより、おやつのような感じで食べる。

があるが、果たしてそうであろうか。ここでは作る人の勘《かん》、経験、秘伝などによって作られているため、同じ名称のものであっても全て味が違うと考えた方がよい。特に発酵食品などは作る人によってぜんぜん味が違ってくる。また、発酵食品は衛生状態が悪いとひどい食中毒を引き起こしかねない。この衛生状態についてであるが、時代とともによくなるとは限らず、悪くなることもあるから厄介である。タイ系民族は基本的に流れのある川のそばにしか住まない。彼らにとって川は水浴をしたり、炊事をしたり、洗濯をしたり、日常生活のほとんどすべてにかかわっている。このことに由来するものと思われるが、タイ系民族はこの地域のほかの民族に較べて清潔であると思っていたし、現在でもなおそう思い続けている。ところが最近その思いが少しずつ揺らぎ始めている。かつては川の中にごみを捨てても自然の浄化作用で問題はなかったのだが、最近ではそのごみの中にいろいろな化学物質やら、プラスチックやらが入るようになり、自然の浄化作用の能力ではどうしようもない状況が生まれてきている。このような川で水浴をしたり、炊事をしたり、洗濯をしたりしたらどうなるであろうか。チェントゥン郊外で米の麺を作るところを見学したことがある。そのとき、不幸にして出来上がった麺を濁った川の水で洗っているところを見てしまったのである。この地域の麺類はおいしいことはおいしいのだが、場合によってはひどい食中毒を引き起こすことがあるので、私は相当注意深くしていたのだが、このときからはいっそう麺類を敬遠するようになってしま

米の粉から麺を作っているところ。写真のように、出来上がった麺は最後に川の水で洗うのだが、川が汚染されていると食中毒の原因にもなりかねない。(チェントゥン郊外で)

った。汚染が進んでくれば川にはやがて魚も住めなくなり、ぼうふらの天下となる。行き着くところは蚊の大量発生でマラリアやデングの流行となる。

タイ文化圏(シャン文化圏)に限らず東南アジア全体に鶏を家の周りに放し飼いにしておく習慣がある。そうした鶏が足を縛られて生きたまま市場で売られている。最近は鶏インフルエンザの流行でこうした生きたままの鶏を売ることが禁止されたところも出てきているが、われわれのような仕事をするには結構便利なこともある。最近は一ヵ所にあまり長く滞在することもなくなったし、家を借りたり他人の家に居候するようなこともなくなり、ほとんどがホテル暮らしになってしまったが、若いころは結構現地で自炊をしたことがある。自炊の材料を買う段になって市場へ行くと、豚肉や牛肉は解体されたものが売られているが、鶏は生きたままのものが売られている。豚肉や牛肉は蝿がたかっているし、いつ解体されたのかも分からないので、やはり敬遠する。当時は冷蔵庫などほとんど普及してはいなかったし、また、仮に冷蔵庫があっても電気が停電ばかりでは使い物にならない。そこで、ちょっと可哀想ではあるが、生きた鶏が一番安心ということになる。一度に一羽を料理するととても一人では食べきれないので近所や友達を呼んで一緒に食べることにする。そうすると今度は彼らが何か特別な料理を作ったときには呼んでもらえるようになり、こうしたことが繰り返されると、いろいろとわれわれにとって有益な情報が得られるよ

チェントゥンの市場で売られている生きた鶏。最近はブロイラーもすこしずつ入り込んできているが、放し飼いの鶏は食材として欠かせない。

うになるのである。

放し飼いにされた鶏は占いや儀礼にもよく使われる。骨の相を見ながら生活全般に関して占うのである。ところが最近ではタイ文化圏（シャン文化圏）でもブロイラーが少しずつ入り込んできており、タイ王国語ではカイ・ファーム（農場鶏）あるいはカイ・ローンガーン（工場鶏）などという言葉まで出てきている。ただこの文化圏全体としてはまだほんの一部にとどまっている。それは一方では電気の普及と物流のためのインフラの状況と深くかかわっている。冷蔵庫がなくてはさばいた鶏は長く保存できないし、近くに買い求める場所がなくてはどうしようもない。こうした環境下では放し飼いの鶏は自然の冷蔵庫でもあり、自然な市場でもあるのである。このような状況で鶏インフルエンザが流行したからといって鶏の放し飼いや生きた鶏の販売を禁止しても意味がない。ブロイラーがなかなか入り込まないもう一つの理由はこうして放し飼いにされた鶏は肉がしまっておいしく、安全な自然食品であるという考えが根強くあり、加えて、ブロイラーは占いや儀礼には使えないからである。ところが占いや儀礼で使うのはともかくとして、食品としてみた場合、最近の放し飼いの鶏は果たして安全な自然食品なのであろうか、やや疑問が残る。タイ文化圏（シャン文化圏）はほとんどが高地にある。しかしこうした高地でも近年のさまざまな工業製品とは無縁ではない。合成洗剤や化学肥料、さまざまな農薬の普及は目を見張るものがある。ところが食器を合成洗剤で洗った水はそのままたれ

チェントゥンではアヒルを使った水田の除草が行われている。人々のあいだに環境への配慮がないわけではないのだが……。

流しとなっており、それを放し飼いの鶏がついばんでいる。鶏が化学肥料や農薬に触れる機会も日常的にある。とすると、放し飼いという飼い方そのものは自然かもしれないが、こうした鶏の身体はもはや自然ではないということになる。おいしいかどうかは個人の好みの問題であるので何とも言えないが、ブロイラーには抗生物質やワクチンなどが使われていることを考慮しても尚、放し飼いの鶏の方がより安全であるという確証はない。生活環境の変化はセットで考えないといろいろなところで歪《ゆが》みが出てくるが、現実にはあらゆる要素がセットで変化していくことはまずなさそうである。

（2） 薬物取引

タイ文化圏（シャン文化圏）は一般にはかなり暗いイメージで報道されることが多い。国境地帯での麻薬取引、さまざまな武装勢力の存在、人身売買、幼女買春、密貿易など、「不法地帯」のイメージが強い。世界のマスコミはタイ王国、緬甸、ラオスの三ヵ国が国境を接する地帯を「黄金の三角地帯」と呼んでいるが、この表現も多分に「不法地帯」を強調したイメージが強い。歴史的・文化的観点から見た場合、ここに雲南省の一部も加えることはごく自然なことで、私はむしろ「黄金の四角地帯」と呼んでお

タイ王国側のメーソートと緬甸側のミャワディーの間にかかる橋。向こう側が緬甸。タイ王国は左側通行で、緬甸は右側通行のため、車は橋の真ん中で反対側に移動しなければならない。

り、こうしたタイトルの本も出版している(慶友社刊、1998年)。この「黄金の四角地帯」はタイ文化圏(シャン文化圏)のほぼ中央に位置している。この地域がある意味で「不法地帯」的な要素をもっていることは確かであるが、どうしてそのようになったのか、理由は簡単である。同じ文化圏の中に国境を設けて分割してしまったからである。国境を設けてみても、長年綿々と続いてきた人や物の流れを遮断することはできない。一方、犯罪者にとっては国境を越えてしまえばそこはもう他国の主権下にあり、訴追されることは原則なくなる。こうした土壌が根底にあるところにもってきて、この地帯はいずれの国家の中心地からも遠く、政治的・経済的にある意味で放置されると同時に、国際政治の駆け引きの場として利用されてきた点も挙げられるであろう。

もともとこの地帯は高地にあり、林業以外にはたいした産業はなく、農業も低地の農業と較べれば生産性はきわめて低い。アヘンの原料となる芥《け》子《し》はこうした地域の特性に適した作物であり、手っ取り早くゼニを稼ぐには都合のよい作物でもある。ただこの地域に芥子が栽培されるようになるのは比較的新しく、19世紀後半になってからのことである。我々が学校の教科書で習うアヘン戦争はイギリスが清朝との間の貿易不均衡是正のためにインド産のアヘンを中国に輸出していたために起こったものであるが、この時代にはまだ「黄金の四角地帯」では芥子の栽培は行われていなかった。19世紀後半になって清朝の混乱とともに、その支配に対する不満分子、

芥子（ケシ）の苗。ラオス領内で。

中でも回族を中心にフモン、アカ、ラフ、リスなどがこの地域に出てきたことから芥子栽培が始まった。即ち、最初にアヘンを中国にもたらしたのはイギリスであり、その後の植民地化の流れの中での政治的な混乱から「黄金の四角地帯」はその地域の特性を生かして次第に「アヘン地帯」へと変貌していったのである。初期の頃は今のように違法なものではなく、比較的自由に売買されていたが、次第にその売買が免許制になり、最終的には違法なものとなっていくのだが、私がこの地域で調査を始めた1974年時点では、違法であるにもかかわらず、まだ結構大っぴらに売買や消費が行われていた。当時はこの辺の山地民の間では生アヘンは薬として日常的に使われていたし、実際に生産地であるこの地域ではそんなにアヘン中毒患者は見かけなかった。アヘン中毒患者やアヘンを精製してできるヘロイン中毒患者はむしろ都市部に多かったのである。

「黄金の四角地帯」が芥子栽培の中心地となっていった事の始まりが中国の政治的な混乱であり、そのきっかけを作ったのがイギリスをはじめとするヨーロッパ諸国の植民地拡張政策であったが、その後も中国の混乱は続き、1949年の中華人民共和国の成立で更に大量の中国からの移住者がこの地域に押し寄せ、中でも国民党軍をはじめとする漢人の中にアヘンビジネスに手を染める者が多く出てきた。この頃からは我々の教科書には出てこない「アヘン戦争」が数多く生まれるようになっていく。「黄金の四角地帯」に次々と出没する「麻薬王」たちの間の戦いである。こうした「ア

国境地帯に残るトーチカの跡。武装集団が築いたものと思われる。

ヘン戦争」はこの地域に関係する国々の政治的な混乱と国際政治における大国の思惑に左右されたものであった。中国は常にこの地域の共産党の武装闘争を支援してきたし、アメリカのＣＩＡは反共の旗印の下、少数民族武装集団を支援してきた。時折マスコミでも取り上げられる「少年兵」のリクルートにもＣＩＡが深く関与している。タイ王国は反共の目的で緬甸の反政府組織や国民党軍を自国内の国境地帯に置いていた。こうした武装集団の資金の多くはアヘンビジネスで得られた資金である。関係する各国はそのアヘンビジネスを側面から支えてきた。国際政治の思惑によってアヘンをめぐる利権争いが繰り返されてきたし、現在も続いている。これが教科書には出てこない「アヘン戦争」の実態である。こうして「黄金の四角地帯」は世界最大のアヘン生産地となっていったのである。

1980年代に入り、イデオロギー支配の時代からゼニオロジー支配の時代に移り、国際政治の舞台では冷戦構造が崩れていった中で、「黄金の四角地帯」の様相も次第に変わっていくことになる。タイ王国は、共産主義の脅威が少なくなるに従い、自国領内に置いていた緬甸の反政府組織や国民党軍を次第に冷遇するようになり、芥子栽培やアヘンビジネスに対して次第に厳しい政策を採るようになっていく。アメリカは自国の若者の多くが薬物におかされて社会問題化する中で、ＣＩＡが麻薬ビジネスに深くかかわっていたことを反省することもなく、世界中の麻薬取引に対して厳しい政策を採るようになっていく。中国も「改革・開放」政策の中で次第に貧

タイ王国側のメーサーイと緬甸側のターキーレックを結ぶ橋から撮ったタイ王国側。

富の差が激しくなり、貧困層の間で徐々に麻薬が広がってゆき、厳しい取締りとともに時折見せしめ的に公開処刑などをやるようになる。こうした変化の中で芥子栽培の中心地は「黄金の四角地帯」の中でも次第に緬甸側やラオス側に移っていくことになる。中でも緬甸は1948年の独立以来政治的な混乱が続いたままであり、芥子栽培にとっては格好な場所となり、緬甸経済にとってもなくてはならない存在になってしまうことになる。このことは泰緬国境のタイ王国側の町メーサーイのマネーマーケットに端的に表れている。ここでは両国民の間では比較的自由に往来ができ、緬甸側からかなりの人がタイ王国側へ買い物にやってくる。彼らが買い物をするには当然タイ王国の通貨が必要になるので、緬甸の通貨チャットとタイ王国の通貨バーツの取引が行われる。もちろんこれは公式なマネーマーケットなどではないが、ここでの交換レートの推移を見ていると緬甸経済におけるアヘンビジネスの重要度が分かる。1980年代後半ではアヘンが収穫されてヘロインに精製され出荷される時期には緬甸チャットの対タイバーツでの価値がそのほかの時期に較べて約二倍程度になっていた。それだけアヘンが緬甸経済全体に重要な位置を占めるようになっていたということであろう。ところがこの交換レートの季節的な変化も1990年代に入りほとんど見られなくなった。これには二つの要素が関係しているものと考えられる。一つは緬甸政府が1988年のラングーン事件以降それまでの社会主義的政策を止めて国境貿易を自由化したことで、国境貿易全体に占めるアヘン関連

タイ王国側のメーサーイと緬甸側のターキーレックを結ぶ橋から撮った緬甸側。

取引の割合が大幅に低下したものと考えられる。もう一つは同じ頃この地帯に季節性のないメタンフェタミン系の薬物が大量に出回るようになったことも大きな理由の一つと考えられる。

1990年代に入って大量に出回るようになってきたこのメタンフェタミン系の薬物であるが、タイ王国語ではヤーバーと呼ばれ、他のタイ系言語ではヤーマーと呼ばれているもので、アヘンに較べて「不法地帯」には非常に都合のよい利点がいくつかある。アヘンの原料となるのは芥子だけであり、芥子はアヘン生産以外にこれといった用途もないので、この栽培を非合法化して原料の段階で摘発することは可能なことである。また、最近の衛星監視技術の進歩でその栽培状況を監視するのも比較的容易である。これに対しヤーマーの原料となるものはエフェドリンを含む植物であり、自然界に幅広く存在し、こうした植物には有用な面も多くあり、その栽培自体を非合法化することはできない。また、生アヘンからヘロインに精製するにはかなり大掛かりな設備が必要であり、摘発が容易であるが、ヤーマーの製造に要する設備は小規模であり摘発が難しい。更に、アヘンは季節性があるのに対し、ヤーマーは季節に関係なく一年中いつでも作ることができる。このヤーマーは錠剤になっていてヘロインなどに較べて比較的安価なこともあってタイ王国では特に若者の間で爆発的に使われるようになり、大きな社会問題となってしまった。タクシン前政権のなりふり構わぬ強硬策で一時的には少なくなったが、根本的な問題がなくなったわけでは

メーサーイとターキーレックの間の国境線となっている川。右側が緬甸で左側がタイ王国。

ない。

ヤーマーを作っているのはワ軍であるということが一般に言われているが、そのワ軍は緬甸政府と和平協定を結び、タイ王国や中国やラオスとの国境地帯に緬甸政府も介入できない実質的な自治区を保持している。ワ族というとその昔首狩をやっていた野蛮な民族で、ヤーマービジネスをやっていても不思議ではないと思う人もいるかもしれないが、ここではワ軍とワ族は必ずしも同じではないということを認識しておく必要がある。ワ軍はかつて緬甸共産党の実戦部隊であったもので、その創設には中国政府が深く関わっており、現在においてもその幹部には漢人系の人物が見え隠れする。同じようなことがかつてラオスで活躍したバンパオ将軍率いる「ミャオ族傭兵部隊」についても言える。バンパオ将軍を最初に利用したのはフランスであり、その後彼を支えてアヘンビジネスをやらせたのはＣＩＡであるということはよく知られているが、彼の率いていた「ミャオ族部隊」とミャオ（フモン）族とは必ずしも同じではない。もちろん彼の部隊の主力はミャオ（フモン）人からなっていたことは事実であるが、その他にヤオ（ミエン）人やラオ人やクム人などもいたのである。タイ文化圏（シャン文化圏）研究の基本的なスタンスの一つとして、物事全てを先入観や予断、偏見を持たずに率直に観察する態度の重要性を強調しておいたが、ここでもマスコミや政治的な思惑の絡んだ情報には十分注意する必要がある。タイ王国の国境の町メーサーイの対岸にある緬甸側の町ターキーレックから

ターキーレックとチェントゥンを結ぶ舗装道路も雨季の間は土砂崩れや落石などの被害を受ける。あちこちで補修工事が行われていた。

チェントゥンに至る道路はその170kmを走破するのに10時間ほどを要する大変な悪路であったが、2000年に立派な道路が完成し、今では２時間半くらいで行けるようになっている。ところがこの道路を作ったのがホンパンというワ系の企業であり、それにはタイ王国の資金も使われていると聞いている。しかし、皮肉にもこのルートはヤーマーがタイ王国に流入する最も大きなルートなのである。つまり、関係する緬甸、中国、タイ王国のいずれもが何らかの形で関わっている構造は何も変わってはいない。アメリカがかつて自国の政治的な都合で麻薬ビジネスに手を貸したが、結局それが自国にはねかえり、その始末に苦労する羽目になっている。今、緬甸、中国、タイ王国とも麻薬問題が深刻な社会問題となっており、その取締りに躍起になっているが、「黄金の四角地帯」に対する基本的な姿勢が変わらない以上、本気なのかどうか疑問に思えてならない。この地域の薬物取引に関する状況を見ていると、「自業自得」という言葉がなんとなく真実味を帯びてくる。

最近チェントゥンへ行って不思議な機会に遭遇した。チェントゥンの町の中で「バイアグラを買わないか。」という人に会ったのである。このようなことはヤンゴンあたりでは珍しいことではなく、だいぶ前から外国人にこのような「バイアグラ売り」が声をかけてくることがよくある。まず偽薬であることは間違いないのだが、日本のトーチャン連中はよく買って行くらしい。チェントゥンでこうした「バイアグラ売り」に会ったときふ

チェントゥンの街路。1993年の写真で、交通手段はまだ自転車が主力。

と考えたのだが、もしかしたらこの偽バイアグラは中国あたりで作られ、ワ軍あたりが資金源とするために始めた新たなビジネスかもしれない。チェントゥンからスィプソンパンナーに接する町ムンラーまでのルートは途中からはワ軍の支配地域である。中国からチェントゥンへ物資を運ぶにはこうしたワ軍の支配地域を通らなくてはならない。偽薬ビジネスはヤーマービジネスやアヘンビジネスに較べたら儲けははるかに少ないかもしれないが、リスクもこれまたはるかに少ない。最近は緬甸政府軍とワ軍の間で時々小競り合いが起こっている。緬甸では偽薬はそんなに珍しいことではなく、「麻薬王」たちが資金源とするには比較的都合がよい。彼らにとって目的はただ一つゼニであり、できるだけ手軽に、しかもできるだけたくさん稼げる方向へ流れていく。ヤーマーが現れてきたことで近年「黄金の四角地帯」におけるアヘンの生産は減ってきており、特に緬甸側での減少は確かなようである。ただ消費する側からするとアヘンとヤーマーは同じものではなく、アヘンは鎮静化させる作用があるのに対してヤーマーは興奮させる作用があって、まったく反対の効果を持つ薬物である。緬甸側でのアヘン生産が減少すれば今度はラオス側へ移ったり、アフガニスタンあたりに移ったりしているようであり、世界的に見てみればそんなに減っているわけでもなさそうである。日本酒がなくなればアルコール飲料という点では同じビールやウイスキーで我慢できるかもしれないが、お茶で我慢するというわけにはいかないということだろうか。

山焼きや野焼きのシーズンでは国境を越えて煙が広がる。タイ王国のメーホーンソーンの田園地帯の写真だが、煙の多くは緬甸側からきたものである。

(3) 国境と民族

タイ文化圏(シャン文化圏)研究は国境を取り外して一つの文化圏として捉えることから始まった。そもそもこの地域では権力の中心はあってもそれが面として表れているわけではなく、一つの権力の中心と別の権力の中心との間の境界がはっきりしてはいなかったのである。つまりヨーロッパ型の領域国家ではなかったということである。したがって、かつての戦争は領土の拡張が目的ではなく、人的・物的資源の略奪が目的であった。結果として、ずいぶん離れたところに似たような言語(民族)があったり、似たような文化遺産があったりする。戦争捕虜として連れてこられた人たちがある種の職業階層や社会階層を形成していることもよく見られる。この地域で民族集団とは、その言語や文化のような何らかの絶対性を持ったアイデンティティーによって決められているものではなく、社会的な役割とか階層によって決められていると考えられる事例がよく見られる。タイ文化圏(シャン文化圏)に関係する四ヵ国における政府の民族分類は、現代の文化人類学や言語学的な観点から見れば実におかしな分類で、メチャクチャと言えるようなものさえある。しかし見方を変えれば、こうした一見メチャクチャな民族分類もそれなりの理由がある。個の組み合わせが全体を規定する考え方に対して、全体が個を規定する考え方があるとすれば社会的な役割や階層によって民族分類が行われていても不思議ではない。従っ

ラクテーンの泰緬国境にある検問所の標識。この検問所は現在は閉鎖されている。

て、ヨーロッパ的な一民族一国家あるいは一行政区というような考え方はこの地域にはなじまない。また「少数民族」という考え方もあまりなじまないし、「民族問題」とマスコミや国際政治の舞台で取り上げられている問題も実は「利権争い」である場合が多い。ヨーロッパに倣って「自治州」とか「自治区」などという名前をつけてはいても、その実態はヨーロッパのそれとはまったく異なるものである。こうした「民族」の概念の違いにはヨーロッパとアジアとの間にある根本的な思考様式の違いがある、と私は考えているが、この点についてもいずれ別途稿を改めて詳述するつもりである。

この地域に国境の概念が入り込んでゆくのは、ヨーロッパ諸国による植民地化の流れと並行するものであった。このことによってタイ文化圏(シャン文化圏)は四つの国家に分割されてしまうことになるのだが、もともとこの地域内で行われていた人・物の交流を国境で遮断してしまうことはできなかったし、現在でも尚できていない。権力の中心だけが城壁で囲まれた都市であることはよく見られるし、遠く離れたところの権力の支配下にあることを示すためにパゴダなどが建立されていることもしばしばであるが、線を引いてそこに仕切りを設けるようなことはしなかったのである。領域国家の概念が浸透してきている現在においてもなお国境線がはっきりしない場合が多く、国境線というよりも、国境地帯と言った方がより現実的かもしれない。タイ王国側のメーサーイと緬甸側のターキーレックの間

ラクテーンの泰緬国境。現在は閉鎖されている。（左の写真と同地点で撮影）

は、長い間往来が禁止されていたにもかかわらず、両岸の住民はかなり自由に往来ができていた。両岸の往来が自由化され、ちゃんとした書類があれば合法的に自由な往来ができるようになっても、バイパスルートを使った不法な往来がずっと続いていたし、現在もなくなってはいない。

日本では近年「不法入国者」や「不法滞在者」の問題がよくマスコミに出てくるが、しかしその数は高々数十万人にしかならない。一方タイ王国では、前タクシン政権が不法滞在者に「特別に滞在許可を与えるから期限内に当局に出頭して健康診断を受けるように」との知らせを出したのに対して、出頭してきた不法滞在者は120万人にも上った。実際には出頭してこなかった人が相当いると考えられるので日本とは桁違いの多さである。このことに関して、「陸続きだから」と言ってしまえばそれまでであるが、これでは物事のほんの一面しか見ていないことになる。もっと重要なことは、こうした「不法滞在者」のほとんどが不法性の認識はあっても悪いことをしているという意識を持っていないことである。緬甸のパスポートを持ち、短期滞在ビザでやってきた人が成田空港の入国審査官に日本滞在の目的を聞かれて「働くためです。」と答えて即Uターンさせられたという話を聞いたことがある。大概の日本人からすると「なんと間抜けな」と思うかもしれないが、私から見ればあっても不思議ではないように思う。もちろん日本に来るにはパスポートが必要であり、ビザも必要なため、陸続きのタイ王国へ出るのとはそれなりに違いがあるかもしれないが、ゼニを

ターキーレックとチェントゥンを結ぶ高速道路の料金所。ゲートが並んでいるが、開いているのは一ヵ所だけである。

稼ぐための機会を求めて移動することに変わりはなく、歴史的に綿々と続いてきたことを行っているだけであることに何ら変わりはない。ただ近年のゼニオロジー支配の時代になってその範囲が広がっただけの話である。

もともと国境の概念のないところに国境を設け、さらに現在のように複雑な個人管理システムを進めるとどうなるであろうか。一方では、無国籍の者や個人を証明できる書類のまったくない人が大量に出てくることになるし、もう一方では、偽の書類が大量に出回ることにもなる。タイ文化圏(シャン文化圏)に関係する四ヵ国では全て身分証明書の所持が義務付けられているが、大量の偽身分証明書が出回っている。そうするとこうした書類の偽物作りがビジネスになる。ゼニオロジー支配がいっそう進んだ現在においては、この四ヵ国で正式なパスポートを取ることは必ずしも難しいことではなくなっているが、だからといって偽パスポートが不要になったわけではない。書類のない人が正式なパスポートを取得することはできないし、また、こうした書類のない人ほど出稼ぎを必要としている環境に置かれている現実があるからである。

(4) 風俗

世の中に男と女がいる限り風俗産業はどこにでも存在する。また、「従

ラオスの通貨・キープ（キップ）の束。

軍慰安婦」の問題がいろいろとマスコミや政治の舞台で取りざたされることがあるが、戦争には常に女性に対する性的搾取が伴ってきたし、軍人のいるところ常に特別な女性群が存在してきた。かつてベトナム戦争中タイ王国に置かれていた米軍基地周辺における売春婦の多さが話題になったことがある。私が最初にタイ王国に足を踏み入れた1974年には、タイ王国にはもう米軍基地はなくなっていたのだが、それでも夕方になるとホテルの周辺にはそれらしき女性がどこからともなく現れ、異様な雰囲気になっていたことが記憶に残っている。日本で今では「ソープランド」と呼ばれているものを模倣して作ったといわれているアープオップヌアットなどという妖しげな施設も数多く存在していた。

当時ラオスの首都ヴィエンチャンで泊まったホテルは風俗営業を専門とするような特殊なホテルではないのだが、夕方になるとなんとなく女性たちが周りに集まってきていた。面白いことに、このホテルの一階にはキャバレーがあったが、客（外国人）があまり来ないので常勤の女性従業員は置いていなかった。客が来ると店の主人が慌ててそこいらに集まっていた女性たちに声をかけて俄か作りのホステスとしていた。ラオスらしいのんびりとした光景だと思っていたのだが、ある日旧知のインド人ジャーナリストから「独身男がこのようなところで何をしているのか。」とからかわれたことがある。それからよく注意してみていると、そのように集まってくる女性の顔ぶれがほとんど同じであることに気がつき、更に、時折朝方に

カロー（シャン州）で出会ったパラウン族の女性と少年僧。

客室から出てくるのが観察された。タイ王国のように一見してそれと分かるような身なりをしていなかったので気がつかなかったのだが、やはりここでも同じようにそうした仕事をする女性がいることが分かった。ホテルの客はほとんど外国人だから彼女たちの客もほとんど外国人なのであろう。

1974年から75年にかけては私が最初にタイ文化圏（シャン文化圏）に足を踏み入れた年で、最初の訪問国タイ王国から次の訪問国として緬甸に行ったのであるが、当時の首都ラングーンに着いたときの第一印象として「とにかく大変なところへ来たものだ」と感じたことを覚えている。飛行機がラングーン上空にさしかかった頃、窓から下を見るとほとんど真っ暗で、バンコク上空とはまったく違った光景であった。薄暗い空港の中でのいろいろな手続きが大変で、税関では荷物は全て引っ掻き回され、カメラはもとより、時計や電卓に至るまで申告させられ、空港を出るまでには大変な時間を要した。空港を出てからがまた大変で、「ドルを交換しないか」、「酒を持っていないか」、「タバコを持っていないか」などと矢継ぎ早に声をかけてくる。そしてついには「緬甸人女性はいらないか」となる。さすがに当時のこの国では大っぴらにそれらしき女性を街中で目にすることはなかったが、毎日ホテルから一歩外へ出るとすぐに同じように声をかけられたものである。

私が最初に中国へ行ったのは1987年である。その頃既に「改革・開放」

カローのパラウン族の少年僧。

の号令の下、風俗関係の仕事をする女性たちも開放されていて、ホテルの周りにはそれらしき女性たちがちらほら現れてきていた。ただ当時はまだ数は少なかったし、中国のホテルには警備員がやたらと多いこともあって、むしろ目立っていたのは「チェンジマネー屋」といわれる、その頃あった兌換券を求める人たちであった。しかし年々妖しげな女性たちの開放度も増してゆき、ついにはホテルの部屋にまで妖しげな電話がかかってくるようになってきた。

こうした風俗産業は決して無くなることはないのだが、この世界も時代の変化とは無縁ではない。1970年代のタイ王国でこのような仕事についていた女性の多くは農村部の出身者で、中でもイサーンと呼ばれる東北部からの出身者が多かったようである。彼女たちは話をしてみるとすぐに分かる。タイ王国語とは違うラオ語をしゃべるからである。正確な時期ははっきりと覚えていないが、たぶん1990年代の半ばではなかったかと思うのだが、タイ王国からの帰り、バンコクの空港で日本行きの飛行機への搭乗を待っていたとき、搭乗待合室にどうも妖しげな女性が二人いるのが目に付いた。私がスーツを着てネクタイをしているようなもので、派手な服装で厚化粧をしているのはどうも彼女たちには似つかわしくない雰囲気があった。そこで二人が座っている後ろの席に腰かけて二人の話にしばらく耳を傾けてみた。予想通り彼女たち二人のしゃべっている言葉はラオ語であった。これで彼女たち二人の日本行きの目的は大体想像できた。1990年代に

ドイアンカーンの泰緬国境。現在は閉鎖されている。

入るとゼニオロジー支配も急速に進んでゆき、タイ王国の風俗界でそれまで働いていた女性たちを供給していた地域の女性は国外へ出掛け、代わって働くようになったのは山地少数民族出身者や、国外、特に緬甸から来た女性たちが働くようになっていったようである。私は1993年１月にはじめて緬甸側のチェントゥンを訪ねている。そのとき一世紀ほどの間まったく所在のつかめていなかったエンという民族の部落を訪ねた。部落の中であちこち見て回ったり、その言語についていろいろと調べているうちに部落の若い女性が皆着飾って集まってきた。その中には飛び切りの美人もいたりして、何とも不思議な気分になったものである。それから約４年後の1996年12月には再び同じ部落を訪ねたのだが、着飾った女性はひとりとして集まってくることはなかった。部落の中の家を一軒見せてもらおうとしたところ、その家の入り口に４年前に飛び切りの美人だと思っていた女性の写真が貼ってあった。その家にいた老婆(実際は見かけほど年寄りではないかもしれないが)に聞くと、写真の子は自分の娘で今はメーサーイにいるとの話であった。「やはりそうなのか」と思いつつ、ゼニオロジー支配の浸透ぶりに驚いたものである。メーサーイはタイ王国側の国境の町である。彼女は学校など出ていないから、母語であるエン語の他にシャン系の言語ができるだけで、特段の技術など何も持っていないわけだからそこで何をしているかは大体想像がつく。いなくなった他の女性たちも同じような運命をたどっているのだろうか。

チェントゥン郊外のラフ・シ族の村に建つ教会。ラフ族、アカ族、アケ族にはキリスト教徒が結構いる。キリスト教徒は、この地にはタイ語よりもビルマ語のほうが上手である。

女性の側ばかり見てきたが、風俗産業は男女双方がいてはじめて成り立つものであり、男性の側からも見てみる必要がある。1960年代に入り日本が高度成長期を迎え、海外旅行が自由化されるようになってから出てきたのが日本人男性による「買春旅行」である。韓国、台湾、タイ王国などで次々と批判が出てくるようになってきた。ただ、これは何も日本人男性に限ったことではなく、欧米人男性も結構買春旅行はしていたのだが、日本人は団体行動が多いから目立つのである。また、現地での反発にはもう一つ急速にゼニを持つようになった日本人に対する反感もあったのであろう。ゼニが絡んだ男女間の関係はある意味で社会の闇の部分であり、目立つようになれば反感を買う。ところが面白いことに、こうしたゼニに絡んだ男女関係、即ち風俗産業の国際社会における構造は植民地支配の構造と非常によく似たところがある。中国政府の「改革・開放」政策の進捗状況と歩調を合わせるかのように、日本人男性の中国への買春旅行も増えてきた。このことに対しては中国政府からの抗議もあったし、マスコミでも何度か話題になったことがある。マスコミはこれで終わっているが、「物事に対して予断や偏見を持たずに率直に観察する」旨を基本方針とする研究者はこれでは終わらない。中国人男性も実は買春旅行をしているのである。彼らは一方では日本人男性の中国での「買春旅行」を非難しながら、彼らもまた買春目的で緬甸やラオスに出掛けている。より多くのゼニを持った人がよりゼニの少ないところの女性を性的に搾取する構造は植民地支配の

1991年に取り壊されるまで、その瀟洒な姿を残していたチェントゥのホーナン(かつての支配者の館)。

構造と何ら変わらない。女性の側からすれば、ゼニの少ないところの女性はゼニの多いところへ性的出稼ぎに行く。その昔日本から東南アジアへ日本女性がカラユキさんとして出掛けていたが、今では東南アジアの女性がジャパユキさんとして日本に来ている。私がパリに留学していた頃、あるラオスからの留学生が私に「大きな国は次々と小さな国を植民地化している。アメリカはベトナムを植民地化し、そのベトナム人はラオスに来て自分の植民地のように厚かましく振舞っている。では、我々ラオス人は一体どこを植民地にすればいいのか。」と嘆いていた。風俗産業の世界と何も違わない。また、このことは最近日本でよく話題になる「いじめ」の構造とも似ているのではないかと思うのだが、この辺のこともいずれ別途稿を改めて詳述したいと考えている。

(5) 盆地連合国家の命運

タイ文化圏(シャン文化圏)にはかつてタイ系民族が中心となった前近代の盆地連合国家が数多く存在しており、そこにはタイ系民族の支配者(ツァオパ)がいた。しかし20世紀に入り国民国家形成の流れの中でこうした前近代の国家は消滅してしまい、そこから近代国家に発展することはなかった。その中でただ一つ形の上で例外となっていたのはラオスのルアンパ

ヨンホイ(ニャウンシュエ)のホーナン(ヨンホイ宮殿)。ソーブァー邸とも呼ばれる。

バーン王朝である。たくさんあったタイ諸国も次々と緬甸や中国やタイ王国に組み入れられ、その支配者が徐々に廃止されていく中で、ルアンパバーン王家は1975年に現在のラオス人民革命党支配下の政権ができるまで存続し続けた。もちろんこれにはフランスが植民地支配にその王権を利用したことが大きく影響しているものと考えられるが、果たしてそれだけの要因しかなかったのであろうか。

この地域にかつて存在した前近代の国家群については未だ分からないことばかりであるが、最近の研究で少しずつ分かってきたところによれば、その支配者の権力基盤はきわめて弱く、通商に関与することもなく、経済的基盤も脆弱で、とても王の名に値しないものであった可能性が指摘されている。この地域で現在も残されている支配者の館としては、ルアンパバーンの旧王宮とヨンホイ(ニャウンシュエ)のホーナン(ソーブァー邸)のみである。このほかに1991年に取り壊されるまで綺麗な姿を残していたチェントゥンのホーナンも写真によってその姿を知ることができる。これら三つの館を較べた場合、ルアンパバーンの旧王宮が他に較べて立派だとはとても言えないことに誰しも気づくことであろう。まるでおとぎの国の王宮の風情である。ただ、これら三つの王宮はいずれも20世紀に入ってから、即ち、植民地となってから建てられたものであることを忘れてはなるまい。その構造には伝統的なタイの様式とヨーロッパ的な様式とが交じり合っている。

チェントゥンの支配者ゆかりの寺院、ワットパチャオロン。屋根の色の赤い時代の写真。

耕地面積はどうであろうか。正確な数字は分からないが、ルアンパバーンの盆地はチェントゥンの盆地に較べてはるかに小さい。また、豊かな食料資源を持つインレー湖を抱えたヨンホイと比較してもやはり劣るであろう。そうするとルアンパバーン王朝の経済的な基盤は一体何であったのだろうか。

本書で取り上げるセンウィー王統紀ではセンウィー一国に限らずそのほかの盆地国家についても多くの記述がなされているが、チェントゥンやチェンマイやスィプソンパンナーなどの東側の地域についての記述は極めて少ない。このことは同じタイ文化圏（シャン文化圏）の中にサルウィン流域文化圏とメコン流域文化圏の二つの流域文化圏が存在することを反映していると考えてもよさそうである。こうした二つの流域文化圏の違いは文字文化にも現れ、更には仏教サンガの違いとなっても現れている。

センウィー王統紀ではタイ族の盆地連合国家は中国の影響下で生まれ、次第に緬甸王の影響が強くなり、ついにはその支配者は緬甸王の意のままに動かされる存在となってしまう流れが描かれている。こうした記述の細部が事実かどうかはともかくとして、周辺の強力な権力に利用される構図はその後もずっと続いているように思われる。19世紀後半に緬甸がイギリスの植民地となり、タイ系民族の盆地連合国家群もイギリスの支配下に入ってしまうのだが、英領下でこうした盆地国家の支配者ツァオパは一定の自治権を認められていた。別の見方からすれば、イギリスはこうした支配

ワットパチャオロンの今日の姿。緬甸語の名前がつけられており、緬甸語名はマハーミャッムニパヤーである。屋根の色は緑色に塗り替えられている。

者を自国が統治するために利用したとも言えよう。植民地期以前には、緬甸はたびたびアユタヤやラーンナー王国を攻撃しているが、こうした戦争にはかなりのタイ系民族が動員されていた形跡が見られるし、センウィー王統紀でもそうしたことをうかがわせる記述が随所に現れてくる。1948年の緬甸独立後もツァオパたちには一定の権限が認められていたが、1962年にはその権限も役職もなくなってしまった。これより古くは、ラーンナー王国が既に20世紀初頭に現タイ王国に組み入れられているし、スィプソンパンナー王国も現中国共産党支配下の政権によって消滅させられている。最後に残ったルアンパバーン王朝も1975年になくなってしまい、たくさんの「王国」が存在したタイ文化圏(シャン文化圏)は一見近代的な国民国家に再編され、国際社会で領域国家の一部として動き出しているかに見える。しかし、(2)の「薬物取引」の項でも述べておいたが、周辺の強大な権力によって利用され、国際政治の思惑に左右される構図は、たくさんの「王国」が存在していた時代と大して変わらないかもしれない。ツァオパはいなくなったが、次々と現れる「麻薬王」をはじめとする利権を持った人たちが活躍している状況は王統紀に書かれている文脈と相通ずるものがある。世界のマスコミはこの地域の問題を「民族問題」とし、「民族主義者」と「麻薬王」(彼らは英語で warlord という言葉を使っているが、この単語は英語では極めて悪い意味を持っていて「ヤクザの親分」のような意味合いを持つ。)とを区別する必要がある、と盛んに言っているが、こ

左側がチェントゥンの旧王宮の塀。最初に訪れた1993年には昔のままの姿が残されていたが、これは新しく作り替えられたものである。

の両者が区別できるようならこの地域の問題は何もないであろう。私は1980年１月、フランスの国営ラジオ局の対談番組で「民主主義も相対的である」とする趣旨の発言をしてフランス人を仰天させているが、この考えは今に至るもずっと変わっていない。Einstein によれば我々が絶対と考えているような「時間」でさえも相対的なのである。「民主主義」も座標系が違えば絶対的ではない可能性がある。そうしたことを知る上でも本書に訳出したシャン（タイ）語で書かれた王統紀は参考になるはずである。**（3）**の「国境と民族」の項で述べておいたが、「民族」の概念や「民主主義」の概念が相対的であることについてはいずれ稿を改めて詳述するつもりである。「相対性理論」は何も物理学の分野に限られるものではなく、言語学や文化人類学の分野にも適用できる広範な哲学的思想を持っている。

（6） チェントゥン

チェントゥンはある意味でタイ文化圏（シャン文化圏）プロジェクト構想の発祥の地であり、私にはさまざまな思いがある。「黄金の四角地帯」のほぼ中央にありながら長年外国人の立ち入りを拒んできたために、タイ文化圏（シャン文化圏）の全体像がなかなか把握できなかったのだが、ゼニオ

歴代のチェントゥンの支配者（チャオファー）の墓。

ロジー支配の趨勢に乗り、1992年10月に外国人に対してその門戸が開かれた。私がこの地に最初に足を踏み入れたのは1993年１月であるが、それから現在まで既に５回足を運んでいる。いずれもタイ王国側の国境の町メーサーイから国境を渡って入る陸路を取っており、緬甸のヤンゴンから入るルートは一度も使ったことがない。最初にこの地が外国人に開放された時点ではヤンゴンから空路入るルートはまだ開放されておらず、陸路を取るしか方法がなかった。メーサーイから境界線となっている川にかかる橋を渡って対岸のターキーレックに入り、そこで手続きをして車で170キロ離れたチェントゥンまで行くわけである。当初はこのルートを走破するのに10時間程度を要する大変な悪路であったが、今では立派な道路が完成し、２時間半くらいで行けるようになっている。変わったのは陸路によるアクセスばかりではない。今ではヤンゴンから４つの航空会社がヤンゴンとの間の定期便を運行しており、私はまだ経験がないが、ヨーロッパ人観光客はほとんどがヤンゴンから来ているところから判断すると、こちらのルートも相当楽になっているようである。最初の訪問からの14年間ほどの間で変わったものは何もアクセスが楽になったばかりではない。エン族の村の劇的な変化については既に（**4**）の「風俗」の項で述べておいたが、その他にも急速に変化している側面が多々ある。

町に入って最初に気がつくのはバイクを含めた車が多くなっていることである。最初の訪問のときは今のようなバイクタクシーなどなく、タイ王

現在チェントゥンに残されている唯一の門、パーデン門。

国でサームローと呼ばれているものと同じ構造の自転車タクシーしかなかった。緬甸にもサイカーと呼ばれている似たような自転車タクシーがあるが、構造がタイ王国のものとは異なる。緬甸のものは自転車の横に乗客の座る場所が付属していて、乗客二人の場合は二人が背中合わせに座ることになるが、タイ王国のものは自転車の後ろに乗客の座る場所が付けられており、乗客二人の場合は二人が前向きに並んで座る構造になっている。最初のときは外国人が珍しかったのか、こうした自転車タクシーのオジサンも遠くから眺めるだけで、声をかけてくるようなことはなかったが、最近のバイクタクシーの運転手は盛んに声をかけてくる。数が多い割には客が少ないという事情もあるのだろうが、外国人客が相手だと稼ぎがいいのだろう。

チェントゥンはクン語ないしはシャン語が日常的に使われるところであり、緬甸語が使われるのは役所ぐらいである。実際歳をとった人は緬甸語ができないし、若い人でも学校へ行っていない人はまずできない。この学校へ行っていない人、現在でも相当多く、山間部に住む少数民族の間では特に顕著である。「緬甸では緬甸語がよく通じ、識字率も高い」というようなことが書かれているのを目にしたことがあるが、これはヤンゴンからの見方でしかない。少なくとも領域国家として現在国際法上認められている国境線の中で考えると、このような断定は正しくない。ただ、こうした考えは日本人の「国語」に対する一般的なイメージであることは確かであ

チェントゥンに残っていた二つの門のうちの一つ、ノンパー門。最近になって取り壊されてしまった。

ろう。言語を代えていくことは大変に時間のかかることで、私が見てきた14年間の間では緬甸語の普及度についてはそれほど目立った違いはないように感じている。しかし緬甸語を普及させようという行政側の努力はあちこちで見られる。当初タイ語の名前しかなかったお寺にも今ではすべて緬甸語の名前がつけられている。チェントゥンにはクンのお寺とシャンのお寺が同居しているが、この両者は同じタイ系の寺院ではあっても、シャンのお寺が緬甸のサンガに属しているのに対してクンのお寺は緬甸のサンガには属さず、むしろチェンマイとの関係が深い。こうしたクンの寺院にも今ではすべて緬甸語の名前がつけられている。ホテルの従業員がどういうわけかタイ語のできない人が多い。この土地の出身者であったらタイ語ができないはずはないのだが。

言語の普及には時間がかかるが、物質文化の分野では、住民に受け入れられるかどうかはともかく、案外と簡単に変えられるものなのかもしれない。14年の間にずいぶんと変わった気がする。この地域のかつての支配者の館(ホーナン)は外国人に門戸を開放する前の1991年に取り壊されてしまった。かつての城壁に設けられていた門は完全なものとしてはパーデン門だけが残っているのみだったが、もう一つ多少壊れかけてはいたがノンパー門がそれなりに昔の形をとどめていた。ところがこのノンパー門は最近取り壊されてしまい、今では昔の姿をとどめているのはパーデン門だけになってしまった。古いものが取り壊される一方で、新しく派手に目立つも

ノントゥン湖のほとり。チェントゥンの町の中心を占める一郭で、写真中央の建物は、一見豪華なホテル。

のがたくさん作られている。ホーナンを取り壊した跡地には一見豪華なホテルが建てられている。ただ、このホテル、今もって客はきわめて少ないようである。大学が作られ、総合病院ができている。どちらも立派な建物であるが、町からずいぶんと離れたところに建てられており、不便ではないのか、と考えるのは余計なおせっかいだろうか。町の中心を占めるノントゥン湖を望む高台に新しく仏像が建てられている。この隣はカトリック教会のあるところだが、仏像と教会が並び立つという珍しい景観ができあがっている。

市場の賑わいは14年間で大きく変わったとは思えないが、その中身が大きく変わったように感じている。中国製品やタイ王国から来た商品が多くなっており、更にはヤンゴンあたりから来たのではないかと思われるようなものまで現れてきている。緬甸語でタニェッと呼ばれる砂糖椰子から作った砂糖は緬甸の平原地帯にしか取れず、かつてはこの市場にはなかったものだが、今では普通に売られている。もともと地元の果物が少ない土地柄であったが、今ではタイ王国から来たものと思われる果物がたくさん並んでいる。私はこの市場で売られている黒砂糖(サトウキビの絞り汁を煮詰めて型に入れて固形化しただけの粗糖)が大変に気に入っていて、いつもここに来たときには買っているが、当初は竹の皮に包んで売られていたものが、今ではプラスチックの袋に入れられて売られている。このプラスチック、便利なものだが使った後が大変に厄介で、今では町のあちこちに

チェントゥンに新しく建てられた仏像。隣にはカトリック教会がある。

砂糖椰子の実。

捨てられており、町中がずいぶんと汚くなったように感じている。市場は平地のタイ系住民と周辺の山地民との間の交流の場でもあり、特に大市の日にはいろいろな少数民族がやってきているが、彼らの民族衣装姿が少なくなっているようで、世界のどこにでも見られるようなティーシャツ姿の人間が多くなっている。中でもアカ族の民族衣装姿がほとんど見られなくなってしまった。

チェントゥンのおもしろさはいろいろな文化要素が交じり合いながら、それなりに均衡が保たれているところにあるように思っている。タイ系といっても、お寺のようにクンの寺院もあれば、シャンの寺院もある。その他にも人口は多くないがルーもいればタイナーもいる。また、クンを中心としたメコン流域文化圏であると同時にシャンを中心としたサルウィン流域文化圏の要素も入り込んでいる。言語から見てもタイ系言語の他に、多数のモン・クメール系言語やチベット・緬甸系の言語、更には漢語も入っている。モン・クメール系言語の中にパラウン語という言語があり、プラン語という言語がある。どちらも北方モン・クメール系の言語であってタイ系言語の影響を強く受けている言語であるが、パラウン語はサルウィン河流域のタイ語の影響を強く受けているのに対し、プラン語はメコン河流域のタイ語の影響を強く受けた言語であるように感じている。こうした複合民族文化交流圏としてのチェントゥンの姿が私のタイ文化圏(シャン文化圏)研究プロジェクト構想発祥の地となった所以なのである。

標高730メートルの位置から眺めるサルウィン河。中国領内では怒江と呼ばれる。（1996年12月5日、雲南省保山市の怒江大橋にて、ダニエルス撮影）

タイ文化圏（シャン文化圏）の言語

タイ文化圏（シャン文化圏）では数多くの言語が存在し、その分布も複雑に入り組んでいる。また、政治的・地理的状況から、実際に現地で確かめることのできない言語も多く、必ずしも正確な実態を把握できてはいない。ここでは、現段階で調査のできた言語に加えて、調査はできていないがさまざまな情報からその存在が確実なものをあげ、若干の解説を加えておく。

この地域の言語を言語系統で分けてみると、タイ系言語（T）、チベット・緬甸系言語（TB）、モン・クメール系言語（MK）、漢語系の言語（C）、それにミャオ・ヤオ系の言語（MY）がある。もっと大きな言語グループとして、一般にはシナ・チベット語族という用語が使われているが、この地域の言語は、すでに述べてきたとおり、長年にわたって複雑な言語接触が続いてきたために、印欧語族のような系統関係が科学的に確立できるとは考えられないので、私自身は基本的に使っていない。また、漢語は非常に古くから文字を持っており、政治的にも強大な影響力を持っていたために、言語の面でもこの地域の中心であるかのごとく考えられる傾向があるが、この考えは偏見と予断に基づくものである。この地域をタイ文化圏（シャン文化圏：Tai Cultural Area）と呼ぶことに対して、むしろ Sinosphere

雲南省西南部を流れるメコン河。中国領内での名は瀾滄江。標高1330メートルの位置から眺めれば、メコン河の上流は山岳のあいだを流れていて、平地のない様子がよく見て取れる。（1996年12月5日、雲南省保山市にて、ダニエルス撮影）

と呼ぶべきではないかという意見が根強くあるが、私はこの意見にはまったく賛成できない。勿論この地域は中国からの政治的・文化的影響を強く受けていることは確かである。中国の研究者はミャオ・ヤオ系言語やタイ系言語もシナ・チベット語族に含めている。また欧米の大部分の研究者にとってもこうした考えが伝統的な考えとなっている。しかし学問の世界に中華思想は無用である。また、政治的な駆け引きともまったく関係のない世界である。この地域の歴史音韻論研究にとって漢語は何の役にも立たない。私がタイ文化圏(シャン文化圏)という概念を思いついたのはこうした偏見と予断から離れることができたからであると固く信じている。

(1) タイ系言語

タイ文化圏(シャン文化圏)の中で、社会的な中心にあるのはタイ系の民族であり、その言語は現在においても尚リンガフランカとしての地位を失っていない。言語音変化の観点から見れば、タイ系言語はタイ文化圏(シャン文化圏)の中の言語としてはやや特異な状況を呈している。ほかの言語グループに較べて言語間の音韻対応がはっきりしている。このことから、歴史的に彼らが今の地域に移住してきた時期がほかの言語グループに較べて比較的新しいこと、更には、その移動がかなり大規模、かつ、短期間に

タイ文化圏（シャン文化圏）に含まれる一帯の山間には野鶏が生息する。写真は2年前に捕獲し飼いならされた野鶏。繁殖用の野鶏を新たに捕らえる際、囮（おとり）として使う。

行われたことが推定される。また、この地域のタイ系言語は言語間の相違が少なく、声調の違いに注意すればほとんどの場合相互理解がかなりの程度可能である。更に、こうした言語はかなりのグループが文字を持っており、自らが使うばかりではなく、周辺の非タイ系民族が使っている例も見られる。タイ系民族が使う文字法には本質的に異なる二種類の文字法がある。この地域のタイ系言語では皆古来の有声音（b, d など）が無声無気音化（*b>p, *d>t など）している。こうした変化を経た無声無気音と古来から存在していた無声無気音とを区別して書く文字法が一方にあり、こうした二つの来源が異なる無声無気音を区別しないで同じ文字で書く文字法がもう一方にある。前者の文字法は相対的に東に位置し、後者の文字法は相対的に西に位置している。有声音の無声音化に伴って古来あった三つの声調がそれぞれ二つに分かれて六つになる「声調分岐現象」が起こっている（有声／無声の対立が声調の対立に代わっている）が、六声調をそのまま現在に至るまで保存している言語はそれほど多くない。声調分岐後の声調融合によって六声調より少ない声調を持つようになっている言語が多い。彼らの自称はタイ（tai）である場合が多く、グループ名称が自称なのか他称なのか、由来のはっきりしない場合も多い。

（T001）ラーンナー語（カムムアン語、ユアン語、北タイ語）

チェンマイ、チェンラーイなど旧ラーンナー王国地域に分布する。地域によってある程度の方言差がある。文字資料が豊富であり、その文字法は

移動しながら物売りをするタイマーオ（徳宏タイ）の女性。自分用の低い腰掛も運んでいる。（1996年11月30日、雲南省瑞麗市弄島郷雷允村にて、ダニエルス撮影）

東側の文字法である。

（T002）クン語

チェントゥンを中心とした東シャン州に分布する。文字資料を豊富に残しており、その文字法は東側の文字法である。

（T003）ルー語

スィプソンパンナーおよびその周辺のかなり広い地域に分布する。東側の文字法を使った文字資料を豊富に残している。

（T004）ヤン語

ポンサーリー県に分布する。文字資料はないようである。

（T005）シャン語

シャン州からメーホーンソーン県あたりまで広く分布する。北部と南部で若干の方言差があるが、細かいところはよく分かっていない。いろいろなグループ分けが行われているが、それは言語の違いを表しているわけではない。文字資料は豊富であり、その文字法は西側の文字法である。

（T006）カムティー語

シャン語分布地域の西隣に分布する。西側の文字法を使った文字資料を残している。

（T007）アホム語

アッサムに分布する。現在は消滅に近い状態とされているが、復興運動も行われているようである。西側の文字法を使った文字資料を残している。

アカ族の女性。（ラオス領内にて）

アカ族の男女。（チェントゥンで）

（T008）徳宏タイ語（タイマーオ語、タイラー語、タイヌー語）

徳宏州を中心に分布する。話し言葉としてはシャン語に非常に近い言語であるが、シャン語が五声調言語なのに対してこの言語は六声調言語である。西側の文字法を使った文字資料が豊富である。

（T009）白タイ語

ベトナム西北部に分布する。東側の文字法を使った文字資料がある。

（T010）黒タイ語

ベトナム西北部が中心であるが、一部ラオス北部にも分布する。東側の文字法を使った文字資料がある。

（T011）赤タイ語

ベトナム西北部に分布するとされているが、実態はよく分かっていない。

（2） チベット・緬甸系言語

チベット・緬甸系の言語の中にはロロ系の言語、緬甸系の言語、ジンポ語、それにブラカロン（カレン）系の言語がある。

ロロ系の言語としては次のようなグループの存在が知られている。

（TB012）アカ語

サルウィン河の東のタイ文化圏に広く分布するが、サルウィン河の西に

アケ族の女性。（チェントゥンで）

パラ族の女性。（ラオス領内で）

は存在していないようである。彼ら自身は細かな分類を行っているが、それはクランを示すものであって、必ずしも方言差を示すものではない。内的な方言差はかなり大きい。ほとんどの場合、緊喉／非緊喉母音の対立を持ち、緊喉母音を持つ音節には2声調、非緊喉母音を持つ音節には3声調がある。緊喉母音の起源は音節末の閉鎖音の消失によって生じたものである。

(TB013)ハニ語

アカ系の言語を中国ではこのように呼んでいる。中国から比較的新しく移住してきた集団をアカ族とは区別してこのように呼んでいる場合もある。

(TB014)パラ語

アカ系の言語のひとつであり、ポンサーリー県に見られる。この言語の話し手は、チベット・緬甸語系の民族としては珍しく、腰箍《こしたが》をつけている。

(TB015)アケ語(アク語)

主にチェントゥン地域に分布するアカ語に比較的近い言語である。アクという名前はアカ族が彼らを呼ぶときの名称であり、自称はアケである。

(TB016)スィダ語(スィラ語)

ポンサーリー県北部、ニョートウー近辺に分布する。アカ語とはだいぶ距離があるようであるが、詳しいことはまだよく分かっていない。母音に複雑な変化が起こっているようである。

雲南省西南部を流れるサルウィン河（怒江）。西岸にはサルウィン河とイラワジ河上流の分水嶺である高黎貢山の峰が連なっている。（1996年11月11日、雲南省保山市怒江大橋にて、ダニエルス撮影）

（TB017）ワニュ語（ムチ語）

ポンサーリー県に分布し、アカ語とは比較的離れたアカ系の言語である。緊喉母音はしばしば観察されるが、緊喉／非緊喉母音の音韻論上の対立はないように思われる。ただこの辺の詳しいことはまだよく分かっていない。

（TB018）ラフ語（ムス語）

サルウィン河の東のタイ文化圏に広く分布する。アカ語と同じくサルウィン河の西には存在していないようである。ラフ・ナ、ラフ・ニ、ラフ・シェレ、ラフ・シの四種類に分類されているが、言語的には前三種はほとんど同じであり、ラフ・シとその他のラフの二種類である。ラフ・シはチェントゥン地域に多く分布し、パキオとバラの二種類の存在が知られているが、言語的にはそんなに違うわけではない。ラフ・シはタイ系の民族からはクイと呼ばれている。最近チェントゥン地域にもうひとつラフ・コネという種類のラフがいることが確認されたが、その言語については未だ調査できておらず、実態は分からない。

（TB019）リス語

雲南省からカチン州、シャン州、タイ王国北部に亙って比較的広く分布している。社会的には、カチン社会に組み込まれたリス族と漢化されたリス族の二種類が存在するようであるが、言語的な違いはそれほどに大きくない。カチン社会に組み込まれたリス族はイラワジ河流域を生活基盤とし、リンガフランカとしてジンポ語を話す。一方の漢化されたリス族はメコン

リス族の女性

ムンパヤークにわずかに残っているペン族の女性。その言語は実際にはまったく話されなくなっているが、この女性くらいの年配の人にはわずかながら耳にした記憶がある。

河流域を生活基盤とし、漢語を話せる人が多い。

(TB020)プノイ語

ポンサーリー県に多く見られる。プノイはタイ系民族が彼らを呼ぶときの名称であるが、自称が何なのかすでに分からなくなっている。音節末の閉鎖音と鼻音を保持している点でアカ系、ラフ系、リス系の言語とは距離がある。

(TB021)ポンクー語

ポンサーリー県に分布するプノイ系の言語である。

(TB022)ラオパン語

ポンサーリー県に分布するプノイ系の言語である。

(TB023)ラオセン語

ポンサーリー県に分布するプノイ系の言語である。

(TB024)ピス語(ラオパイ語)

ポンサーリー県に分布するプノイ系の言語である。

(TB025)プーラワ語

ポンサーリー県に分布するプノイ系の言語である。

(TB026)ポンセット語

ポンサーリー県に分布するプノイ系の言語である。

(TB027)ペン語(ピエン語)

ムンパヤークにわずかながら残存しているが、その言語はほとんど失わ

徳宏タイの高床式家屋。タイ文化圏（シャン文化圏）には、民族を問わず、こうした竹材の柱梁構造で、壁は竹で編んであり、屋根は茅葺きの住居が多い。（1996年11月30日、雲南省瑞麗市弄島郷にて、ダニエルス撮影）

れ、日常の会話にはシャン語系の言語が使われている。私の調査ではビス語やプノイ語に極めて近い言語であり、３種の声調を持っている。

（TB028）ビス語

チェンラーイ県に一部落だけ存在する。

（TB029）ムピ語

ナーン県に分布する。

（TB030）ムビス語

スィプソンパンナーに分布する。

（TB031）サンコン語

スィプソンパンナーに分布する。

（TB032）チノ語

スィプソンパンナーに分布する。

緬甸系の言語としては次の四つの言語が知られている。いずれも社会的にはカチン族の一部に組み込まれているが、カチン語（ジンポ語）とはかなり距離がある。おおむねカチン州を中心に、シャン州北部、雲南省にも分布する。いずれも自身の言語のほかに、カチン族の間のリンガフランカであるジンポ語を話す。

（TB033）ロンウォー語（マル語）

（TB034）ラチッ語（ラシ語）

（TB035）ツァイワ語（アツィ語）

シャン州にあるインレー湖。大きな筌（うけ）を用いて魚を捕るエンサー族の漁民。

(TB036)アチャン語(ゴーチャン語)

このうち(TB034)のラチッ語(ラシ語)と(TB036)のアチャン語(ゴーチャン語)は極めて近い関係にある。

ほとんど消滅に近い状態と考えられていたが、カチン州の一部でわずかながら残っている言語に次のポン語がある。

(TB037)ポン語

この言語は緬甸語に近い言語とされているが、詳しいことはよく分かっていない。

緬甸語に極めて近く、その一方言と考えた方がよいと思われる言語に次のエンサー語(インダー語)がある。

(TB038)エンサー語(インダー語)

この民族はシャン州のインレー湖で湖上生活をする民族としてよく知られている。ダウェー(タボイ)から連れてこられた民族とされているが、母音に緬甸語のやや古い形が残されている。このように言語的にはたいした違いはないが、社会的に一つの独立した民族として認識されているところは極めてタイ文化圏(シャン文化圏)的でもあり、アジア的でもある。

カチン族の一部に組み込まれている民族に、もうひとつ次のラワン族がある。この言語はこれまで(TB033)～(TB036)と同じように緬甸系の言語と考えられていたが、私は少し違うものと考えたい。チン語やこの後に述べるブラカロン(カレン)系の言語と関係付けられる可能性がある。これに

ムン・マーオ盆地を貫流するナム・マーオ河（瑞麗江）。王統紀にもあるとおり、いまもムン・マーオは白い霧に包まれていることが多い。河向こうの山々は緬甸領内にある。（1996年11月30日、雲南省瑞麗市弄島郷にて、ダニエルス撮影）

近い言語は現在分かっているだけで次の7言語あり、カチン州北部から隣接する雲南省にかけて分布する。

（TB039）ラワン語

（TB040）ルンミ語

（TB041）ガヌン語

（TB042）ヌン語

（TB043）タンサル語

（TB044）ヌー語

（TB045）トゥルン語

これらラワン系の言語の中でも方言差がたくさんあり、全体で100近い言語・方言が存在する可能性がある。また音節末に -l および -r が存在する点でもジンポ語や他のカチン族の中に組み込まれている言語とは距離がある。

カチン族のリンガフランカとなっている次のジンポ語は、これまで上げてきた緬甸系の言語やラワン系の言語とはかなり違っており、これらを含めてカチン語群とするには問題があると考える。なお、**（TB019）**のリス族の一部もカチン族の中に組み込まれている。

（TB046）ジンポ語（カチン語）

カチン州を中心に、隣接するシャン州や雲南省にも分布している。ある程度の方言差があるようであり、緊喉／非緊喉母音の対立がある方言とな

シャン州ラーショの市場で陶器を売る女性。（1998年1月24日、ラーショにて、ダニエルス撮影）

い方言とがある。また、このジンポ語に非常に近く、古い形を保持していると彼らが考えている言語に次のカクー語がある。ただ、私の調査によれば決して古い形を残しているわけではない。

(TB047)カクー語

もう一つジンポ語(カチン語)に近い言語として次のドゥレン語がある。

(TB048)ドゥレン語

チベット・緬甸系の言語の中でかなり違った様相を見せるのはブラカロン(カレン)系の言語である。この言語群は、他のチベット・緬甸系の大部分の言語が SOV の構造を持つのに対して SVO の構造を持ち、そのことが長い間系統論をめぐって多くの議論を巻き起こしてきた。ただ、その語彙から見ればこの言語群は明らかにチベット・緬甸系の言語である。長い間、カレン語といえばスゴー・カレンとポー・カレンのほかに若干の数の言語が知られていただけであったが、長年のタイ文化圏(シャン文化圏)調査によってたくさんの少数言語が知られるようになり、現在では40種類を超える言語あるいは方言が存在する一大言語群の存在が浮かび上がってきている。また、この言語群に属する言語相互間の相違も非常に大きい。古来の有声閉鎖音が無声音化している言語がたくさんある一方で、わずかではあるが有声音をそのまま保存している言語も存在する。語構造についても、単音節性の強い言語がある一方で、複音節性の強い言語もある。語順についても一致していない。タイ(シャン)語の影響が強い言語がある一方

「小型乗り合いバス」で移動するパオ族の人々。

河川では竹の筏（いかだ）が使われる。タイ文化圏（シャン文化圏）に住む諸民族と竹との関わりはきわめて深い。（1996年11月30日、雲南省内の瑞麗江で、ダニエルス撮影）

で、緬甸語の影響の強い言語もある。人口から見るとスゴーとポーが圧倒的な部分を占めるが、ブラカロン（カレン）系言語全体から見れば、この二つのグループはほんの一部にしか過ぎない。タイ王国語がタイ系言語の中心であるとする考えが正当な考え方でないのと同じように、スゴー語やポー語がブラカロン（カレン）系言語の中心であるとする考えは正常ではない。30年以上をかけた調査によって、この言語群の調査・研究においては世界を圧倒するようになってしまった。以下にこの言語群について、主に音節初頭音と音節末尾音の変化を中心に見ていく。

（TB049）パオ語

カレン州南部からシャン州南部にわたって広く分布する。主な方言区分として、南部方言と北部方言に分けられる。このうち北部方言はこの系統の言語の中では音節末子音を最もよく保存している。古来の有声閉鎖音（b, d など）は無声有気音化（*b>ph, *d>th など）している。ブラカロン（カレン）系言語の中では最もシャン語の影響を強く受けている言語である。

（TB050）ラター語（サロン・カヤン語）

シャン州南部パイクン（ペーコン）地区に分布する。ラターの名称は自称ではなく、比較的新しく政治的な背景の下で作り出された名前のようである。カレン州北部からカヤー州、シャン州南部にかけて「カヤン」あるいはそれに近い名前を持つグループをすべて「カヤン族」とし、その中に次の４つのグループがあるとした。すなわち（１）ラター、（２）ラウィー、

こうした二階建ての新居も見られる。柱梁にはコンクリートが使われるようになったが、壁の一部は竹で編んである。家の前の通りに面して、通行人に供する水を入れた甕(かめ)がおかれている。(1996年11月30日、雲南省瑞麗市弄島郷にて、ダニエルス撮影)

(3)カカウン、(4)カガン、の4グループである。このうち、「ラター」は彼らの言葉で「北」を意味し、「ラウィー」は「南」を意味するものである。また、「カカウン」は「高地に住む人」を指し、「カガン」は「低地に住む人」を指すものである。従ってこの4つの名称は厳密に民族、あるいは言語を指す名称ではなく、同じグループの中でも歴史的・文化的・言語的背景がかなり異なるものが含まれている。このサロン・カヤン語は音節末の鼻音として -n, -ŋ の2種類のみを保存している。音節末の閉鎖音(-p, -t, -k)はすべて消失している。古来の有声閉鎖音(b, dなど)は無声無気音化(*b>p, *d>t など)している。ブラカロン(カレン)系の言語としては珍しく口蓋垂音が存在しており、ほかの言語の r が変化したものである。シャン語およびパオ語の影響が強く見られる。

(TB051)カヤー語

カヤー州を中心にその周辺地域を含めて比較的広く分布しており、赤カレン(カレン・ニ)とも呼ばれている。音節末の子音はすべて消失し、古来の有声閉鎖音(b, d など)は無声無気音化(*b>p, *d>t など)している。東部方言と西部方言では声調体系が異なっており、そのほかにも地域によってかなりの方言差がある。

(TB052)インボー語

カヤー州ロイコー地区に4ヵ村存在するとされている。音節末の鼻音はすべて消失し、その形跡が鼻母音として残っている。古来の有声閉鎖音

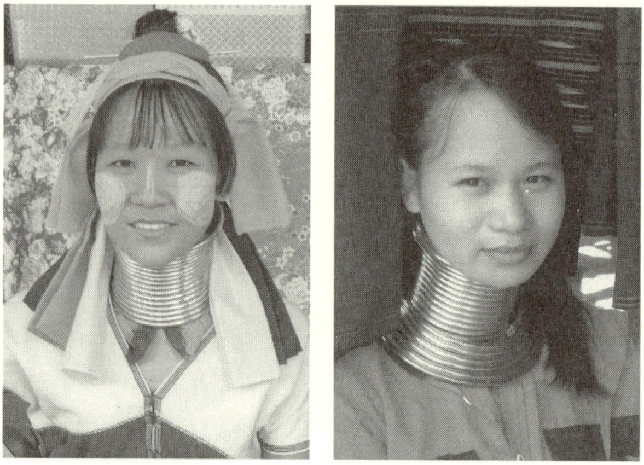

パダウン族の女性。首輪の重さは2キロにもなる。

(b, d など)は無声無気音化(*b>p, *d>t など)していると同時に、こうした初頭音を持つ音節の母音が気息母音になっている。シャン州南部からカヤー州にかけてはイン○○という名前の言語(民族)がたくさんあるが、これはシャン語でカレン人のことをヤーンと呼び、それを緬甸語読みしたものである。

(TB053)パダウン語

カヤー州のロイコー地区が主な分布地域であり、女性は長い首輪をつけているところから首長族として知られている。1980年代後半ころから少しずつタイ王国側にも出てくるようになり、観光客の注目を集めるようになっている。ただ、タイ王国側に出てきた女性は皆首輪をつけているが、現在のロイコー地区では女性であれば必ず首輪をつけているというわけではないようである。タイ王国側に出てきてゼニが稼げるのは首輪をつけた女性だけであり、ここでもイデオロギー支配からゼニオロジー支配への時代の流れを如実に感じ取ることができる。上に述べたカヤンの4グループの内のラウィーと呼ばれるものがほぼこのパダウンに相当する。このことから、比較的若い世代の人は、自分たちの自称はラウィーであると信じている人も多い。音節末の鼻音はすべて消失し、その形跡が鼻母音として残っている。古来の有声閉鎖音(b, d など)は無声無気音化(*b>p, *d>t など)している。

(TB054)タウンミン語

タイ文化圏（シャン文化圏）内には自生のヤマザクラが多い。春に濃いピンクの美しい花を枝いっぱいにつける。（1998年1月23日、シャン州メイミョにて、ダニエルス撮影）

カヤー州にわずかながら存在している。パダウン語にかなり近い言語であるが、声調体系が異なっている。古来の有声閉鎖音（b, d など）は無声無気音化（*b>p, *d>t など）している。

（TB055）ヤーズーゲーコー語

ゲーコー語の一種とされているが、その言語はかなりの差異がある。「ゲーコー」「ゲーバー」の名称も「カカウン」「カガン」と同じく、特定の民族・言語名を指すものではなく、「高地に住む人」「低地に住む人」の意味である。主にカヤー州に分布する。音節末の鼻音はすべて消失し、その形跡が鼻母音として残っている。古来の有声閉鎖音（b, d など）は無声無気音化（*b>p, *d>t など）している。

（TB056）ゲーコー語

カヤー州からカレン州北部にかけて分布する。音節末の鼻音はすべて消失しているが、母音が鼻母音化していない点でヤーズーゲーコー語とは異なる。音節末の閉鎖音は声門閉鎖音として残っている。古来の有声閉鎖音（b, d など）は無声無気音化（*b>p, *d>t など）している。

（TB057）カドー語

カヤー州に分布する。ゲーコー語の一種と言われているが、その言語はかなり違うものであり、むしろインボー語に近い。古来の有声閉鎖音（b, d など）が無声無気音化（*b>p, *d>t など）するに伴って、こうした初頭音を持つ音節の母音が気息母音化している。古来の無声閉鎖初頭音（p-, ph-,

中国側国境の町である畹町の境界。橋向こうは緬甸である。（1996年12月1日、雲南省畹町にて、ダニエルス撮影）

t-, th- など）を持ち、第二声調に属する音節は声門閉鎖音ないしは声門の緊張を伴って発音される。

（TB058）ザイェイン語（ロイロン・カヤン語）

シャン州南部パイクン（ペーコン）地区に分布し、20数部落存在するとされている。カヤンの中ではラターのグループに入れられているが、サロン・カヤン語とは声調体系が異なる。音節末の鼻音として -n, -ŋ の2種類のみを保存している一方、閉鎖音（-p, -t, -k）はすべて消失している。古来の有声閉鎖音（b, d など）は無声無気音化（*b>p, *d>t など）し、これに伴いこうした初頭音を持つ音節の母音が気息母音化している。サロン・カヤン語と同じく r に由来する口蓋垂音がある。

（TB059）ナギー語

シャン州南部パイクン（ペーコン）地区にひとつの部落だけが存在しており、ナギーはこの部落の名前である。この言語は非常に特異な声調体系を持っている。古来の第一声調に属する音節は音節末に -h があるような息の抜けるような発音になり、一方、古来の第二声調に属する音節は音節末に声門閉鎖音ないしは声門の緊張を伴う発音となっている。音節末の閉鎖音（-p, -t, -k）はすべて声門閉鎖音に変わっている。古来の有声閉鎖音（b, d など）は無声無気音化（*b>p, *d>t など）している。

（TB060）カカウン語

カヤンの中で高地に住む人のことをカカウンと呼んでいるので必ずしも

左ページの境界にある「九谷橋」。「中華人民共和國　緬甸聯邦」の文字が刻まれている。（1996年12月1日、雲南省畹町にて、ダニエルス撮影）

特定の言語名を指すものではなく、内部での差異もかなりあるようであるが、私が調査できた言語はほかの言語と較べて大きな特徴を持っているので、ひとつの独立した言語としてあげておく。音節末の鼻音は -ŋ のみが残されている。古来の有声閉鎖音(b, d など)は無声無気音化(*b>p, *d>t など)している。

(TB061)インタレー語

カヤー州ボーラケー地区に 3 部落1,000人程度が残されているようである。音節末の母音はすべて消失し、その形跡が鼻母音の形で残されている。古来の有声閉鎖音(b, d など)は無声無気音化(*b>p, *d>t など)している。

(TB062)マヌ語

カヤー州ボーラケー地区に 7 部落あるとされている。次のマノー語とは声調体系が若干異なり、母音の一部に違いがある他は極めて近い関係にあり、双方合わせてマヌマノー語と呼ばれる場合もある。音節末の閉鎖音および鼻音はすべて消失し、その形跡も残していない。古来の有声閉鎖音(b, d など)は無声無気音化(*b>p, *d>t など)している。

(TB063)マノー語

カヤー州ボーラケー地区に数部落あるとされている。マヌ語と同じく音節末の閉鎖音と鼻音はすべて消失し、その形跡も残していない。古来の有声閉鎖音(b, d など)は無声無気音化(*b>p, *d>t など)している。

(TB064)ターミダイ語

水牛市場。低地での水田耕作に水牛は欠かせない。(チェントゥンにて)

カレン州北部のタンダウン地区の最北端に10数部落存在するようである。音節末の閉鎖音(-p, -t, -k)はすべて声門閉鎖音に変化し、一方、鼻音の方はすべて消失してその形跡が鼻母音として残っている。古来の有声閉鎖音(b, d など)は無声無気音化(*b>p, *d>t など)している。緬甸語の影響が比較的強い言語である。

(TB065)カレン・ピュー語(白カレン語)

ピンマナー近辺に15部落存在するとされている。「白カレン」というと通常は後ほど取り上げる「ゲーバー」を指すようであるが、このカレン・ピューはまったくそれとは異なるものである。一説には古代のピュー族の生き残りであるという話もあるが、その真偽の程は確かめようがない。音節末の鼻音は -ŋ のみが残されており、一方、閉鎖音(-p, -t, -k)はすべて消失している。古来の有声閉鎖音(b, d など)は無声無気音化(*b>p, *d>t など)している。緬甸語の影響が極めて強い言語であり、話し手が少なくなりつつある言語のようである。

(TB066)タイダイ語

カレン州北部のタンダウン地区に10数部落存在するとされている。音節末の閉鎖音(-p, -t, -k)は全て消失しているが、古来有声初頭音をもっていた音節については、わずかながら声門の緊張が見られる。音節末の鼻音については全て消失し、その形跡が鼻母音として残されている。古来の有声閉鎖音(b, d など)は無声無気音化(*b>p, *d>t など)している。**(TB064)**

カヨー族の女性

スィダ(スィラ)族の女性

のターミダイ語同様、比較的緬甸語の影響が強く見られる。

(TB067)ゲーバー語

カレン州北部のタンダウン地区からカヤー州にかけて分布する。「ゲーバー」は「低地に住む人」の意味であり、必ずしもその言語は一様ではない。この言語には古来の有声閉鎖音(b, d など)の一部が無声音化することなく残されているが、一方で無声無気音化(*b>p, *d>t など)しているものもある。音節末の閉鎖音および鼻音は全て消失し、その形跡を鼻母音のような形で残していることもない。次のブェー語に近い言語である。

(TB068)ブェー語

カレン州北部のタンダウン地区からカヤー州にかけて分布する。タンダウン地区では最も人口の多いグループである。ゲーバー語と同じく古来の有声閉鎖音(b, d など)の一部は無声音化することなく有声音のまま保存されている。無声音化したものは無声無気音化(*b>p, *d>t など)している。音節末の閉鎖音および鼻音は全てその形跡を残すことなく消失している。

(TB069)カヨー語(ブレー語)

カヤー州を中心にカレン州北部までを含めて比較的広く分布する。方言差がかなりあるようで、特に、東と西ではかなり違うようである。ゲーバー語やブェー語とは比較的近い関係にあるが、古来の有声閉鎖音(b, d など)はすべて無声無気音化(*b>p, *d>t など)している。一部の方言ではその形跡が気息母音として残されている。音節末の閉鎖音や鼻音は全て消失

山間部には赤色野鶏が生息する地域が多い。オスはみごとな赤色の肉冠をもつ。写真左下の枠内は卵。

し、その形跡も残していない。

(TB070)モーパァー語(パラチー語)

カレン州北部を中心に比較的広く分布する。古来の有声閉鎖音(b, d など)はすべて無声無気音化(*b>p, *d>t など)しているが、これに伴い、古来の有声初頭音を持つ音節の母音は気息母音化し、無声初頭音を持つ音節の母音は緊喉母音化している。古来の有声／無声の対立が声調分岐による声調の対立に必ずしも移行しておらず、母音の対立として残されている可能性がある。音節末の子音はすべて消失し、その形跡も残っていない。

(TB071)ブリモー語

カレン州北部のタンダウン地区に10部落に満たない少数の住民がいるとされている。語彙の上からはモーパァー語に近い言語であるが、古来の有声閉鎖音(b, d など)がすべて無声有気音化(*b>ph, *d>th など)している点でモーパァー語とは大きな違いがある。このように有気音化している言語はこれまで先に述べたパオ語と後で述べるポー語だけであったが、もうひとつこうした変化を経た言語が発見されたことは、タイ文化圏(シャン文化圏)研究の大きな成果の一つである。この言語の共鳴音が出気を伴って mh, nh, lh のように発音される点でも特異な存在である。音節末の閉鎖音や鼻音はすべて消失し、その形跡も残していない。

(TB072)パクー語

カレン州からカヤー州にかけて比較的広く分布する。私が調査できたブ

野鶏の卵。手のひらの中央はタイ王国の10バーツ硬貨（日本の500円玉大）。

ラカロン（カレン）系言語の中では最もよく古来の有声閉鎖音（b, d など）を保存している。一部に無声音化している場合もあるが、その場合は無声無気音（*b>p, *d>t など）となっている。音節初頭音が保守的であるのに対して、音節末子音はすべて消失し、その形跡も残していない。かなり内的な方言差があり、特に声調の表現に大きな差異があるようであるが、全般的にはこの後に述べるモーネーブァー語やタレーブァー語、更にはスゴー語にかなり近い言語である。

（TB073）モーネーブァー語

カレン州北部のタンダウン地区に分布する。この言語は歴史音韻論の観点からは非常に興味の深い言語で、古来の第二声調に属する音節のみ有声音の無声化現象（*b>p, *d>t など）が起こっている。またこの変化に呼応して、声調の分岐に関しても、古来の第二声調のみが二つの声調に分岐し、そのほかの声調では分岐現象は起こっていない。音節末の子音はすべて消失し、その形跡も残していない。語彙の上からはパクー語、タレーブァー語、スゴー語に近い言語である。

（TB074）タレーブァー語

カレン州北部のタンダウン地区に分布する。古来の有声閉鎖音（b, d など）はすべて無声無気音化（*b>p, *d>t など）しており、音節末の子音はすべて消失し、その形跡も残していない。次のスゴー語に極めて近い言語である。

高床式家屋とは別に竹の柱梁構造による土間式家屋も見られる。（1996年11月30日、雲南省瑞麗市弄島郷にて、ダニエルス撮影）

(TB075)スゴー語

カレン州を中心に隣接する緬甸人居住地域やタイランド人居住地域にまで幅広く分布する。この言語群の中では唯一ブラカロンに由来する3音節からなる名称を「人」を意味する自称プァカニョーの形で保存している。古来の有声閉鎖音(b, d など)はすべて無声無気音化(*b>p, *d>t など)している。古来の音節末鼻音は消失してその形跡も残されていないが、音節末閉鎖音の方は声門閉鎖音として残されている。

(TB076)ポー語

カレン州やイラワジ·デルタ地帯を中心に隣接する緬甸人居住地域やタイランド人居住地域にまで幅広く分布する。古来の有声閉鎖音(b, d など)はすべて無声有気音化(*b>ph, *d>th など)している。音節末の閉鎖音はすべて消失し、その形跡も残していないが、鼻音の方はその形跡を鼻母音の形で保存している。東部方言と西部方言ではかなり大きな差異がある。

(TB077)ピュー語

西暦紀元前からイラワジ中流域で栄え、13世紀ごろから姿を消してしまったピュー語もこの言語群に属する可能性が強くなった。ただ、残されているピュー語の資料が少ないため、科学的に完全にこの関係が証明されるかどうかは分からない。

新建材を用いた二階建て家屋。（1996年11月30日、雲南省瑞麗市弄島郷雷允村にて、ダニエルス撮影）

（3） モン・クメール系言語

モン・クメール系言語はこの地域では最も古くから存在していた言語である。タイ文化圏（シャン文化圏）のモン・クメール系言語は北方モン・クメール系言語に分類されている言語で、更にクム語系のグループとパラウン・ワ系のグループに分類される。クム語系のグループとしては次のような言語が知られている。

（MK078）クム語

クム語系とされる言語の中では圧倒的に人口が多く、その分布範囲はベトナム北部、ラオス北部、タイ王国東北部などタイ文化圏（シャン文化圏）の東南部地域に集中している。言語音変化の観点から見るとかなり大きな言語間の差異が見られ、古来の有声閉鎖音（b, d など）を保存している言語から無声無気音化している（*b>p, *d>t など）言語、無声有気音化している（*b>ph, *d>th など）言語があり、更にはこの無声化現象に伴って母音の質的対立や声調の対立を発達させた言語まである。

クム語系のグループとしてこの他には次のような言語が知られている。

（MK079）ティン語

ナーン県からサイニャブーリーにかけて分布する。以下の二つの言語もこの言語のサブグループと考えられている。

（MK080）マル語

さまざまな日用陶器。最近は中国製やタイ王国製のプラスチック製品も多く出回っているが、発酵食品には、やはり旧来の陶器がふさわしい。（1996年11月30日、雲南省瑞麗市弄島郷雷允村にて、ダニエルス撮影）

（MK081）プライ語

この地域では珍しい狩猟採集民として注目を集めている民族にムラブリがいるが、この言語もクム語系の言語だと考えられている。

（MK082）ムラブリ語

移動生活を続けているため接触が難しく、人口が少ないことでも注目を集めている。ナーン県に百数十人がいるとされている。

（MK083）ユンブリ語

ムラブリ語に極めて近い言語で、サイニャブーリー県に分布するとされている。

（MK084）カビット語

ポンサーリー県に分布している。クム語系の言語と考えられているが、パラウン・ワ系の言語に見られるような特徴も一部示している。

パラウン・ワ系の言語研究は、タイ文化圏（シャン文化圏）における長年の調査研究によって格段の進歩を成し遂げた。その結果、かなりの言語が声調または母音の緊喉／非緊喉の対立を発達させており、その由来もさまざまであることが分かってきた。また、こうした異なる音韻変化をひとつの統一的な理論で説明しようとする試みも、集められた豊富なデータを基に道が開かれ、世界的に注目を集めている。

（MK085）パラウン語

タイ文化圏（シャン文化圏）の北部に比較的多いが、ほかの地域にも幅広

寺院の入口付近に置かれた素焼きの水甕。（1996年11月30日、雲南省瑞麗市弄島郷雷允村にて、ダニエルス撮影）

く分布しており、方言差が大きく、また、自称もさまざまである。基本的にはシャンと行動を共にした民族のようであり、シャン語からの借用語が非常に多い。重要な方言差として、古来の有声閉鎖音(b, d など)をそのまま保存している方言群と無声無気閉鎖音に変化させた(*b>p, *d>t など)方言群に分けることができる。前者の方言群は地理的に北に位置し、後者の方言群は南に位置している。自称としてはタアーン、ダアーク、ダアーン、ダラアーンなどがある。北に分布する一部の方言には声調の発達が見られる。この声調の発達には音節末の閉鎖音ないしは母音の長／短が関与している可能性があるが、現在のところはっきりとした原因は未だ解明されていない。チェントゥンやファーンなどに分布するパラウン語には音節末尾音として閉鎖音と鼻音がくっついためずらしい音(-pm, -tn など)が観察される。古来の無声無気閉鎖音(p, t など)が声門化する変化が起こっており、北の方から南の方の方言群を順に眺めてみれば、通常の無声閉鎖音から放出音を経て入破音にいたる変化の筋道(p>p’>ɓ)がよく分かる。

(MK086)リアン語

ロイレム周辺、パーンロン、ムンナーイなどに二つのグループの存在が確認されている。黒リアンと縞リアンとして区別されているが、方言差はきわめて少ない。この言語は古来の有声音の無声音化によって声調の対立を発達させている。古来の有声音には低声調が対応し、古来の無声音には高声調が対応している。なお、この民族はシャン人からはカレン族の一種

中国と緬甸の国境線を示す標識。「中國　1960」と彫られている。（1996年11月30日、雲南省瑞麗市弄島郷にて、ダニエルス撮影）

カノ族の男性

だと考えられている。実際にこの言語にはブラカロン（カレン）系言語からの借用を疑わせる語彙が見られる。

（MK087）カノ語（ダノ語）

アウンバンからタウンジーの間に10数部落存在するとされている。この言語には高平調と高降調の二つの声調があり、高平調は古来音節末に閉鎖音があったものが消失して生じた声調である。この言語にもブラカロン（カレン）系言語からの借用を疑わせる語彙が見られる。

（MK088）ラメート語（カメート語）

ラオス北西部からタイ王国北部にかけて分布するが、タイ王国ではこの言語は消滅に近い状態にある。この言語は古来の無声初頭音と有声初頭音の対立を声調の高／低の対立に変化させている。

（MK089）ソン語

チェントゥン地域に存在するとされているが、先日そのような民族がいるという情報に基づいて行ってみたところ、今はそのような人はもういないとの話であった。すでに消滅してしまったか、どこかに移住してしまった可能性がある。

（MK090）パラウク語（パガウク語、ワ語）

雲南省臨滄地区を中心にシャン州東部などを含め、おおむねタイ文化圏の中心部にかなり広く分布する。いわゆる首狩ワ族といわれていたグループであるが、細かな方言差が結構あるようである。母音の緊喉／非緊喉の

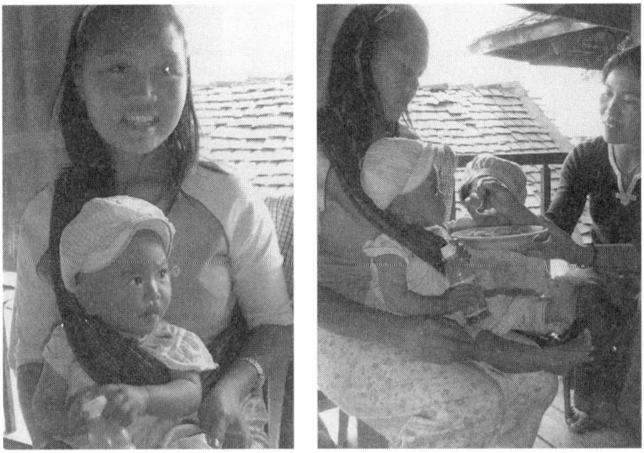

チェントゥン郊外のパラウク族（パガウク族、ワ族）の村で。

対立を持つ方言と持たない方言がある。また、一部の方言では声調の発達が見られる。

（MK091）ラワ語

タイ王国北部に分布する。初頭子音の鼻音に声門化された系列を持つ言語で、この点でワ系の言語の中では珍しい。

（MK092）アルヴァ語（ラー語、カラー語）

チェントゥン地域に居住する民族で、その言語は一部声調の発達が見られる。内部で若干の方言差があるようであるが、詳しいことはまだよく分かっていない。

（MK093）スィアム語

本来はチェントゥン郊外にいた民族であるが、現在チェントゥンには数十人がいるのみである。この言語は有気音／無気音の対立（ph/p, th/t など）がなくなった言語で、このことによって高声調／低声調の対立を持つ声調言語に変化している。このような初頭子音の有気音／無気音の対立が声調の対立に変化した言語の存在は、この言語についての1998年の調査によって世界で始めて明らかになった。次のヴァ語とはかなり近い関係にあるが、閉鎖音においては声調の対応が逆転している。

（MK094）ヴァ語（エン語）

チェントゥン郊外にいくつかの部落がある。前のスィアム語に近い言語で同じように有気音／無気音の対立がなくなったことで声調体系を発達さ

中緬国境の畹町の町並み。左手前の建物は税関。（1996年12月1日、雲南省畹町にて、ダニエルス撮影）

せた言語であるが、声調の対応は初頭音が閉鎖音の場合では逆転している。この両言語間の声調対応の逆転現象をどう説明するかを考えたところから、世界を驚かせた「音韻変化に関する統一理論」が考え出されていったもので、机上の空論ではなく、ひたすら言語調査を続けることの重要性がはっきりした。

（MK095）イモック語（センツム語、アモック語）

チェントゥン郊外にいくつかの部落がある。言語としてはアルヴァ語に近い言語と思われるが、声調の発達は見られないようである。かなりシャン語の影響を強く受けている。

（MK096）プラン語

タイ文化圏（シャン文化圏）の南東部に分布しており、スィプソンパンナーやその周辺地域に多い。いろいろなグループがあり、方言差もかなりあるようである。彼らの間では30種類あると、まことしやかに言われているが、何を根拠に言っているのか不明である。いずれにしても内的な方言差が多いことは事実である。この言語はいずれの方言も明確な声調言語であり、2声調、ないし3声調言語である。共鳴音（ソノーラント）に3項対立（m/mh/hm など）を持つ珍しい方言も見られる。彼らの中にはクン語やルー語で書いた文字資料を残しているのが散見される。

以上、タイ文化圏（シャン文化圏）に分布するパラウン・ワ系の言語を見てきたが、ごく大雑把にその分布域を概観すると、北から南へ、パラウ

ヴァ(エン)族の女性(チェントゥンで)。

スィアム族の男性。

ン・ワ・プランと並んでいることが分かる。この事実は、民族の移動・接触と言語音変化を考える際に大いに注目すべき点だと考えている。

(4) 漢語系言語

タイ文化圏(シャン文化圏)の漢語は、多くの場合、雲南系の漢語であるが、ホー、コーカンなど国家によっては漢族としてではなく、別の民族として認定されているものもある。一部には客家語も見られる。最初に書いておいたように、この地域の歴史音韻論研究にとって漢語は何の役にも立たないので、他の言語調査の過程で接触した機会は多いが、特段の調査はしていない。

(C097)雲南漢語

一般にはホーと呼ばれている人たちが話す漢語であるが、結構バラエティーがあるようである。タイ文化圏(シャン文化圏)の至る所で見られる。

(C098)客家語

雲南漢語に較べて人数は少ないし、分布地域も偏在しているようであるが、詳しいことは分からない。

ムン族（ヤオ族の一）の女性

ジョカム寺（五雲寺）の仏塔。パゴダが黄金色に輝く。（1996年12月2日、雲南省潞西市にて、ダニエルス撮影）

（5） ミャオ・ヤオ系言語

タイ文化圏（シャン文化圏）に見られるミャオ・ヤオ系の言語はタイ王国北部、ラオス北部、ベトナム西北部などに分布する。この系統の言語は子音が極めて多く声調も多いのが特徴である。一方で母音の数は比較的少ない。ミャオ・ヤオ系言語全体からすると、タイ文化圏（シャン文化圏）に見られるこの系統の言語はほんの一部にしか過ぎず、その大部分はミャオ系では貴州省、ヤオ系では広西省が主な分布地域となっている。また、彼らがタイ文化圏（シャン文化圏）に入ってきた時期も比較的新しい。この地域のミャオ・ヤオ系の人たちは「ミャオ」とか「ヤオ」という呼び名を好まない（特に「ミャオ」に対してはかなり強い抵抗感がある）ため、最近では「モン」「ミエン」という呼び名を使うようになっている。タイ文化圏（シャン文化圏）ではこれでもそんなに大きな問題にはならないが、このグループ全体を指す名称としては大きな不都合がある。自称が「モン」や「ミエン」あるいはそれに近い名称ではないグループがたくさん存在するからである。

（MY099）フモン語（モン語）

これまで「ミャオ語」と呼ばれていた言語で、ミャオ系の言語のひとつである。自称は「フモン」または「モン」である。こうした二つの自称があることから分かるように、あまり差異は大きくないが、二つの方言があ

フモン族の村で。

る。ひとつはフモン・ダウと発音される「白フモン」であり、もうひとつはモン・レンあるいはモン・ンジュアと発音される「縞モン」あるいは「緑(青)モン」である。この二つの方言の間の大きな違いは、その自称からも分かるように、前者に存在する hm, hn などの出だしに息漏れを伴う鼻音が後者には存在しないことである。この言語には音節末の子音はなく、声調が七つある。なお、当然のことながらモン・クメール系のモン語とはまったく別の言語である。

(MY100)ミエン語(イウ・ミエン語)

これまで「ヤオ語」と呼ばれていた言語で、ヤオ系の言語のひとつである。この言語は音節末の閉鎖音および鼻音を保存しており、声調は六つある。漢語の影響を強く受けており、漢字を使った文献も残されている。

(MY101)ムン語

これまで「藍靛ヤオ語」と呼ばれていた言語で、ヤオ系の言語のひとつである。この言語は音節初頭音の無声有気/無声無気/有声音の三項対立に従って、古来の三つの開音節声調がそれぞれ三つに分岐して九つの声調が生まれ、その後の声調融合によって、現在では七つの声調を持つに至った言語である。音節末の閉鎖音および鼻音は保存されている。

かつての北センウィー宮殿。（1998年1月24日、シャン州ラーショの旧センウィー宮殿に残るアルバムの写真をダニエルスが複製）

以下に訳出する王統記を読まれるに先立って必要と考えられる予備知識を以下に書き留めておくが、二つの王統紀に共通な事項、センウィー王統紀のみに関する事項、スィーポ王統紀のみに関する事項、の順に述べておく。

〈二つの王統紀に共通な事項〉

（1）「緬甸」の名称について

長年日本ではビルマと呼ばれていた国名を、現政権が突然その英語名称をミャンマーと変更したことから、特に日本国内で、ビルマかミャンマーかという議論が起きる結果となった。私個人はこの種の議論はニホンかニッポンかという議論と同じようなもので、研究者が取り上げるべき問題ではなく、政治的な思惑が絡んだつまらないものだと思っているため、くだらない議論から距離を置く意味で通常は漢字の「緬甸」を使っている。「日本」と書いてニホンともニッポンとも読めるのと同じように、ビルマでもミャンマーでも好きなように読めるようにとの配慮からである。但し、本文に出てくるタイ語（シャン語）の「ムンマーン」は、現在の政治状況と

避暑のための北センウィー宮殿。（1998年1月24日、シャン州ラーショの旧センウィー宮殿に残るアルバムの写真をダニエルスが複製）

は関係のない古い時代のことであるため、日本語で長い間使われてきたビルマを使うことにする。

（2） 翻訳に当たっての基本的な考え

原文に忠実であることを基本とする。従って明らかな間違いや前後の矛盾があってもそのままとし、注の部分でそのことを指摘しておくことにする。但し、タイ（シャン）文語の大きな特徴として、主語や目的語がはっきり示されていない場合が多く、そのまま日本語に翻訳すれば理解できなくなる場合があるので、そうした場合には、主語や目的語を補った訳文とする。また、タイ（シャン）文語の凝った文体に合わせて同じように凝った日本語にするのではなく、できるだけ平易で読みやすい日本語にするように心がける。原文には句読点や段落の区切りは極めて少なく、訳文における句読点や段落の区切りは、原文とは関係なく、内容を斟酌して付けることにする。また見出しや注も原文にはないものである。

現在も残るセンウィー王の離宮（シャン州ラーショで）。

（3） タイ（シャン）文字について

タイ（シャン）語の文献がいつごろから作られるようになったかは明らかではない。存在する文献の大部分はツェーサーと呼ばれる梶の木の繊維から作られた紙に書かれているため、あまり古いものは残っていない。古いものが残らないもうひとつの理由として後述する「書き写し文化」も挙げられるであろう。使われている文字はインド系のモン・緬甸文字とほとんど同じ丸い形をした文字で、緬甸語にない文字や記号は使われておらず、緬甸語から借用したものと考えられる。そのため母音が完全に表記されておらず、声調も一部を除き基本的に表記されていない。この文字法では、古来の有声音（b, d など）が無声音化したもの（*b>p, *d>t など）と古来の無声音（p, t など）とを、タイ王国語のように違った文字で書くのではなく、同じ文字で書かれており、こうした無声音化が起こったと考えられる15世紀以前に存在していたとは考えにくい。1955年には母音と声調を完全に表記する新しい文字法がシャン州政府によって作られたが、その普及度は決して高くない。そのため、タイ（シャン）の歴史や文化を理解するにはどうしても難解な古い文字法を使った文献を読むことが必須である。

ヨンホイ宮殿（ホーナン）。レンガ・木造でアーチを取り入れており、シャン洋折衷型建築の感がある。ツァオパ（チャオファー）はここで自分の領地であるヨンホイの政務を執り、またここを住居としていた。（1998年1月20日、シャン州ヨンホイにて、ダニエルス撮影）

（4） タイ語（シャン語）のカタカナ転写法について

タイ語（シャン語）の音節構造は CV/T または CVC/T（C は子音、V は母音、T は声調を示す）で、母音の長短の対立は CVC/T 音節の /a/ の母音に限って存在する。こうした言語を日本語のカタカナ書きに転写するに当たっては次のような方法をとる。子音については、無気音／有気音の対立（t/th など）は無視して同じように転写し、g/ŋ の対立も無視して同じようにガ行で書くことにする。母音については、タイ語（シャン語）の 9 母音を e/ɛ、o/ɔ、u/ɤ/ɯ の対立を無視してそれぞれ日本語のエ、オ、ウに転写する。CVC/T 音節においては、/a/ の母音の場合のみ長母音には長音符号をつけてアーとし、そのほかは長音符号を一切つけないこととする。CV/T 音節においては、第五声調の場合を除き全て長音符号をつけてアー、イー、ウー、エー、オーとし、第五声調については全て長音符号をつけないものとする。音節末の子音については、閉鎖音 -p、-t、-k はそれぞれプ、ト、クとし、鼻音 -m はム、-n、-ŋ はともにンで転写する。-j はイで転写し、-w の場合は前の母音が i 、e 、ɛ の場合はウで転写し、それ以外の母音の場合はオで転写する。

ヨンホイ宮殿の正面。

(5) 外来語(ほとんどが緬甸語)の取り扱い

これらは全てタイ語(シャン語)読みに直したものをカタカナ書きする。従って、インワはアーンワないしエンワと書く。

(6) 地名に関する複数の名称

地名について複数の名称が同時に書かれている場合がかなり見られるが、これらには中黒(原文にはない)をつけてカタカナ書きする。従って、センウィー・ムントゥー(センウィーもムントゥーも同じ地名)とかカレー・ウェンスー(カレーもウェンスーも同じ地名)のような書き方をする。

(7) 「書き写し文化」について

タイ文化圏(シャン文化圏)では文献は書き写しながら古いものは捨てていくことが慣行となっている。従って専門的な「書き写し屋」のような人が常に存在していた。彼らは必ずしも原本をそのまま正確に書き写したわけではなく、ものによっては原本を基に自分が創作したようなものも少な

ヨンホイ宮殿内に残された漆塗りの収納箱。(1998年1月20日、シャン州ヨンホイにて、ダニエルス撮影)

くない。特に王統紀のような歴史的な読み物については写された時代を反映してその中身が変更される場合が多い。本書に収められている2種類の王統紀の中でも、スィーポ王統紀については、書き写した人がかなり自分勝手に改変しているような印象を受ける。

(8) 固有名詞につけられる特定の語彙

タイ語(シャン語)には固有名詞につけられる特定の語彙があって、それが付いたり付かなかったりするので、同じものを違うものと誤解しかねないため、ここでその主なものを挙げておく。

ツァオ

もともとは「主」の意味を持つことばであるが、王族の家系の出身者の名前の前に付き、ツァオスーカーンパのようになる。

ツァオパ

ツァオは「主」の意味であり、パは「天」の意味であって、この二つを合わせてタイ文化圏(シャン文化圏)にあった前近代の盆地連合国家の統治者を表す。タイ王国語ではチャオファーが対応し、緬甸語ではソーブァーと書き表されている。なお、このことばに関し、日本では「藩侯」ないしは「藩王」と訳するのが一般的であるが、こうした訳語は緬甸側から見た

ヨンホイ宮殿内に残された乗馬用の鞍。（1998年1月20日、シャン州ヨンホイにて、ダニエルス撮影）

先入観に基づく訳語であって、誤解を生じかねない。本書ではそのような先入観を除く意味で単に「王」と訳することにするが、この「王」の実態については今後いろいろな角度から検討していく必要がある。

クン

これもツァオと同じように王族の家系の出身者の名前の前に付き、クンイーカーンカムのようになる場合が多いが、必ずしも王族の出身でなくても、高官の名前の前に付くこともある。

ロン

本来は「大きな」を意味する形容詞であるが、人名にくっついてツァオロンスーカーンパなどとなったり、地名にくっついてセンウィーロンなどと書かれていることがしばしば見られる。

ナーン

女性の名前の前に付けられる。

イー

女性に呼びかけるときに名前の前に付けるのが一般的な使い方である。通常イーをつけた場合にはナーンをつけないのが普通であるが、両方つける場合もある。

ツァーイ

男性の名前の前に付けられる。

オン

ヨンホイ宮殿の玉座。（1998年1月20日、シャン州ヨンホイにて、ダニエルス撮影）

本来は「若い」を意味することばであるが、英語の junior のように一世代後の者につけることがある。従って、クンオンは「若きプリンス」よりも「王の子」のような意味を持つようになる。

ムン

タイ文化圏（シャン文化圏）におけるタイ系民族を中心とした前近代の盆地連合国家。

ケン

ツェンと書かれる場合もある。基本的には「城壁を持つ都市」を意味することばで、タイ王国語やクン語のチェンに対応する。こうした都市や名称はサルウィン河流域には存在しないと思われるが、サルウィン河流域のタイ語（シャン語）には硬口蓋音（チャ行音）がないため、軟口蓋音（カ行音）または歯音（ツァ行音）で書かれている。

ウェン

「町」の意味で使われる。

1959年から63年まで、シャン州の長官を務めた北センウィーのツァオパである Thado Maha Thray Sithu Sao Hom Hpa。(1998年1月24日、シャン州ラーショの旧センウィー宮殿に残るアルバムの写真をダニエルスが複製)

〈センウィー王統紀について〉

本書の翻訳の元となった原本は「ラーツァワーン・クー・ムンセンウィーロン」のタイトルがつけられており、全体で101ページからなる手書きの冊子のコピーである。ラーツァワーンは「王統紀」、クーは「系統」「血統」、ムンセンウィーロンは「センウィー国」の意味である。最後のページにはこの冊子が書かれた経緯が記されており、それによると、ムンヤイの地租査定官ウーツァムイーが、当地の法務局長ウーナンティヤの保存していた原本を基に、王紀1321年(西暦1959年)6月黒分13日(西暦6月3日)水曜日に書き始め、同年8月白分10日(西暦7月14日)火曜日に書き終えたと記されている。ウーツァムイーが実際に書いた手書きの冊子の所在は現在まったく分からないし、その基となったウーナンティヤが保存していたとされる原本の所在もまったく分かっていない。ウーツァムイーの手書きのものを機械コピーしたものが一度アメリカに送られ、それが更に機械コピーされて緬甸のシャン州に戻ったものの機械コピーが本書の翻訳の元となったものである。このコピーには大きな欠点がひとつある。それは緬甸から機械コピーされてアメリカに渡る際に右端が欠けてコピーされていることである。欠けているのが一字や二字ならそれを補って読むことは可能であるが、58ページ以降は大幅に欠けており、このままでは残念ながら読むことはできない。従って本書では57ページまで、王紀1128年（西暦1766年）までの翻訳とし、それ以後については新しい写本が見付かるまで断念することにした。

〈スィーポ王統紀について〉

本書の翻訳の元となった原本は「リク・ラーツァワーン・アスクサミン・ウンポン・スィーポ」のタイトルがつけられており、全体で71ページからなる手書きの冊子のコピーである。リクは「文章」、ラーツァワーンは「王統紀」、アスクサミンは「歴史」「源」、ウンポン、スィーポはともにスィーポの地名である。翻訳に使ったコピーはスィーポ在住のシャン人篤志家が所蔵していた手書きの冊子を機械コピーさせていただいたものである。本冊子が書かれるに至った経緯は最初のページに記されている通り、ロイロン（ナムサン）の郡長ウームーが古い冊子を基に書き写したものである。2ページ目につけられている王統譜はウームー氏が作ったものなのか、基になった古い冊子にあるものなのかわからないが、年代についてかなり本文と相違する点が見られる。

センウィー王統紀

世界の創造と統治者の出現

センウィー王国の歴史について話しましょう。この国を統治した人の家系の歴史です。先祖代々から現在までずっと続いてきたこの国の統治者の系譜について話しましょう。最初の世界が誕生してから、世界が破壊されたとき、その後の何もないとき、世界が再生したときがありました。世界の誕生から終末までの間、火が現れ、水が現れ、空気が現れて、四要素[1]ができて、川が生まれ、土地が生まれ、岩が生まれ、崖が生まれ、村が生まれ、国が形成されてゆきました。須弥《しゅみ》山《せん》[2]が生まれたときから、五〇五の川の源が生まれ、それが広がって谷となりました。ブラフマン[3]が降りて来て世界を整え、そのたたずまいを整備しました。世界を取り巻く大きな塀を造り、須弥山を取り囲む七つの湖、星、月、太陽を造って現在のような世界の姿にしました。太陽に続いて、ヒマラヤの森、ツァンプ、ウーターンクル、プックパー、アミャコーヤーの四大陸と、二千の小さな島を造って現在と同じような姿に整備しました。その後、地表には草木が現れ、現世の営みが行われるようになってきました。また、ブラフマンが星を造ったところから月が誕生し、更に、プーサーンカスィー、ヤーサンカサー[4]が現れて地表の草木を手入れするようになりました。最初のブラフマンから九人のブラフマンが次々と人の島に降りて来て、草の種を蒔き、さまざまな使用人を造り、二千のカンポー国[5]を作って、十六の宮殿を建て、一人による統治、二人による統治、数人による統治の三つの統治形態に分けて、それぞれの国を統治させました。そうした中、王の草分けとなる精霊が梯子《はしご》を伝って降りてきて、統治者の集団を作り、後に、彼らはそれぞれの国、地域、町に分かれて統治を始め、現在に至るまでずっ

1 火、水、空気、その他全て。

2 世界の中心にそびえる至高の山。

3 四層から成る天界の最上層に居る創造主。

4 ともに人類の創造主。「プー」は祖父、「ヤー」は祖母の意。

5 タイ諸国のこと。

と続くようになりました。

センウィーの別称

まず最初に、スィーウィラッタ、カンポーツァテン、キンミン、センウィースィスー、センウィースーパートゥ、モーパーンスーポンムン、センウィーロン、ムンモックマーオカーオなどの名前で呼ばれているセンウィーについて話しましょう。

まだ王のいない時

その頃、ターオレックとターオカーンという高官がいて、ターオレックの方が兄で、ターオカーンの方が弟でした。その他に、ターオムンカーンホップとターオムンカーンホンがいて、この四人はセンセー・マーンツェー[6]に住んでいて、あらゆる国の主《あるじ》を務めていました。全てのタイ諸国は二年に一回、あるいは、三年に一回、金、銀、反織物を持って高官のもとを訪ね、自分たちの祖先であるターオレック、ターオカーン、ターオムンカーンホップ、ターオムンカーンホンに献上していました。彼らは人々の先祖ですから、人々の間で問題が起こったときには、彼ら老人に何かを言ってもらえば、誰もその命令には反対できませんでした。

6 現在の昆明のことと信じられている。

タイ国の領域

ここでタイ国の領土の範囲について述べておきますと、

北の方には、ムンマーオ、ムンワン、ムンナー、ムンティー、ムンヒム、ムンヤーン、ムンカー、ターヤ、ツェパーン、ムンコンがあります。

西の方には、ツンコー、ムンレン、ムンニャーン、カレー、ムンクン、クワーイラム、ラッパム、ムンコン、マーンモーがあります。

南の方には、スィーポ、ムンクン、ラーイカー、ケントン、ケンカム、ムンナーイ、モックマイ、ムンツィット、ムンポン、ノンヨンホイ、スィーキップ、ツァームカー、サトゥン、ムンパーイがあります。

東の方には、ムンティン、クンマー、ムンケン、ムンレム、ムンギム、ムンルンがあります。

これらの国は全てタイ国の領土であって、全てターオレックとターオカーンの子孫たちが暮らしています。

ここでモックカーオマーオロン国[7]がなぜムンコーツァンピーと呼ばれているのか説明しておきましょう。インド中部のコーツァンピー国で、王妃のナーンミパヤーロンケーサニーが懐妊し、身重になっていたときのある日、王妃は寒気を感じたので、ベランダに降りてきて日光にあたっていました。赤いビロードの布をかぶり、ベランダの上で寝ていました。その時、大きなノックティーランカー[8]が一羽空から舞い降りて来て、ナーンエッカマヘースィー[9]が宮殿のベランダで寝ているのを見つけ、これを餌にしようと考え、舞い降りて来て彼女をつかんで空に上って行き、人里離れたヒマラヤの森に連れて行きました。その時、この森の中には一本の大きな綿の木[10]があり、その枝が三本に分かれていました。そこでノックティーランカーはその大きな綿の木の枝をつかみ、「これからナーンミパヤーを食べてやろうか。」と言いました。その時ナーンミパヤーは大声を出したところ、ノックティーランカーは「これは心を持った人なんだ。食べるわけにはいかない。」と言って、飛び去って行きました。ナーンミパヤーは木の枝の上に残り、そのまま胎児は体内で成長を続け、十ヵ月になり、その木の上で男の子を出産し、母子ともどもその綿の木の上に留まっていました。その頃、ヒマラヤの森には、その大きな木から程ないところに、アーラーカパラセーという名の一人の修行者がいて、森の中で修行をしていました。

王妃と修行者

7　センウィー国の別称。「モックカーオ」は白い花の意。

8　伝説上の大きな鳥で、象の鼻を持つ。

9　ナーンミパヤーロンケーサニーの別称。王妃の意。

10　パンヤの木。種子を包む軟毛が綿の代わりになる。

ある日、その修行者は自分の居場所を離れ、森の中を散歩し、かの大木の近くにたどり着いたとき、人の声を聞きつけました。そこでツァオサーンラセー[11]はその大木のもとへ近づき、母と子の二人が木の枝の上にいるのを見つけました。修行者はいろいろと尋ねましたが、それに対してナーンミパヤーロンは「私はコーツァンピーの人です。寒気がしたので宮殿のベランダで寝ていたところ、ノックティーランカーが来て私を見つけ、妊娠中の私をこのヒマラヤの森の中に連れて来たのです。胎児は体内で成長を続け、私はこの木の枝の上で男の子を出産しました。地上に降りたいのですが、降りられず、このように留まっているのです。どうか私たち二人のために棒を持ってきて梯子を作ってくれませんか。」と言いました。そこで修行者は木を切って梯子を作り、母子二人のもとへ上って行って二人を希望どおりに無事地上に下ろしてあげました。梯子を使って母と子の二人のもとへ上っていったところから、子供の名前をクンセンウーティン[12]と名付けました。修行者とナーンミパヤーロンはヒマラヤの森の中にあって、人里離れたところにあることから、その後二人は結婚して夫婦となり、ずっと森の中で暮らし、芋や果物をとって生活することになりました。クンセンウーティンは月日と共に成長を重ね、十歳、十五歳になりました。その時、インドラ神が現れ、シャミセン[13]を一台差し出し、「このシャミセンを弾けば、森の中の象たちがお前のもとに現れ、昼夜を分かたずお前と仲良くしてくれるよ。」と言いました。

11　「ツァオサーン」は修行僧の意。

12　「柱の先の王子」の意。

13　タケで作られた三弦の弦楽器。仮に「三味線」と訳す。

森の名の由来

その後しばらくして、クンセンウーティンは森の中の象を呼び、コーツァンピー国へ帰って行きましたが、父王が既に亡くなっていたため、クンセンウーティンは父に代わってコーツァンピー国の王となり、父王の代と同じように国を治めました。このように、コーツァンピーの王妃が行って住むようになったところから、ヒマラヤのこの森はコーツァンピーと呼ばれるようになったのです。

ムンマーオの国名の由来

ムンマーオというのは、ノックティーランカーがナーンミパヤーロンをくわえて空中を飛び、光の中や風の中を通過しているとき、ナーンミパヤーロンが精神的疲労を感じ、また、肉体的にも疲れを感じて頭痛を覚え、目まいがしたので、ムンマオ[14]と呼ばれるようになったのがその始まりです。それから時が経ち、世の中の人々は呼び方を変えて、ムンマーオと呼ぶようになりました。コーツァンピー及びムンマーオという名前の由来はこのようなものです。

恋に落ちて蛇の国へ

釈迦牟尼が涅槃に入ってから一二七四年が経ち九二年[15]となりました。その頃、ムンマーオはマンツェートンと呼ばれていました。そこには老夫婦がいて、マーオ川の川岸にあるノンプット湖の近くで大きなバナナ畑を耕作していました。バナナ畑を耕作しているこの二人には男の子が一人おり、その名をアーイといっていました。老夫婦のこの男の子は歌を歌うのが上手で、毎日毎日マーオ川のほとりで歌を歌っていました。ある日、パパワティーという名の蛇(ナカー)が人の国に遊びに現れ、マーオ川の中で遊んでいました。そこでナカーはバナナ畑の老人の息子の歌う歌を聞きつけたのでした。ナカーはその歌を聞いて心がとても幸せになり、身体全体も幸せな気分になりました。その時ナカーは、もし自分がナカーの姿で彼に近づいて行ったら、彼は自分を恐れて、その歌が聞けなくなるのではないかと心配し、彼女[16]は金魚の姿に変身してそこ

14 「目まいのする国」の意。

15 本書で使われている年号は全て王紀(緬歴あるいはパガン歴とも呼ばれる)であり、佛歴1274年は王紀93年(西暦731年)ではないだろうか。

16 ナカーのこと。

で遊んでいました。そのとき、クンアーイは金魚を見つけ、とても綺麗なのでその金魚を捕まえようとしました。そこで二人はお互いに言葉を交わし、お互いについて尋ねあい、クンアーイはその金魚がナカーであることを知りました。そのときナカーは一人のとても綺麗な女性に化けたのです。こうして二人はお互いに好きあい、愛しあうようになりました。そこでナカーはバナナ畑を耕作している老人の子クンアーイを連れてナカーの国へ向かったのです。あとしばらくで到着する段になって、ナカーは自分の恋人がナカーの姿を見ることを恐れ、もし彼がナカーの姿を見てしまえば彼は怖がるのではないかと心配し、恋人に対して「ねえ、ここでちょっと待っていてくれない。私、先に行ってお父さんに話してくるから。」と言ってナカーは父王に話しに行きました。王はナーンパパワティーが人間の夫を連れて来たことを知り、鐘を打ちならして、皆に人間の姿に変身するよう命じました。このあと、ナーンパパワティーは戻って来て自分の恋人を呼び、国に入り、宮殿に入りました。父王はとても喜び、二人を結婚させ、宮殿を改築して与え、二人をナカー国に住まわせました。

水祭りの日の約束

それから一ヵ月が経ち、ナーンナカーは妊娠しました。周囲は、二人が離れることのないように、朝から晩まで注意を払い、心配事は何も与えないように気を配っていました。こうして更に七、八、九ヵ月が経ちました。ナーンナカーには習慣として三ヵ月に一回から四ヵ月に一回の割で、ナカーの姿に戻って水祭りで泳ぎ、自分の体力が衰えないようにする必要がありました。ある日、ナカー国の王は自分の娘に「今、ナカー国の習わしとなっている水祭りでの水泳の時期になったので、ナカーの姿に戻り、祭りに参加しなさい。もしお前の夫のクンアーイが、我々のナカー姿を見れば、彼は恐れをなしてここに住みたくなくなるだろうから、我々から遠いところに居場所を移して水祭りに参加したらいいだろう。」と言いました。ナーンナカーは父王の命に従い、水祭りの日になって居場所を移し、夫に対しては「どこへも行ってはいけません。一日中静かに宮殿の中にいてください。」と言いました。夫のクンアーイは「分かった。どこへも行かずにここにいるよ。」と答えました。

正体が明らかに

　そこで、ナーンナカーは夫に公園に散歩に行く許しを求め、公園に行きました。そこで装飾品や着物を脱ぎ、ナカーの姿になって、湖の中で一日中水浴びをしました。そこではナカーは雌雄の区別もなく、水中に潜ったり浮かび上がったりし、絡み合い、空に上って雲にまで達していました。ある者は自分のしっぽで水面を叩き、そのときには空が張り裂けるような音を出して、ナカー国全体が暗闇となりました。そのとき、彼女の夫は「ナーンパパワティーが公園に散歩に行ってからずいぶん長くなるが、その間にこの国は暗闇になり、大きな音がトゥムトゥム・トートーと聞こえてきて、まるでこの国が転んで壊れていくようだ。どうしたんだろう。」とつぶやきました。そこで、ナーンナカーの夫クンアーイが宮殿の上に上って眺めると、ナカー国の本来の姿が見えて、身体はみんな蛇の姿をして水祭りを行っていたのでした。水中に潜ったり、水面に現れたりしながら、スースー・サーサー、オンオン・モーモーと音を出してみんなが泳いでいました。ナーンパパワティーもいて、中で一番大きな姿をしていました。彼女は彼が来たのを知って、全ての召使たちに人の姿に戻るよう命じました。

恐怖にさいなまれ

それからというもの、クンアーイはずっと恐怖心にさいなまれ、一日中ずっと悲しみに暮れていました。ナカー達は皆集まって人の姿に身を変え、それぞれの国のそれぞれの宮殿に戻って行きました。ナーンナカーも自分の宮殿に戻り、夫の顔を見ると、悲しそうで、青ざめ、うなだれて、以前とは全く違った姿をしていました。ある日、夫が心配そうな顔をしていたので、ナーンナカーは「あなた、このところどうしてうなだれてばかりいるのですか。何か心配事や病気でもあるんでしょうか。」と尋ねたところ、クンアーイは「病気など何もないよ。ただ、俺は国を離れ、親元を離れて来てずいぶんになる。ここに来ることは親には話していないので、自分の国や親のことが心配なだけなんだ。ここを離れて国に帰りたいんだよ。」と答えたのでした。

二人だけの約束

ナーンナカーはいろいろと手を尽くして引き止めようとしましたが、彼は全く聞き入れませんでした。そこで彼女は自分の両親に話したところ、ナカー国王は自分の娘に対して「お父さんからお前に言っておくことがある。彼に(蛇の姿を)見せてはいけないといったあの日から、彼は恐れを抱き、悲しくなったんだ。今となっては、あの時お父さんが言った通りになってしまった。こうなったら、彼がここに居るのはよいことではない。食べ物も美味しく食べられないし、そのうち病気になって、このナカー国で死んでしまうかもしれない。そこで、お前は彼を元のところに届けなさい。」と言いました。父王からこのように命じられたので、ナーンナカーは夫を連れて人の国まで送り、二人が出会い、求め合った湖のほとりに着きました。そこでいろいろと言葉を交わしたあと、ナーンナカーは「私は体内に赤ん坊を身ごもっており、胎児が大きくなって月数が満ちてくれば、私は二人が出会ったこの水辺に卵を産みますので、時々見に来てください。私はナカーですので人の子を持ってはいけないので、我々のこの子はあなたに差し上げます。」と言いました。すると、クンアーイはナーンナカーに「我々二人はこれまで幸運に導かれて愛し合うようになり、結婚し、このように子供を持つようになりました。その子供を私にくれるそうですが、私は男です。子供に飲ませるミルクはどうやって手に入れたらよいのでしょうか。このことは大きな悩みです。」と尋ねました。これに対しナーンナカーは「何も悩むことはありません。あなたが私たちの子供にミルクをあげたいと思ったら、母である私の名前を告げてください。そうすれば、あなたの人差し指からミルクが流れ出しますので、それをあげてください。」と、このように答えました。そこでクンアーイはナーンナカーの言葉に礼を言って、両親のもとへ帰って行きました。

人の国に戻っても

年老いた両親はびっくりして「お前がいなくなって七、八、九ヵ月がたち、私たちはもう死んでしまったのではないかと毎日心配していました。今こうして帰ってくるまでの間、いったいどこへ行っていたんだい。」と尋ねました。クンアーイは「ナカー国へ行っていたのです。ナーンナカーとは湖のほとりで出会い、愛し合うようになり、結婚してナカー国に一緒に住んでいました。七ヵ月、八ヵ月、九ヵ月がたち、父・母を思う心が増してきましたので、ナカー王に申し入れをして、こうやってお父さん、お母さんに会うために帰って来たのです。」と答えました。年老いた両親はとても喜んで「もうどこへも行かずに一緒に暮らそう。」と言いましたが、クンアーイはナーンナカーが時々湖のほとりに行ってみるようにと言っていた言葉を思い出し、落ち着くこともなく、その湖のほとりを時々訪ねていました。それからしばらくして、ある日、ナーンナカーが現れてその湖のほとりに卵を産みました。

男児の誕生

クンアーイは出かけて行って、一目でそれとわかるナーンナカーの卵を見つけました。彼は他の生き物がその卵を見つけて壊してしまうことを恐れ、沙羅樹の葉をかぶせておき、毎日見に行っていました。彼の母親は彼を探し回った末、そこに座り込んでいるクンアーイを見つけました。彼が立ち去ったあと、母親が行ってナーンナカーの卵を見つけ「これはナーンナカーの卵だ。」とつぶやきました。ある日母親は「あの卵を家に運ばせよう。」と言ったので、クンアーイが卵を見に行くと、卵は割れて、一人のかわいい男の子が生まれていました。そこで彼はその子を祖父母のもとへ連れて行き、育てて、その子は成長してゆきました。名前がなかったので、どのような名前を付けようかと考え、この子が生まれた場所に因んで、クントゥンカム[17]と名付けました。

17 「金の深い坩堝」の意。

宝の籐の杖

クントゥンカムは成長して十五歳になり、父親に対して「ナカー国にいる自分の母方の祖父母に会いたい。」と言い出しました。父親は息子がナカーの母親に会いに行くことを許し、ナーンナカーにそのことを知らせ、上ってきて息子を連れてナカー国へ行くように伝えました。彼の母方の祖父は大いに喜び、宝石を一個、宝石のついた籐《とう》の杖を一本彼に与え「困ったことがあってナカー国の支援が必要になったときには、この藤の杖で水面を三回叩きなさい。そうすれば、その音はナカー国に届いて、我々は知ることができるのです。」と言いました。このようにいろいろと言葉を交わした末、クントゥンカムはナカーの宝石と宝石のついた藤の杖を持って、人の世界に帰って来て、父親のもとに戻りました。

その頃ミックティラー国のツァオウォンテーホーセン[18]にはナーンパパワティーという名の十四・五歳の女の子がいました。そこで、百人の領主たちが皆贈り物を準備し、父親のツァオウォンテーホーセンのもとへナーンパパワティーを求めてやって来ました。ツァオウォンテーホーセンは娘を誰にあげようか決めかねて「娘を求めて来るのが一国だけだったらあげられるのだが、百ヵ国も同時に求めてきたのでは誰にもあげることができない。」と言いました。

時に、ツァオウォンの塀の近くには湖が一つあり、その直径が一カーウック[19]ありました。そこでツァオウォンテーホーセンは、その湖の真中に尖塔宮殿を建てさせ、その中にナーンパパワティーと大きな時計鐘を一つ置かせました。そうしたうえで、ツァオウォンテーホーセンは百ヵ国の領主たちに対して「今、ナーンパパワティーは湖の真中にある尖塔宮殿の中にいる。もし誰か、栄光と波羅蜜に満ちた人で、私の子供になるにふさわしい人がいるなら、その人は、船を使わず、橋も架けずに娘のいる尖塔宮にたどり着き、宮殿の中に鐘が一つあるので、その鐘を叩きなさい。鐘の音が聞こえてきたら、そこに行き着けた人はナーンパパワティーと結婚できます。」と伝えました。百ヵ国の領主たちは皆こうしたツァオウォンテーホーセンの指令を聞きつけました。船に乗ってはいけないし、

婿選び

18　中国皇帝を意味する用語であるが、実際に中国皇帝を指すのかどうかは分からない。

皇帝の姫を得るためのコンテストに挑戦

19　1カーウック＝1/4ヨージャナー＝約4 km。

橋を渡してもいけない。こうした条件の下で娘のいる尖塔宮にたどり着かせるという命令に対しては、どうしてもたどり着くことができませんでしたが、誰もが娘を得たいと考えていたので、ツァオウォンテーホーセンと百ヵ国の領主たちは、その湖の岸辺に陣取ってコンテストを行っていました。このニュースは中国、タイなどにあまねく知れ渡り、誰もがツァオウォンテーホーセンのコンテストに参加しようと考えていました。そうしたとき、クントゥンカムは他の人たちと一緒にツァオウォンテーホーセンのコンテストに参加しました。ムンマーオの各地の人たちと一緒でした。ツァオクントゥンカムが中に入ってくると、その誰よりもハンサムな姿の故にツァオクントゥンカムを見たいと皆が言い、このツァオクントゥンカムこそは誰よりもスタイルがよく、栄光をもち、ツァオウォンテーホーセンの娘を得るにふさわしい人物だと言うまでになりました。ツァオクントゥンカムは百人の領主たちのところへ行って挨拶し「このコンテストは何のコンテストなのですか。」と尋ねました。百人の領主たちは皆一様に「いや、今、百人の領主が揃ってツァオウォンテーホーセンの娘に求婚に来たんだ。皆が一緒に求婚に来たのでツァオウォンテーホーセンは誰にも与えることができず、湖の真中に尖塔宮を建て、その中に娘と鐘を一つ置き、船に乗らず、橋を渡さずに娘のいるところに渡り着いて鐘を鳴らし、その鐘が聞こえたら、その者に娘を与え、結婚させ、王冠を与える、とツァオウォンテーホーセンが課題を与えたんだ。そこで我々はいろいろ考えたが誰も成功していないのだ。お前がもしできるならやってみろ。」と、このように領主たちは言いました。ツァオクントゥンカムは「私は支配者の家系の出ではありません。また、栄光や力があるとも思えません。仮にできたとしても私にどのような利益があるのでしょうか。」と答えました。百人の領主は「ツァオウォンテーホーセンの出した課題は、支配者の家系の出であろうが、平民の出であろうが、はたまた、金持ちの家系の出であろうが、田舎の出身者であろうが、誰であれ、着くことができた者には誰にでも娘を与えると約束しているのだ。お前については、栄光、運命、波羅蜜が十分に値するので心配するな。」と話しました。ツァオクントゥンカムは百人の領主たちのこうした言葉を聞き、夜になって人々が寝静まった頃に、大きな湖のほとりにナカーの母親を探しに来ていました。彼が手のひらで地面を三回叩いたところ、ナカーの母親はナカー国から出て、子供のツァオクントゥンのいる湖のほとりに来ました。ツァオクントゥンは「私は娘のいる尖塔宮に行きたいのです。すみませんがお願いします。」と言うと、ナーンナカーは自分の身体を宮殿のベランダに渡しかけました。そこでツァオクントゥンは母親のナカーの背中に沿って進み、娘のいる宮殿のベランダにたどり着きました。

姫のもとへ

ツァオクントゥンは宮殿の中に入り、娘のいるところにたどり着きました。そのとき娘は「これまで私たちのいるこの場所には誰も来ることができませんでした。なのに、今、あなたがこの宮殿にたどり着けたのは、あなたが精霊だからでしょうか、それとも人間なのでしょうか。このことを知りたいので、どうかあなたの住んでいる場所からよく分かるように説明してください。」と尋ねました。そこでツァオクントゥンは「私は精霊ではありません。私は人間です。住んでいるところはセンウィー・ムンマーオで、ツァオウォンテーホーセンが百人の領主と一緒にコンテストを行っていると聞いて、他の人たちと一緒に来たのです。そして今、あなたの住んでいる宮殿にこうして到着したのです。」と答えました。

お気に入りの婿に

娘がツァオクントゥンの姿を眺め見ると、誰よりもかっこ良く、好意をいだき、こうして二人は愛し合うようになりました。そこでツァオクントゥンは宮殿の中にある鐘を叩きました。他の人たちは皆その鐘の音を聞きました。朝になってツァオウォンテーホーセンは全ての官僚たちを呼び集め、更には村人たちも呼び集めて、湖の上に船や筏を並べ、結び付けて矢来を作り、また、バナナの木に砂糖きびの木を結び付けて娘たち二人を迎えにやり、町の宮殿に連れて帰りました。ツァオウォンテーホーセンは娘たち二人のために結婚式を行い、二人を結婚させ、末永く二人を結び付けました。ツァオウォンテーホーセンは娘婿のツァオクントゥンの容姿を見てとても気に入り、その両親、兄弟、親族について尋ねました。「出身地はどこですか。ご両親はまだ健在ですか、それとももうお亡くなりですか。」これに対してツァオクントゥンは「母親はナカー国の王の娘でナーンナカーといいます。父親は平民でセンウィー・ムンマーオ・マーンツェートンにいます。私の名前はクントゥンカムです。」と答えました。ツァオウォンテーホーセンはこのことを聞いてとても喜びました。そこでツァオウォンテーホーセンは官僚たち全員に対して「今からムンマーオに宮殿を建て、娘のツァオナーンパパワティーと婿のツァオクントゥンに全てのタイ国の王としてムンマーオに君臨させる。」と伝えました。

ツァオウォンテーホーセンと全ての官僚たちは、武器、什器、象、馬、車、あらゆる種類の装飾品、それに使用人を揃えて一二五年[20]、タイ暦[21]プックイーの年にムンマーオの王夫婦二人に贈り、ウェントゥンコーの町を創りました。

ツァオクントゥンカムとナーンパパワティーは王としてウェントゥンコー[22]に君臨し、男の子が一人生まれ、ツァオクンルーと名付けました。ツァオクントゥンカムは王として七十二年間統治し、八十八歳になったとき、その政治のやり方がムンセンセー・マーンツェーに居る四人の元老ターオレック、ターオカーン、カーンホップ、カーンホンの意向にそぐわなくなったので、四人の元老は協議して、知識人たちを呼び集め、クントゥンを死なせることを計画し、一九七年[23]にクントゥンカムは亡くなりました。

ムンセンウィーというのは、二人の老人がバナナを植えたところ、十万の房が成ったところからセンウィー[24]と呼ばれるようになったのです。ツァオロンクントゥンが亡くなった後、息子のクンルーがその地位を一九七年[25]に継承し、全てのタイ諸国の支配者となり、ウェントゥンコーに君臨しました。ツァオクンルーには男の子が一人いて、その名はクンライと呼ばれていました。ツァオクンルーは八十年間統治し、二七七年[26]に百十歳で亡くなりました。ツァオクンルーが亡くなった後、息子のツァオクンライがその後を継いで、同じくウェントゥンコーに君臨しました。ツァオクンライカムには家系を継ぐべき男の子がなく、三十六年間統治して、八十七歳になった三一三年[27]に亡くなりました。ウェントゥンコーの王統紀、即ち、ツァオクントゥンに始まる家系はここで途絶えてしまいました。

王都の創建と王の死

20　西暦763年。

21　タイ暦は、十干十二支で表される。十干は「メーピー」と呼ばれ、順に、カープ・カップ・ハーイ・ムン・プック・カット・コット・フン・タオ・カー。十二支は「ルックピー」と呼ばれ、順に、ツァウ・パオ・イー・マオ・スィー・サウ・スィーガ・モット・サン・ハーオ・メット・カウ。「プックイー」は戊寅にあたる。

王統の中絶

22　「ウェン」は町、「コー」は鍵の意で、「トゥン」はツァオクントゥンカム王のこと。

23　西暦835年。

24　「十万のバナナの房」の意。

25　西暦835年。

26　西暦915年。

27　西暦951年。

支配者の降臨

28　前述のところでは九人となっている。

さて、八人[28]のブラフマンがこの地を整えた後、クンルー、クンライが天から金属製の梯子を伝ってこの地に支配者として降りて来ました。三つの王の家系、召使三万戸、九万人を引き連れて、メコン河のほとりのムンラー・ムンヒ・ムンハムにたどり着きました。そこで、クンルー、クンライ主従ともどもそれぞれの統治者を誰にするかを話し合い、クンレンにはメコン河を渡ってその先へ行かせ、ツァオクンルーは召使を分割して、半分をツァオクンレンに与え、クンルーロンの方はムンヒ・ムンハムに王族と召使の種を蒔きました。

十三人の王族

29　東西南北×２。

30　王統紀冒頭に登場した四人の高官。

ここでクンルーロンについて話しておきますと、彼の耳たぶは肩まで垂れており、その額は月のように円く、指先を伸ばすとそれは膝頭まで届き、その年齢は人間の三世代分になっていました。子供は百人おり、孫は千人になり、ひ孫は三万人に上っていました。その頃、あらゆる人の国にはまだ王がいなかったので、八つの方角[29]、十六の大きな国、二千の浮かぶ島、インド、船、これらの場所からは住民誰もがツァオクンルーロンのもとへ王を求めてやって来ました。そこで、子供、孫、ひ孫、すべて分散して離れて行き、それぞれの国で王となり、王のいない国がなくなり、王が支配する時代になりました。その頃、我々のタイ国では、今だどこにも王はおらず、ターオレックとターオカーンの二人に加えて、カーンホップとカーンホン[30]がおり、彼らには子供も多く、孫も多かったので、その子や孫たちがあちこちへ行き、北から南までタイの国に住んで、二年に一回、あるいは三年に一回、彼らが揃って四人のもとへ来る習わしがずっと続いていました。そうした頃、四人の高官は、南から北までの全ての子孫をムントゥーに呼び集めて「現在、我々のタイの国にはどこにも未だ王がいません。他の国々では、メコン河のほとりのムンヒ・ムンハム・ムンラーのクンルーのもとへ行って王族を請い求め、王を派遣してもらい、それぞれの国で皆、王が統治するようになっています。だから我々の国でも、王を派遣してもらうようにお願いしたらいいのではないでしょうか。」と話し、贈り物として、米、水、食料、銀三十一ツォイ[31]、金三パン[32]に加えて、従者十八人を用意し、三一六年[33]、タイ暦カットパオの四月黒分八日に、元老のターオレックとターオカーンは十八人の従者全てを引き連れてムントゥーを出発し、ムンヒ・ムンハムに至り、銀や金などの贈り物をツァオパロンギムムンに差し出して、王族を派遣してくれるようにお願いしました。そこでツァオパギムムンは、サルウィン河の西のタイ諸国には未だ王がいないのに鑑み、そこへ行って王となるには誰がよいかと熟慮を重ね、王族の中から探した末、クンルー、クンライの子孫の中でクンターイカーンと名乗る父親とその子四人、それに、同じくクンルー、クンライの血を受け継ぐ八人の合計十三人を元老ターオレック、ターオカーンのもとに派遣し、王となって、ロイレン[34]の周囲にあるセンセー・マーンツェーのクンターイカーンを支援するよう命じました。

ツァオロンターイカーンの子供たちには、

（1）クンカムケンパ

（2）クンアーイホム

（3）クンカムツェン

（4）クンカムセンパ

があり、この四人は全てツァオロンターイカーンの子供たちです。この他の八人には、

31　1ツォイ＝3.65ポンド。

32　1パン＝5分の4ツォイ。

33　西暦954年。

34　輝く山の意。

（1）クンカムポンパ
（2）クンセンポンパ
（3）クンターオルー
（4）クンターオツェンスー
（5）クンターオアオクワー
（6）クンターオガーロム
（7）クンターオウートゥン
（8）クンパークスーロン

があって、彼らは皆、父親が王であって、王族の妻との間の子供です。

八つの国に

ツァオパロンギムムンはこれら王族の十三人をターオレック、ターオカーンの二人の元老に渡しました。二人はムンヒ・ムンハムのツァオパロンギムムンのもとを離れ、三一七年[35]の年の満月の日にムントゥー・センウィーに戻り着き、ツァオロンターイカーンはムントゥーで全土の王となりました。ターオレック、ターオカーンの二人は、ムンヒ・ムンハムへ行って王族を派遣してくれるようお願いしたところ、満足して帰ってくることができたので、三一八年[36]に至り、タイ諸国にいる自分たちの子孫をムントゥーに呼び集め、王族たちを分配して八つの国に分けようと考えました。

国土の分配

そこで、ターオレック、ターオカーン、カーンホップ、カーンホンとツァオロンターイカーンは王族を振り分けて次のように分配しました。（5）のクンターオアオクワーにはムンナーイ、ケントン、ケンカム、モックマイを与え、その王としました。（4）のクンターオツェンカム[37]にはムンヨンホイ、ノンモン、サトゥン、ムンパーイを与え、そこの王としました。（6）のクンターオガーロムにはムンマーオ、ムンワン、ムン

35　西暦955年。

36　西暦956年。

37　前述のところではクンターオツェンスーとなっている。

ナー、ムンティー、ツェパーン、ムンコン、ムンクーの王としました。(7)のクンパーウートゥンにはムンティン、クンマ、ムンニン、ムンセンの王としました。(3)のクンターオルーにはムンフム、ムンヤーン、ムンカーク、ターヤーの王としました。(1)のクンカムポンパにはカレー、ウェンスーの王としました。(2)のクンセンポンパにはムンクン、クワーイラム、ラップパムの王としました。(8)のクンパークスーロンにはムンクット、ムンロン、スムサーイの王としました。

各地に王国が成立

クンターイカーンの長男クンカムケンパにはケンラーオ、ムンレム、マーンモー、ムンヤーン、ムンコンの王としました。ターオクンウェン[38]にはムンイェン、ムンヨック、ムンタート、ムンルー、ムンホムの王としました。

38 クンターイカーンの子か。

このようにして、三一八年[39]にツァオロンターイカーンとターオレック、ターオカーンは王を各地に分配し、各地で王が統治するようになりました。

39 西暦956年。

センツェーの都を創建

その後、三一九年[40]、タイ暦タオスィーガーの年に至って、ツァオロンターイカーンはセンツェーの町を創り、そこに住むようになりました。なぜこの町をセンツェーと呼ぶかというと、彼は南から北までのあらゆるタイ諸国の支配者であるため、センツェー[41]と呼ばれたのです。その頃はタイ諸国のあらゆるところでツァオロンターイカーンの言葉に従わない者はいませんでした。クンパークスーロンはツァオロンターイカーンがスムサーイ、ムンロンの王に就位させましたが、それから三年後、スムサーイ、ムンロンの住民たちが王の行動を嫌ったので、ムンツィット、ムンポンへと移動させ、そこの王としました。センウィーから分離して他の国の王となった王族については、どの国につ

40 西暦957年。

41 「十万の町」の意。

いても同じような歴史伝承があります。

ムンスィーポ、ムントゥン、ムンクー、ムンクン、ラーイカー、ムンペン、ムンノン、ムンスー、ムンツァーン、マーンハーン、マーンルーン、ムンパートは全てウェンセンツェーのツァオロンターイカーンの支配下に入りました。

ムンヨック、ムンタート、ムンモー、ムンウイは全てウェンナン・ムンイェンのツァオターオクンウェンの支配下に入りました。ムンイェンのツァオターオクンウェンの話をすると、彼には男の子が一人おり、その名をクンターオパーポンと名乗っていました。更にこのクンターオパーポンにも男の子が一人いて、クンターイポンと名付けていました。

カムケンパがケンラーオの王に

42 「ムンミット」は刀の町の意。

今度はムンミット[42]・ケンラーオの方に話を移すと、クンカムケンパが王となって、その彼には三人の男の子がいました。長男の名前はクンターカーで、次はクンイーオンで、末っ子はクンサームスーです。後に、王の子クンイーオンには父王カムケンパがムンヤーン、ムンコン、マーンモーの王に就位させました。

サームスーがカレー・ウェンスーの王に

それからカレー・ウェンスーの方はというと、クンカムポンパが王となっていましたが、子供がなく、後継者がいないまま亡くなってしまいました。彼の死後、国を治める後継者は誰もおらず、官僚たちは皆ウェンセンツェーのツァオロンターイカーンのもとへ行って、王の派遣を要請しました。そこでツァオロンターイカーンは自分の息子でウェンケンラーオの王となっているカムケンパに話をし、カレー・ウェンスーでは王がいなくなったので、孫のツァオクンサームスーにカレー・ウェンスーへ行って王となるよう命じました。ツァオロンターイカーンの命令に対して、ウェンケンラーオのツァオロンカムケンパはツァオクンサームスーをカレー・ウェンスーへ行かせ、そこの王に就位させました。ウェンカレー・ウェンスーの統治者となったクンサームスーには男の子が一人おり、名をツァオクンティンと名乗っていました。その後、四二九年[43]にムンミット・ケンラーオのツァオパロンカムケンパが亡くなり、長男のクンターカーが後を継いで王となり、四三〇年[44]にはウェンケンラーオを離れてウェンツンコーの町を創りました。

43　西暦1067年。

44　西暦1068年。

ムンイェン王の系譜

ムンイェンのウェンナンの方に話を移すと、四四二年[45]にツァオパクンウェンカムが亡くなり、その子ターオパーポンがムンイェンのウェンナンで後を継いで即位しました。ツァオターオパーポンには男の子が一人おり、名をクンターイポンと名乗っていました。クンターイポンの方には男の子が三人いて、長男はプーツァーンカーンで、次はクンターイロンで、末の子の名前はクンパーンカムでした。

45　西暦1080年。

ターイポンがセンツェーの王に

ツァオロンターイカーンは百十年間統治を続け、百三十九歳になった四二九年[46]に亡くなりました。その息子ツァオカムケンパは父ツァオロンターイカーンの存命中に既に亡くなっていたので、後継者がいなくなりました。そこで高官たちは協議の上、その孫でムンイェンにいるターオパーポンに、ムンセンツェーに来て統治するよう要請しましたが、ターオパーポンは「自分は歳をとっているので行きません。息子のクンターイポンにウェンセンウィーへ行かせて王とさせるのがいいだろう。」と言いました。そこでツァオターオパーポンは「真中の孫息子のクンターイロンには自分と一緒にこのムンイェンにいてもらい、一番上の孫息子のクンプーツァーンカーンには一番下の孫息子の

46　西暦1067年。

クンウェンカムと一緒に、彼らの父のツァオサーンクー[47]に付き添ってウェンセンツェーに行くのがいいだろう。」と言いました。そこでツァオクンターイポンの二人の息子は、四二九年[48]に父のクンターイポンと一緒にウェンセンツェーに行き、父はそこで王となりました。ターオクンウェンはツァオターイカーンロンの子で、ターオパーポンはターオクンウェンの子であり、ツァオターイポンはツァオターオパーポンの子供です。

47　クンターイポンのことか。

48　西暦1067年。

男児に恵まれぬクンコム

さて、ムンミットの方に話を戻すと、その頃はツァオパロンクンターカーがウェンツンコーに君臨していました。彼には男の子が一人おり、その名をクンコムと言っていました。(判読不能)年に至り、ツァオパロンクンターカーが亡くなり、その子ツァオクンコムが後を継いでムンミット・ツンコーの王となりました。ツァオクンコムの御世に至って、従者及び侍女は百人もいましたが、男の子は一人もなく、王は、もし自分が死んだら後を継ぐ者が誰もいなくなることを心配し、これから先、女たちには皆それぞれ、男の子ができるように神にお祈りさせ、自分もまたお祈りを始めました。こうして、女たちは皆、王の命令通り、それぞれ、毎朝、毎晩、子供ができるようにお祈りしていました。

精霊のお告げ

ある日、深夜の十二時を過ぎて、精霊がツァオパロンクンコムの夢の中に現れ、「ツァオパロンクンコムよ。もしお前が男の子を欲しければ、イラワジ河のほとりで七日七晩お祭りをしなさい。そうすれば水が流れてきます。そうしたら、そこに流れてきた金の卵を女たちに食べさせなさい。その卵を食べた女は誰でも、男の子を産むことができます。」と言いました。ツァオパロンクンコムは就寝中にこのような夢を見たので、朝になって目覚めたとき、官僚たちと住民たちを呼び、「イラワジ河で七日七晩に亙って祭りを行いたい。」と言いました。そこで、国中の主従全てが集まって、イラワジ河のほとりで祭りを行ったところ、雨・風が毎日止むことなく、人々は金の卵が流れてくるのを待ち受けていました。しかし、金の卵は流れてこず、七日が経ち、皆は祭りをたたんでそれぞれの国元へ帰って行きましたが、王には夢の中に現れた精霊の言葉が忘れられず、若い女一人を、見張り役と一緒に、その河のほとりに留めておきました。王が宮殿に戻って行った後、見張り役の人皆が、無花果が一個流れてくるのを見つけ、彼らはそれを拾って若い女に与えました。若い女の方はその無花果を受け取って食べました。食べた後も座って眺めていましたが、流れてくるものは何も見つかりませんでした。日が暮れたのでそろって帰り、王のもとに戻って来て、「私たちはずっと河のほとりで見張っていましたが、何も流れてきませんでした。ただ、ちょっと前に無花果が一個流れてきて、皆がそれを拾って私にくれましたので、私はそれを食べました。」と若い女が話しました。ツァオパロンクンコムは「拾って食べたのは良いことだ。私は別にお前を責めたり、残念に思ったりはしていない。」と言ったので、若い女は元通り、気楽に過ごしていました。

侍女たちの陰謀

その日からその若い女は妊娠し、十ヵ月が経って臨月に達し、出産する時期になりました。子供を産む段になって、他の女は皆、彼女の周りに集まって注目していました。その若い女は目まいがして、自分の身体の自由がきかなくなりました。眺めていた他の女たちは皆、生まれてきた子供に対して嫉妬心を抱き、「子供を足の踵で踏みつけて殺してしまえ。」と言って、その母親には血の付いた布の塊を見せ、「あなたの産んだのは人の子ではなく、血の塊が出てきただけなんです。」と言いました。女はしばらくの間失神していたため、他の女たちの言ったことを信用するようになりました。彼女たちは皆、事実を隠して、若い女には知られないようにしておきました。それから、彼女たちは生まれた子供を見に行き、死んだと思っていたのに、未だ死んでいなかったことに気付き、牛飼いを一人呼んで、その子を牛が出入りする路上に捨て置くように命じました。そこで牛飼いは、女たちが言った通りに、子供を持って行って、牛が出入りする道の真中に捨てました。

牝牛が乳母となって

朝になって、牛が牛舎を出る時間になり、群れの頭目の牝牛が最初に出て来て、子供が道の真中に置かれているのを見つけ、他の牛に、この子を避けるよう命じました。そのうえで、その頭目の牝牛が子供を口の中に入れて森の中へ連れて行き、そこに置いて、ミルクを十分に与え、遠くには行かずに、その子供の周りで草を食べていました。夜になって、牛たちが牛舎に戻る時、縞の頭目の牝牛はその子を口の中に入れて帰りました。こうしたことを毎日繰り返し、一年が経ち、子供が歩けるようになりました。女たちの方は、子供が見えないので、死んでしまったものと考えていましたが、ある日、その子が頭目の牝牛の背に乗っているのを見つけました。そこで、牛飼いが、牛が帰ってくるまでをずっと眺めていると、その子が縞の牝牛の口の中に入って隠れたので、牛飼いは、女たちにそのことを伝えました。そこで、女たちの頭目は、皆に病気のふりをさせ、星占いを呼んで「もしツァオパロンクンコムがあなたがた星占いに対して「宮殿の女たちが皆病気になってしまったのは、星によって引き起こされた国内中に及ぶ流行病なのでしょうか。また、自分にも及ぶものでしょうか。」と尋ねてきたら、「国内や王様の身に及ぶものではありません。宮殿の女たちについては、聖木を切り、祠を建てれば、女たちの病気は消えてしまいます。また、縞の頭目の牝牛を神に捧げれば収まります。もしそうしなければ、宮殿の女たちは皆死んでしまうばかりか、王様御自身の身にも及ぶことになります。」と答えてください。」と言いました。

牝水牛が代わりに

女たちはこのように星占いに言い、星占いはこれを引き受けました。その後、ツァオパロンクンコムは星占いを宮殿に呼び、「女たちの病気はどうしたのか。」と尋ねました。そこで星占いは、ツァオパロンクンコムに対して「聖木を切り、祠を建てて国神を祭りなさい。そして、縞の頭目の牝牛を生贄として神に捧げれば、全ては終わります。」と告げました。そこでツァオクンコムは、星占いの言ったことに従い、従者を呼び、「祭壇を作り、縞の頭目の牝牛を神に捧げるように。」と伝えました。縞の頭目の牝牛は、そのことを聞きつけると、子供を吐き出し、曲がった角を持つ頭目の牝水牛が、代わってその子供を呑み込みました。縞の頭目の牝牛は、クンコムが連れて行って殺し、神に捧げました。宮殿の女たちは皆、病気のふりを止め、もとの姿に戻りました。

牝水牛とともに逃れて

曲がった角を持つ牝水牛が口の中に呑み込んでいった後、五、六、七日が経ち、曲がった角を持つ牝水牛が子供を口に含んでいるのを飼い主が見つけ、この子は精霊なのだろうか、それとも人間なのだろうかと自問しました。その子が曲がった角を持つ頭目の水牛の口の中に入り込む度に、水牛の飼い主は女たちに伝えました。女たちはそのことを知って、星占いを呼び、前回と同じように言って、宮殿の中の皆が病気のふりをしました。そこでツァオパロンクンコムは星占いを呼んでどうしたのかと尋ねました。前回と同じように、星占いには女たちが言いつけてあるので、星占いは王に対して、「曲がった角を持つ頭目の牝水牛を神に生贄として捧げてください。」と言いました。そのとき、曲がった角を持つ頭目の牝水牛は、子供を呑み込んで逃げて行き、カレー・ウェンスーに達し、イーナーンプムの水牛の群れの中に入りました。イーナーンプムはカレー・ウェンスーの近くのツァオクンティンの子供(娘)です。

クンティンの王宮へ

水牛の飼い主はそれを見つけ、ナーンイープムに伝え、「他人の水牛が一頭我々の群れの中に入り込みました。それは曲がった角を持つ牝水牛で、子供を一人連れており、その子は呼んでも我々のもとへは来ようとせず、いつも水牛の口の中に隠れています。」と言いました。ナーンイープムは水牛飼いと一緒に来て、それを探し、言われた通りであることが分かりました。そこでナーンイープムは、やさしい言葉を使っていろいろ尋ねたところ、その子は話を聞き入れて、ナーンイープムの質問に答えました。「私はムンツンコーの王の子です。私がこの世に人として生まれて以来、女たちは皆私を殺そうとしました。曲がった角を持つ牝水牛が私を口の中に含んであなたの国まで連れて来たのです。」と答えたのです。そこでナーンイープムは、彼を抱いて、一緒に宮殿に帰って来て、父親のツァオクンティンに話しました。

ツァオパロンクンティンはこの子がここへ来た事情を知り、「ナーンイープム[49]はムンツンコーのツァオロンクンコムの子に当たるのですね。ツァオロンクンコムといえば、他でもない、我々の親戚です。この子は曲がった角を持つ牝水牛に連れられて我々のもとへ来たので、クンイークワーイカムの名を与えるのがいいだろう。」と言いました。このニュースはウェンツンコーまで拡まり、人々が行き交ううちに、クンイークワーイカムはムンツンコーのツァオクンコムの子供で、ムンカレー・ウェンスーに行ったものである、と言われるようになりました。

ツァオクンコムはこの話を聞き、官僚たちにクンオンを国に呼び戻すように言いました。ナーンイープムとクンイークワーイカムは一緒に長く生活していて、とても愛し合うようになり、忘れることができなくなっていました。そこでナーンイープムはクンイークワーイカムに対して「いきさつがどうであれ、私たち二人は一緒に住んで長くなりました。今、あなたのお父上が、官僚を遣わして、あなたをムンツンコーへ呼び戻しに来ましたが、どうか私を忘れることなく、私を呼びに戻って来て、あなたと結婚できるようにしてください。」と言いました。二人はこうして約束を交わしました。父親がムンカレー・ウェンスーのツァオクンティンのもとへ官僚たちを派遣して、クンオンクワーイカムを呼び戻しに来たので、ツァオパロンクンティンは彼にムンツンコーへ帰ることを許しました。クンイークワーイカムはこうしてムンツンコーへ着きました。父親のツァオクンコムはとても喜んで、七日七晩壮大な祭りを行って、皇太子として認め、ツァオク

事情を知ったクンティン

49　曲がった角を持つ牝水牛が連れてきた子、クンイークワーイカムの誤記であろう。クンイークワーイカムは金の水牛の王子の意。

イークワーイカムとプムの約束

ンティンの子ナーンイープムを貰い受けに行って、二人を結婚させ、長く一緒に暮らさせました。

皇太子として皇帝に拝謁

そのとき精霊が現れ、クンイークワーイカムに一本の太刀を差し出しました。祭りが終わり、立太子式も終わって、このニュースはツァオウォンテーホーセンのもとにも伝わり、ツァオウォンテーホーセンは家臣を遣わしてツァオクンイークワーイカムに自分に会いに来るよう伝えました。そこで、六三九年[50]、タイ暦ラップサウの年にクンイークワーイカムはツァオウォンテーホーセンに会いに行きました。そこでツァオウォンテーホーセンは父親のクンコムと一緒に国を治めるよう命令を下しました。

50　西暦1277年。

皇帝の使いになって

ツァオウォンテーホーセンは慣例に従って、クンイークワーイカムに使用人百人を渡し、パガンのスィーハパテー王[51]を直ちに呼んで、祖父母の代から始まった、三年に一回、九年に一回、象四頭、金四ツォイ、銀四十ツォイを持って、官僚たちと一緒に自分のもとへ来て差し出す慣行を続けさせるように言いつけました。使用人百人と一緒にクンイークワーイカムはウェンツンコーへ下りて行き、漢人五十人はウェンツンコーに残し、残りの五十人はツァオウォンテーホーセンの命令に従って、パガン国へ一緒に連れて行き、その王を呼び出しました。

51　ナラスィーハパテー王（西暦1254年—1287年）か。

パガン国の離反

パガン国のスィーハパテー王は「朝貢することは受け入れないし、属国となることも受け入れられない。」と言って、五十人の漢人を捕まえて、四十人を殺し、十人だけを帰しました。そのとき、スィーハパテー王はこの十人の漢人に対し「漢王よ。お前が我がパガン国に戦争を仕掛けてこなくても、我が住民たちは地震があればたくさん死んでいるし、そうでなくとも、食料がなくてたくさんの人が死んでいるのだ。戦争など怖くもない。やるなら戦争を仕掛けてきたらどうだ。」と言い放ちました。生き残った漢人は皆帰って行って、ツァオウォンテーホーセンにその仔細を伝えると、ツァオウォンテーホーセンは兵を呼び集め、その数は膨大な数に膨れ上がりました。ツァオウォンの手紙がクンイークワーイカムのもとに届き、「パガンのスィーハパテーを撃つために援軍を出すように。」とありました。他の各国にも手紙が届き、ムンコン、ムンクー、ムンヒム、ムンナーツァンター、ムンティン、ムンワンではクンコーにパガン征伐を支援するよう命じました。ツァオターイポンは自分の子ツァオターイロンに出征するよう命じました。六三〇年[52]、タイ暦タオツァウの年にツァオウォンテーホーセンはウェンクーワーンキャーンスィーに指揮官として大軍を率いることを命じ、一方で、タイ諸国の方は、全て一緒に行動し、漢軍とタイ軍はパガン国を滅ぼし、スィーハパテー王の方は、ビルマに逃げて行きました。

52　西暦1277年。

パガン国の滅亡

六四七年[53]にパガン国は滅び、六六六年[54]に兵はスィーハパテー王の息子クンキョーツワー[55]の首を取り、ツァオウォンテーホーセンに差し出し、漢軍、タイ軍は皆それぞれの国へ戻って行きました。クンイークワーイカムとツァオターイロンは一緒にキョーツワーの首をムンウォンに送り届けて、六六六年[56]に戻って来ました。

53　西暦1285年。
54　西暦1304年。
55　キョーズワー王（西暦1287年―1298年）か。
56　西暦1304年。

パロンホムムンがムンマーオで即位

ここでタイ諸国全体の話に戻すと、今、ツァオターイポンはムンミットを完全に支配しており、ムンヤーン、カレー、ムンクン、クワーイラム、ムンコンは全てツァオクンコムが支配しています。ムンマーオの方はというと、三一八年[57]にクンターオガーロムがウェ

57　西暦956年。

ンセンツェー・センウィーを出て、南の国々、北の国々を建国しましたが、ムンマーオのウェンモンに住んで諸国を統治しました。ツァオパロンターオガーロムには男の子があり、クントゥムと名乗っていました。父ツァオターオガーロムの死後、子のツァオクントゥムが即位し、ツァオパロンホムムンと名を変えました。

パーンカムが新王に

ツァオパロンホムムンの娘は名前がツォームンラで、息子の名前はクンコーラーンでした。四一九年[58]に至り、パガン国のアノーラター王はムンウォンに仏歯を求めて行った帰りにムンマーオに立ち寄り、ムンマーオのツァオパロンホムムンは娘のツォームンラをアノーラターに献上しました。その後、五三九年[59]に至り、クンターオガーロムの家系は途絶え、国には王がいなくなりました。官僚たちは協議の上、ウェンセンツェーのツァオロンターイポンのもとへ行き、王の派遣を求めたところ、ツァオロンターイポンはクンパーンカムという名の自分の息子に対し、王として行くよう命じました。そこでツァオクンパーンカムは、ツァオロンターイポンの命令に従って、五四〇年[60]、タイ暦カーハオの年にウェンセンツェーを離れ、クワンプーの大橋にたどり着き、ウェンワーイの町を造営しました。

58　西暦1057年。

59　西暦1177年。

60　西暦1178年。

母親とまで不徳の行い

クンパーンカムがウェンワーイにいたとき、ミックティラー・ウォンウェンロンではツァオウォンロンが亡くなり、ツァオウォンオンが即位し、妻たちや宮殿を引き継いでいました。女たちはその数千五百人にも達していました。ある日、王の母親は、自分の息子がこんなにたくさんの妻を持って、これらの女とどんな付き合いをしているのかを知りたいと思い、一番若い女の所にこっそり紛れ込んで寝ました。ツァオウォンは一人一人の女とことをすませて、自分の母親のところへ行き、そのそばに入り込み、やがて夜が明けんとする頃に、女の部屋の母親とことに及んだのでした。王はこの女が誰よりもすばらしいと感じ、自分が一緒に寝ているこの女が誰なのかを知りたいと考えました。「これまでにこのようなことは全くなかったが、今は誰よりも気持ちよくて、われを忘れてしまうほどだ。」と言って、ひそかに石灰を手にして、他人が見えないところに印を付けておきました。夜が明けて女たちの間を見て回ったものの、誰にも印がなく、自分の母親のところに印を見つけ、あのときの女が自分の母親であることを知りました。

天罰として白虎が下る

さて、マータリー神[61]とウィーサキュン神[62]の二人の神が人界に降りて来て、人界の書記とツァオウォンの書記を連れて、インドラ神に読んで説明させたところ、インドラ神は事情を知って怒り、「ツァオウォン母子は不徳を行い、馬鹿で野蛮な行為を行っており、人倫を逸脱している。」と言ってのろしを上げ、それが降りて来て白虎となり、ミックティラーの町を荒らし回りました。君主住民皆一緒になって白虎と戦いましたが、その虎はインドラ神が送り出した虎であったため、勝つことができませんでした。皆で捕まえようとしましたが、これも駄目でした。この白虎は八ソック[63]の背丈があり、とても速く、一日に三つの国を駆け抜けることができました。

61　インドラ神の御者。

62　インドラ神の仏師、建築の神。

63　一ソック＝ひじから中指の先までの長さ。

ラー人が仕掛けた罠

そこでツァオウォンは全ての人におふれを出して、白虎を捕まえるよう命じ、「もし捕まえた人がいたら、その人には、国が欲しければ国をあげるし、銀・金が欲しければそれもあげよう。」とのおふれを、サルウィン河沿いからサルウィン河の南・北と、あまねくタイ諸国に知らしめました。その頃、白虎は方々を荒らし回って漢河を超え、中国の領土を過ぎてマーンルンロンに達していました。そのとき、マーンルンの王は「白虎がこっちにやってくる。」と言って人々を呼び集め、白虎を捕まえました。ムンマーンルンはラー人の国のため、森や山や谷をよく知っており、勇敢で罠を仕掛けることに長けており、罠を仕掛けたのでした。

捕らえられた白虎

人々を呼び集めて金属線を作り、センレム、ムンケン、マーンキウ、パーンコンツームー、カーンスーモットハイ、モーパー、サーイムンにわたって金属線を張り巡らし、曲がった狭い通りを作っておきました。サルウィン河のほとりのキウスーウェンに曲がった狭い通りを作っておいたところ、白虎がやって来てその中に入りました。こうしてサルウィン河のほとりのキウスーウェンで白虎を捕まえ、ラー人たちはとても喜んで、それを担いでプーラレットゥン[64]の王に差し出しました。ムンマーンルンの王はウェンセンツェーのセンウィー王ツァオパロンクンターイポンのところに持って行くように言いました。「センウィーは兄弟国であるので、どのようなことがあっても離れるわけにはゆかない。」とも言いました。そこでムンマーンルンの高官たちは皆で白虎を担ぎ、ウェンマーンルンを出て、サルウィン河を渡り、ターンヤーン、マーンカート、ムンパート、ホーヤ、ムンツィットを経て、大通りに沿ってカールー、マーンツェーに至り、ウェンセンツェーのツァオパロンクンターイポンに白虎を献上しようとしたところ、彼は受け取らず、ウェンワーイのクンパーンカムのところへ持って行き、ツァオウォンテーホーセンのもとへ届けるように言いました。このように言われたので、彼らは白虎を持ってラーセ

64　ムンマーンルンのこと。

ウ、ホープックを経てロイキウセウからムンリーに至り、ムンリーに留まっていました。

パーンカムの饗応

そのとき、ムンセンウィーとウェンワーイの王たちは白虎を運ぶためにムンリーに来て、クンマーンルン一行にムンパーンで休むように言ったので、ラー人たちは皆ムンパーンへ行って休むことにしました。クンパーンカムはとても喜んで、食事を振舞い、ラー人たちに贈り物を用意しました。火打石、銀製の槍、銀製の剣、金のコップ、白のしゅす二巻[65]、赤のしゅす二巻、しゅすの靴、びんろう箱、上着とズボン、茶飲みを用意して与えました。

65　二十ソックの長さ。

皇帝に白虎を献上

クンパーンカムはクンパーンルン一行に「漢河や中国領土、ムンミックティラーはとても遠く、あなたがたは谷や山に住んでいて、田んぼや広い平野には未だ行ったことがなく、病気にならないかと心配です。そこで、手紙を書いて、あなたがたのものと我々のものとを一緒に、我々が代わってツァオウォンテーホーセンのもとに持って行きましょう。」と言いました。これに対してラー人は皆「分かりました。そうしましょう。」と言って、皆自分の国へ戻って行きました。こうしてクンパーンカムは白虎を受け取り、ツァオウォンテーに差し出したところ、ツァオウォンはとても喜んで彼を絶賛し、「白虎の頭に匹敵する価値のあるものとして、国をあげてもそれは永久ではなく、銀・金をあげてもそれはすぐになくなってしまうので、白虎の頭の価値には及びません。」と言いました。そこで、重さが八十キャープ[66]あるスターサファイヤの印鑑一個と金持ち九人を与えて、孫子の代まで食[67]が絶えないようにしました。これは、木綿を持って行って馬を持って帰って来て売る中国商人から金を集められる九

66　1キャープ＝1チャット＝16.55グラム。
67　お金のこと。

つの場所のことです。さらに、ツァオパロンパーンカムに代えて、これからはツァオパロンメオポンと名乗るように名を与えました。こうして彼は国に戻って来ました。その後、五五〇年[68]、タイ暦カーモットに至り、ウェンワーイを離れてポー川の南側にあるパーンカムにムンマーオを造営しました。

68 西暦1188年。

メオポン王が宮女を追放

このときにはムンマーオ、ムンワン、ムンナー、ツァンター、ムンティー、ムンヒム、ツェーパーン、ムンコン、ムンクー、ムンヤーン、ムンカー、ターヤの国々はすべてツァオパロンメオポンの下に統合されました。ツァオパロンメオポンには、ナーンイェーカムロン、ナーンイーカムレン、ナーンイェーセンカイ、ナーンアームの四人の娘がいましたが、歳をとっても男の子がありませんでした。そこでツァオパロンメオポンは非常に悩み、男の子が欲しくてたまらず、毎日ルッカツォー神[69]、プンマツォー神[70]にお祈りしていました。ある日、ツァオパロンメオポンは若い女の宮殿に入りました。そのとき、その若い女はツァオパロンに「あなたはこれまで私の宮殿に入ってきたことがありませんでしたが、ここ五、六日よくいらっしゃいますね。」と言いました。ツァオパロンメオポンは「これまでここに来たことはない。今日だけだ。」と言って、不機嫌になり、人に命じて彼女を監視させました。夜中になってルッカツォー神が現れ、その若い女の宮殿に入って行きました。人々はそれを見て、皆で捕まえようとしましたが、捕まえられず、その神は走って宮殿の屋根の上に上り、「ツァオパロンメオポンよ。お前は男の子が欲しくて毎日神にお祈りしているが、私こそ、ツァオパロンホムムンが神になった姿なのだ。これを信じるかね。」と言いました。そこでそ

69 木の神。
70 地の神。

の神は靴の片方を取って投げ、「ツァオパロンメオポンよ。もしお前が本当に男の子が欲しいのなら、この靴を信仰しなさい。」と言って消えてしまいました。ツァオパロンメオポンは「この若い女は私に対して正直ではない。その振る舞いは正直ではない。私が命ある間は、その父母、兄弟の誰も会うことができないように、彼女にムンマーオの南から北までのいたるところで乞食をして生活させ、宮殿には居させず、今日限り追い出そう。」と言いました。そこで、その若い女は、王の非難を浴びて宮殿を離れ、ムンマーオの南から北のいたるところで、乞食をしながら行ったり来たりするようになりました。

精霊のお告げで二女が即位

若い女は妊娠して十ヵ月になり、ロイラーオのふもとのナムカーイモー村で男の子を三人産みました。長男をクンアーイガムムンと名付け、二男をクンイーカーンカム、末っ子をクンサームロンと名付けました。この三人の兄弟は同じ日に生まれた三つ子なのです。この中でクンアーイガムムンは二歳の歳で幼くして死亡しました。その頃クンイーカーンカムとクンサームロンの二人は母親と一緒にナムカーイモー村の家に住んでいました。クンイーカーンカム兄弟の年齢が五歳になった六五六年[71]に父親のツァオパロンメオポンが亡くなりました。息子のツァオイーカーンカムは未だ幼少だったので、国を継承する人がなく、官僚たちが考えあぐねているところへ、精霊が官僚の一人の夢の中に現れ、「官僚たちよ。もしお前たちが国を幸せにし、名高くしたいと思うなら、ナーンイーカムレン[72]を王にするがよい。」と言いました。精霊が夢の中に現れてこのように言ったので、官僚たちはナーンイーカムレンを王に担ぎ上げました。

71　西暦1294年。

72　ツァオパロンメオポンの二女。

女王として君臨

73　西暦1295年。

その頃、長女のナーンイェーカムロンは中国人の頭目ワーンキャーンが連れて行き、ムンメン・ケンラーオに住んでいました。六五七年[73]にナーンイーカムレンは王となり、ウェンヒムナムモーに住み、以後、町の名前をウェンナーンイーと改めました。

ツァーンカーンがムンミットの王に

74　西暦1308年。

75　長男のことか。

ここで話をムンミットの方に移すと、ツァオパロンクンコムとその子ツァオクンイークワーイカムが亡くなった後、後継者がいなくなり、官僚たちはウェンセンツェーのツァオターイロンのところに来て、王の派遣を要請しました。そこで六七〇年[74]にツァオターイロンは弟[75]のツァオクンプーツァーンカーンに、ムンミットへ行って王となるよう命じたので、クンプーツァーンカーンはムンミット・ツンコーへ行って王となりました。

ターイクンが父王を継いで即位

76　西暦1310年。

ツァオパロンクンプーツァーンカーンには男の子が五人いて、それぞれクンターイクン、クンターイカーイ、クンターイターオ、クンターイティン、クンサームオンと名付けていました。ツァオパロンツァーンカーンはムンミットを二年間統治し、六七二年[76]に亡くなりました。同じ年にクンターイクンが父親の後を継いで王となりました。ツァオパロンクンターイクンには女の子が一人と男の子が一人いて、この二人は同じ母親から生まれた子供です。女の子にはナーンイェークンと名付け、男の子にはアーイプーカムと名付けていました。この親子はクンプーツァーンカーンの子と孫です。

ターイポンの統治

77　西暦1178年。

今度はムンセンツェーの話に移りましょう。五四〇年[77]にツァオロンターイポンが息子のクンパーンカムをムンマーオの王として派遣しましたが、その同じ年にツァオロンターイポンは歳をとってきたのでその地位を譲ろうと考え、二男のクンターイロンをムンセンツェーに呼びました。五四一年[78]になって彼がムンセンツェーに到着したので、父親は彼に国を譲り、ツァオターイロンをウェンセンツェーで即位させました。父親のツァオロンターイポンの方は、何年かをムンツンコーで過ごし、また別の何年かをムンマーオでツァオパメオポンと共に過ごし、その他にはウェンセンツェーに戻って何年かを過ごすというように、行ったり来たりしながら五五六年[79]にムンミットのウェンツンコーで亡くなりました。このようにしてクンターイポンは百十二年間統治しました。

78　西暦1179年。

79　西暦1194年。

ターイロンの下に結束

クンターイロンについては、五四一年[80]に父親のツァオポンからウェンセンツェーで王の地位を譲り受けました。彼は自分の息子でクンターイポーという名の子供を、ムンイェンのウェンナンでムンイェンの王に即位させました。この時期、センウィー、スィーポ、ムンクン、ラーイカー、ケントン、ケンカム、ムンナーイ、モックマイ、ムンノン、ヨンホイ、サトゥン、ムンパーイ、マーンルン、ムンレム、ムンティン、クンマ、ムンケンからなるタイ諸国は全てツァオターイロンの下に結束していました。

80　西暦1179年。

ターイロンの逝去

ウェンムンイェンでは、ツァオターイロンがツァオターイポーを王に即位させましたが、ツァオターイポーには男の子が三人おり、長男にはターオノイケー、二男にはターオノイメン、末っ子にはパーンノイと名付けていました。ムンセンツェーの王クンターイロンについては、百二十三年間統治した後、未だ余命のあるうちに孫のターオノイケーをセンツェーに呼んで、一緒に住んでいたところ、六七一年[81]にツァオターイロンは亡くなりました。

81　西暦1300年。

王位は孫へ、さらに孫の甥に

彼の死後、官僚たちは孫のターオノイケーをウェンセンツェーで王として擁立しました。ツァオターオノイケーは四十二年間統治の後、七一三年[82]に亡くなりました。そこで官僚たちは甥のノイサーンパをウェンセンツェーの王として擁立しました。ツァオノイサーンパはツァオパーンノイの子供です。

82　西暦1351年。

精霊が告げた大きな石

ここでムンマーオの方に話を戻しますと、六五七年[83]にツァオパロンメオポンが亡くなり、その子のナーンイーカムレンが王となったときは、クンイーカーンカムとクンサームロン兄弟とその母親の三人はまだロイラーオのふもとのナムカーイモー村に住んでいました。母子三人は畑を耕して生活していました。クンイーカーンカムとクンサームロンの二人は成長して十五、六歳になっており、二人は畑を耕し、米を作り、豆を植え、きゅうりを植え、年老いた母親を養っていました。ある夜、国の神、木の神が一緒にクンイーカーンカムの夢の中に現れて「クンイーカーンカムよ。お前たち二人がもっと良い生活をしたいと思うなら、私たちの言うことをよく聞きなさい。お前たち二人の畑の北側[84]に大きな石が一つあります。その石の下に印鑑が一個あるので、それをお前たちの家に置いておきなさい。」と言いました。ツァオクンイーカーンカムは夢の中で精霊にこのように告げられました。朝になって起きてきて、朝食を食べた後、兄弟二人はいつものように、一緒に畑に出かけました。そのとき、クンイーカーンカムは精霊が現れて告げたことを弟のツァオクンサームロンに伝え、二人の兄弟は揃って畑の北側に行って眺めたところ、実際に大きな石を一つ見つけました。

83　西暦1295年。但し、前述のところでは六五六年（西暦1294年）となっている。

84　「上の方」ととることもできる。

石の下から出てきた印鑑

そこで、兄弟二人はてこを使ってその大きな石を持ち上げたところ、精霊が夢の中で言った通り、印鑑が見つかりました。兄弟二人は、これがそんなに重要なものとは気が付かなかったので、それを篭に入れておきました。お昼を大分過ぎた頃、兄弟二人は一緒に畑を後にして家路につきました。帰路の途中、いろいろな人に出会いましたが、彼らは「殿下お二人はどちらに行って来られたのでしょうか。」と言って、合掌して尋ねました。二人は「畑に行ってきました。」と答えました。このような人たちと別れて、兄弟は「今はどうしたんだろう。いつもと違うな。会う人皆が気が狂っているみたいで、自分たちを分かっていないよ。今しがた会った人はお辞儀をして合掌して尋ねていたよ。このような人は本当に気の狂った人たちなんだよ。」とお互いに言葉を交わしました。

「虎に背を引っかかれた」王

兄弟はこのように話しながら家に帰り着くと、二人の兄弟を見に現れた人たちが皆同じような振る舞いをしました。そこで二人の母親が事情を尋ねたので、兄弟は母親に事の仔細を話しました。精霊がクンイーカーンカムの夢の中に現れ、特別なことは何もないけれども、精霊が夢の中で渡してくれた丸い石を一個拾いました、と言いました。そのとき、母親がそれを見せるように言ったので、ツァオクンイーカーンカムはそれを取り出して母親に渡しました。母親はそれを隠し、誰にも言わないように、と言いつけました。兄弟二人は、畑を耕し、商売をして生活をしていましたが、この日の翌日、二人の兄弟が家の近くに茅を刈りに出かけたところ、国を守っているルッカツォー神[85]が虎の姿で現れ、ツァオクンイーカーンカムの背中に飛びかってきました。しかし、虎は彼を咬むことはできませんでした。二人の兄弟が大声を出して叫んだところ、

85　森の神の意。

虎は森の中へ逃げて行ってしまいました。それからしばらくして、二人の姉のナーンイーカムレンは王となって十六年が経ち、六七三年[86]に亡くなりました。その後、官僚たちはクンイーカーンカムを同年に王として擁立しました。クンイーカーンカムは虎に背中を掴まれた逸話から、ツァオロンスーカーンパと呼ばれる王となりました。

86　西暦1311年。

王族間で戦争

87　西暦1313年。

この王はウェンツェーハイを造営してそこに二年間住んだ後、六七五年[87]にウェンツェーハイを離れ、ウェンツェーラーンを造営しました。そこでツァオロンスーカーンパは手紙を書いて使者に持たせ、ムンイェンのクンターイポー、ウェンセンツェーのクンターオノイケーのもとへ行かせました。その他に、南の方へも使者を派遣し、全ての国の支配者にムンマーオに集まるよう伝えました。しかし、ツァオターイポー、ツァオターオノイケー、ツァオターオノイメンの親子兄弟は皆ムンマーオに行くことを承知せず、反対して「イーカーンカムよ。お前は我々の弟分ではないか。なのに、お前のムンマーオのところに集まれというのでは、行くわけにはいかないよ。我々は我々だし、お前はお前だ。」と言いました。そこでツァオスーカーンパは二度、三度と使者を出して、呼び出そうとしましたが、それに応じず、ついには双方がけんかになり、兵を集めてムンイェンのウェンナンで戦争を始めました。ツァオスーカーンパは大量の兵を集めてムンイェンに下り、クンターイポー父子と戦い、彼らを撃ち破りました。ツァオスーカーンパの軍は進撃を続け、ムンイェンのウェンナンを撃破しました。ツァオパロンクンターイポー父子はスィーポのターポックウェンヒンへ逃げて行きました。

スーカーンパがムンミット軍を撃破

そこでツァオターイポーとその子のツァオターオノイケー、ツァオターオノイメン、ツァオパーンノイ、それに官僚たちは皆、これまで言ったことを取り消してツァオロンスーカーンパと仲直りし、ツァオターイポーの娘でツァオターオノイの妹に当たるナーンイーカムポンをツァオスーカーンパに献上しました。その後六七六年[88]に全ての国の王がムンマーオに集まりました。ツァオロンスーカーンパは栄光に輝き、全諸国の王となり、手紙を書いて使者に託し、ムンミット・ケンラーオのツァオターイクン、ツァオターイカーイ、ツァオターイターオ、ツァオターイティン、サームオンの兄弟たちを呼び出しましたが、彼ら王たちは出向くことを断り、「イーカーンカムよ。お前は全諸国の王だと言っているが、我々はそのようなことは受け入れられない。」と言ってツァオスーカーンパが派遣した使者十人の内七人を殺し、三人だけを放して返したのでした。その後、兵と武器を大量に集めてムンマーオに進軍し、その南部を撃破して火をつけました。これによってマーンホイ、マーンモン、モースィー、ナムヒー、ノンツォンは完全に焼き尽くされてしまいました。そこでツァオスーカーンパは兵を集め、ムンマーオで敵を迎え撃ちました。タイ(八土司《どし》[89])の北側の方には大軍が集結し、五日間の迎撃戦の後、ムンミット側の兵は多くの死者を出して逃げ出しました。ツァオパロンスーカーンパの軍はずっと戦闘を続け、ムンミット軍は敗走しました。ウェンケンラーオ、ウェンウォーは完全に破壊され、ウェンツンコーも破壊されようとしていたとき、住民たちはツァオロンターイクンに対して「我々は彼らにはかないません。降伏すべきです。」と言いました。

88　西暦1314年。

89　タイ諸国の別称。最初の八国にちなんだ名称。

ムンミット王をすげ替える

そこでツァオターイクン、ターイカーイ、ターイターオ、ターイティン、サームオンの兄弟たちは「ムンマーオのクンイーカーンカムよ。お前は我々に戦争を仕掛けてきたのだが、お前と戦った人はお前に負けてしまった。今度は象を放して戦わせてみないか。」と言いました。ムンミット側の象は千頭で、ムンマーオ側の象は八百頭あって、それぞれ放して戦わせたところ、ムンマーオ側に対して勝つことはできませんでした。そこで住民たちはムンマーオ側に投降したのですが、ツァオロンターイクンは降伏することを受け入れなかったので、ムンマーオ軍は降伏しないツァオターイクンを捕まえました。そこでツァオロンスーカーンパは兵全員に「彼は来いと言うのに来ず、降伏しろというのに降伏しなかったのだから、お前たちはもうどのようなことをしてもよい。」と言いました。そこで兵たちはウェンツンコーでツァオターイクンを殺害しました。一方、住民たちは皆、投降し、ツァオターイカーイを王に擁立しました。ツァオロンスーカーンパは「それで結構だ。但し、今後は我が方の一国であるぞ。」と言いました。ツァオターイカーイは住民たちと同じく、毎年税金を納めることに同意したので、ツァオロンスーカーンパは六七八年[90]にツァオターイカーイをこれまでと同じようにムンミットの王に任命しました。

90　西暦1316年。

戦後処理あれこれ

しかし「クンターイクンの母親と子、及び、全ての家財道具は、自分がムンマーオに持っていくぞ。」と言いました。ツァオターイクンの母親はナーンアームコンで、その娘はナーンイェークンと言い、息子はアーイプーカムです。ツァオロンスーカーンパは武器を自国に持ち帰ることを求め、更に、クンターイクンの妻をも求めました。しかし彼の母親は「クンターイクンは兄であるツァオロンプーツァーンカーンの子で、一方のお前は弟であるパロンメオポンの子なのです。従って、彼のもの全てを持って行ってもかまわないが、同じ家系の中で夫を殺してその妻を取るのはよくありません。彼の妻を取ってはいけません。」と言ってその行動をいさめました。そこでツァオロンスーカーンパは「官僚のターオカーンモン[91]は、私のお供をして、戦ってスィーポまで来ました。更に、ウェンツンコーまでも攻め入ったので、その背後で、彼の妻子が傷つき、死に至ったところを看取ることができませんでした。私が官僚のターオカーンに彼女を与えるのはどうでしょうか。」と尋ねたところ、母親は「結構でしょう。」と答えました。こうしてツァオロンスーカーンパはツァオターイクンの妻を官僚のターオカーンモンに与えました。

91　ターオカーンムンの誤りか。

スーカーンパ軍が中国に攻め上る

六七九年[92]に至り、ツァオロンスーカーンパは武器を揃えて兵四十万人を集め、中国に攻め上り、中国のムンツントゥーに到着しました。ムンツントゥーの領主は兵を集めて戦うように命じたので、ツァオロンスーカーンパはこの国を出て背後に退きました。そのときムンクンマの王ターオフップムンが兵を率いて攻め下りて来たので、マンカ、マンコー、ティーマ、ナーロン、コーケー、ムートンは全て破壊されてしまいました。背後にいた官僚たちや国を守る人々は、兵を集めてティーマ、ナーロンでクンマの王と戦い、ターオパフップムンを捕まえ、ティーマで殺害しました。そこでクンマの兵たちは逃げて行ってしまいました。ツァオパロンスーカーンパは、兵を率いて中国に攻め入ったのと同じように、今度は四十万の兵を率いてムン

92　西暦1317年。

セーに着きました。ムンセーの王は兵を集めて防戦を命じましたが、そのときツァオウォンテーホーセンは事態を知り、使者を出してツァオパロンスーカーンパに「今、このように兵を率いて、たくさんの武器を持ってやって来たのは、何が欲しくて来たのか。」と尋ねました。ツァオスーカーンパは「私は水、土地、村、国が欲しくて来たのです。」と答えました。

皇帝が国を割譲

中国人の使者はこのことを知り、ツァオウォンテーホーセンのもとへ帰ってそれを伝えました。そこでツァオウォンテーホーセンは命令を出して次のように言いました。「ツァオロンスーカーンパは水、土地、村、国が欲しくてここへ来たのか。それでは次の国をあげるので、それから先へ進むことは止めなさい。ムンセー、ヨンサーン、ムーアーン、プークワーンから南は全てお前にやるから、双方は戦うことなく、武器をおいて和解しなさい。」と。このようなツァオウォンテーホーセンの命令が出され、ツァオロンスーカーンパは六八〇年[93]に国を得て、自分の国へ戻って来ました。

93　西暦一三一八年。

スーカーンパの東方遠征

同じ年にツァオパロンスーカーンパは兵を集めて武器を取り、今度は東の方のケンマイに遠征しました。ケンセン、ケンハーイ、ケントゥン、ケンフン、ラプン、ラポン、ラコンを経て、大国のパースートンに達しました。パースートンの王は兵を集めてツァオロンスーカーンパに立ち向かいましたが、勝つことができず、降伏して属国となり、毎年金四ツォイ、銀四十ツォイ、象二頭の税を納める約束をしました。ツァオロンスーカーンパは態勢を整えてムンクン、ムンヨンをも撃ち破り、これらを属国とし、同じ年に国に戻りました。そのとき重臣のターオカーンムンが亡くなったので、ツァオロンスーカーンパはクンプーカムに彼の全ての遺産を与えてその後任とし、ターオカーンムンの名を与えました。六八一年[94]に至り、ムンイェンのツァオパロンクンターイポーは銀、金、しゅすの朝貢品を揃えてツァオロンスーカーンパのもとへやって来て、ツァオターイクンの子でツァオターオカーンムンの姉であるナーンイェークンを請い求めました。そこでツァオロンスーカーンパは彼女を与えて連れて行かせ、王[95]の末っ子でパーンノイと名乗る男と結婚させました。

94　西暦1319年。

95　ツァオパロンクンターイポーのこと。

一男一女をもうける

クンツァオパーンノイとナーンイェークンには娘が一人おり、ナーンパーホムムンと名乗っていました。また、息子も一人いて、その子にはノイサーンパの名前を与えていました。

ターオカーンムンがムントゥーの王に

六八一年[96]にツァオパロンスーカーンパはクンターオカーンムンに命令を出し、ムントゥーの王に任命しました。そこで同じ六八一年[97]にクンターオカーンムン母子はムントゥーの王に就位しました。ムントゥー・センウィーではツァオターイカーンがクンアーイホムに王位を譲った三一九年[98]から二年後、クンアーイホムが気が狂って宮殿の屋根の上に上り、そこから落ちて死亡した三二〇年[99]より王がなく、ムンイェンのクンウェン[100]の保護下にありました。六八一年[101]に至り、ツァオターオカーンムンがムントゥーの王となり、王が復活することになりました。

96　西暦1319年。

97　西暦1319年。

98　西暦957年。

99　西暦958年。

100　ツァオターイカーンの子。

101　西暦1319年。

スーカーンパ軍がムンウォイサーリーに迫る

ツァオターオカーンムンがムントゥーに移った後、ツァオロンスーカーンパは再び武器を取り、九十万の兵を集め、弟のクンサームロンを司令官として出陣させ、重臣のターオスーイェン、ターオパロー、ターオスーヘンカイと共にムンウォイサーリーを攻撃させました。クンサームロン、ターオスーイェン、ターオパローは九十万の兵を率いてムンウォイサーリーに着きました。そこに水牛の世話をしている若い子や、その他いろいろな人たちが集まって来ました。「我々の国を三重に取り囲んでいるこの人たちは、いったいどこの人なんだろう。」と言いながら集まって来て、「あなたがたはどこの国の人で、何をしに来たのですか。」と尋ねました。そこでツァオサームロン、ターオスーイェン、ターオパローと兵たち皆が「我々はコーツァンピーに住む者で、ツァオロントゥンカムスーカーンパがあなたがたと戦って、あなたがたの国を占領するよう命じたので来たのです。」と答えました。そこでターオパイェン、ターオパローとツァオサームロンと兵たちは強い相手を知恵で負かそうと相談しました。「我が方の兵は九十万人しかなく、これはこの国の水牛飼いの人数にも満たない数です。これから先、人の肉に加えて、馬、水牛、豚、鶏の肉、それに、生肉の場合は骨から皮に至るまで切り刻んで丸い団子を作り、我々の糞は隠して、誰にも見せないようにしよう。もし彼らが尋ねてきたら、我々は口裏を合わせて、お前らは投降しなさい、さもないと、お前らを食べてしまうぞ、と言おう。」と決めました。

悪知恵が奏功

ムンウォイサーリーの王と住民たちは、兵たちのもとへ人を派遣し、「あなたがたはどこの国の人ですか。」と尋ねました。兵たちは打ち合わせた通りに答えました。そこでムンウォイサーリーの使者は、自分が目にした向こうの生活の様子を王に伝え、「彼らの食料と糞は我々のものとは違います。生肉は骨、肉、毛に至るまで棒状や細切れにして積み上げられてあり、そこらじゅう一杯になっています。」と言いました。

王をはじめ、官僚たち、住民たち皆がいろいろと相談し、「我々の町が病気になってしまった。我々が悪い道[102]をとって、兵を集め、人を集め、殺し合えば、彼らに勝つことはできないのではないだろうか。これでは、住民たちの方も、王の方もたくさんの死者を出すことになるので、我々は口を繕っている方がよく、そうすれば我々は幸せではないだろうか。」ということになって、主従、全住民が投降し、銀、金、しゅすを税として差し出すことを受け入れ、贈り物を各人が準備して持参し、ツァオサームロンのもとに持って行きました。そこで、これから先、幾万、幾十万世代に亙って三年に一回、または四年に一回、銀、金、しゅすをそれぞれの国の大きさに従って集め、金を百ツォイ、銀を百ツォイ差し出すこと、決定したこれ以上のものは要求しないこと、もしこうした取り決めを続けなかった場合、どちら側も嘘を言ったことになり、天と神に見てもらうこと、を取り決めました。

102　戦うこと。

増長した二人の重臣

このように取り決め、ムンウォイサーリーの王は、取り決めに従って、銀、金を取り揃え、代理人に命じて、ツァオクンサームロンの兵のもとへ届けさせました。兵はムンウォイサーリーを離れ、中間点に達した頃、ターオスーイェン、ターオパローの二人は「ウォイサーリーのやつらは小心者でどうしようもない。彼らは人口が多く、水牛飼いの子供の数だけでも我々の兵の数を上回っているのに、我々と戦うことをせず、簡単に降伏してしまい、本当に弱虫なやつらだ。」と言いました。

二人の重臣の讒言が奏功

ツァオサームロンはこれを聞きつけ、「お前たち二人はそのようなことを言ってはいけません。彼らは立派な人たちだからこそ、贈り物を用意し、銀、金を送って来たのであって、お前たち二人のようにけなすのはよくありません。」と言いました。ツァオサームロンが二人をこのように諭したところ、二人は脅威と恥ずかしさを感じて、こっそりと使いの者を先に行かせ、ツァオロンスーカーンパに「我々主従の者は公務によってムンウォイサーリーに赴き、あらゆる分野で勝利を収めました。ムンウォイサーリーの人はいろいろな贈り物を用意しました。しかし王様の弟のツァオサームロンは正しい行動をとらず、いやしくもムンウォイサーリーの人との間で次のような取り決めをしてしまいました。自分の国に戻ったら、自分の王を捕まえて人質としてあげるよ、と。そして、ツァオサームロン自らが王となる、と言いました。これは本当の話です。我々二人は主人に完全に服従する従者であり、主人をとても敬愛しておりますので、彼らのたくらみに加わることはできません。彼らのやり方がどうなのかを知った以上、自分たちの主人に知らせないわけにはいかず、お知らせするために来ました。」と伝えました。ツァオロンスーカーンパはターオスーイェン、ターオパローの二人が人を介して伝えて来たこの知らせを受けると、何ら疑うことなく、伝えられたその言葉を信じ、金の器と銀の蒸し鍋にとても綺麗な食べ物を盛り、そこに砒素を入れて、使者に持たせて、王の使いとしてツァオサームロンのもとへ送って食べさせるように、と伝えました。

サームロンの決意

ツァオサームロンは事情を知って、全ての兵及びムンウォイサーリーの人に呼びかけました。「皆さん、我々は彼[103]のための仕事をしてムンウォイサーリーの領土であらゆる勝利を収めて帰って来ました。なのに、彼は私たちを信用しないで、他の二人が我々を中傷したのを信じて、食事を作って、そこに砒素を入れて私

103　ツァオロンスーカーンパのこと。

に送ってきました。私はこれを食べて死にますが、ウォイサーリーの方々、我々に贈り物を持ってきた方々は、この国に到着後、お帰りなさい。贈り物については、ターオスーイェン、ターオパローと兵たちにツァオロンスーカーンパのもとへ持って行かせなさい。あなたがたが帰って行っても、我々が約束したように、二年に一回、三年に一回、朝貢品として、反物、金、銀を用意してこの国にいつも届けなさい。あなたがたが帰って行った後、私はツァオロンスーカーンパが私に食べるようにと届けた食事を食べましょう。」

死んで聖木の精霊に

ムンウォイサーリーの人たちは帰って行き、ツァオサームロンは食事を食べました。彼は死んでこの国[104]でピーサムン[105]になりました。ターオスーイェン、ターオパローと兵たちはモックカーオマーオロン[106]に到着し、ムンウォイサーリーからの贈り物をツァオロンスーカーンパに届けました。

104　ムンコン。

105　聖木の精霊。

106　ムンマーオのこと。

スーカーンパの息女が中国へ行き子供を出産

六八一年[107]にツァオサームロン、ターオスーイェン、ターオパローは兵を率いてムンウォイサーリーに遠征しましたが、その後、ツァオロンスーカーンパの宮殿ではムンレン王の子でナーンカーンカムサウと名乗る女が妊娠していました。ある日、ツァオパロンはナーンカーンカムサウを叱ったので、ナーンカーンカムサウはいたたまれなくなり、ひそかに従者二、三人を呼び、一緒に道路への渡し口に出て、ひそかに宮殿を抜け出し、中国へ行きました。ムンセーまで行き、誰にも知られずに過ごしていました。その後ナーンカーンカムサウは男の子を産み、アーイプーカムと名付けました。アーイプーカムは成長して結婚し、男の子を一人もうけて名をアーイプーコーとしました。

107　西暦1319年。

サガイン王の試みは失敗

その後、七二一年[108]に至り、ウェンツァケン[109]のク

108　西暦1359年。

109　サガインのこと。

ンホーカムスィーハパテーが贈り物として銀、金、反物を用意して使者を遣わし、ツァオロンスーカーンパのもとへ盟友の契りを求めてきました。ウェンツァケンのクンホーカムスィーハパテーは、本当は王族の出身ではなかったのですが、栄光と波羅蜜が王にふさわしいので王になった人なのです。このためツァオスィーハパテーは、王族の出身である王子や王孫たちがその地位を脅かすのではないかと恐れて、官僚たちと共に、頼れるところを求め、贈り物を用意してツァオロンスーカーンパのもとへ贈ってきたのです。七二二年[110]に至り、手紙を書いて「私、ムンツァケンのクンホーカムスィーハパテーは今、ムンコーツァンピー・ムンマーオの王であるツァオロンスーカーンパにお手紙を差し上げます。今、ムンツァケン、ムンエンワ、ムンパーンヤでは、いたるところ米が一杯で、米蔵は満杯です。その籾についてはコーツァンピー・ムンマーオの王様にお持ちいただけますが、その籾殻とぬかは私たちが使います。」と言いました。ツァオスーカーンパはクンホーカムスィーハパテーが伝えて来たこのような言葉を知って、大量の武器と兵を集め、子供のツァウペムパとグックケオパの二人に加えて、官僚のターオスーイェン、ターオパロー、それに長老のハーンカーイに命じてビルマを攻撃し、ウェンタコン[111]に至りました。兵たちはウェンタコンを攻め、火をつけ、町を破壊しました。そのとき、ウェンタコンの王族で、ムンツァケンのツォーヨン[112]の娘婿となっている男がムンツァケンにいて、名をサトーマンパヤー[113]と名乗っていました。

110　西暦1360年。

111　タガウンのこと。

112　サガイン王アティンカヤーソーヨン（西暦1315年—1323年）のことか。

113　インワ王サトーミンピャー（西暦1364年—1368年）のことか。

スーカーンパ軍の攻勢

ツァオサトーマンパヤーは、兵が大量にやって来てウェンタコンを攻撃し、完全に破壊したのを見て怖くなり、誰よりも先に逃げ出しました。ツァオスーカーンパの軍はウェンタコンを破壊した後、そのまま下ってウェンツァケン攻撃に向かったので、クンホーカムスィーハパテーはそこにいることができなくなり、ツァオサトーマンパヤーの後を追って逃げ出しました。クンホーカムスィーハパテーの従者と武器は少なく、王とその従者は離れ離れになってしまいました。そこでツァオサトーマンパヤーはツァオスィーハパテーを捕えて殺害してしまいました。

スーカーンパ軍のビルマ攻撃

スーカーンパの大軍はムンツァケンを破壊した後、イラワジ河を渡って南の方に進み、ウェンパーンヤ[114]を攻撃してパーンヤの王ナーラスー[115]を捕えてムンマーオに戻って来ました。ムンパーンヤのナーラスー王はモーパーマン[116]と呼ばれていました。

114 ピンヤのこと。

115 ピンヤ王ナラトゥー(西暦1359年—1364年)のことか。

116 モーパーミン。

中国の来襲と星占いを使った計略

この後ビルマではツァオサトーマンパヤーが王となりました。ツァオロンスーカーンパは七二二年[117]にビルマを撃ち破りました。七二三年[118]になって、中国の大軍がマーオ川の北にあるウェンツェラーンにいるツァオスーカーンパに攻撃をしかけてきました。そのとき、中国の指揮官はウェンツェラーンを占領するための計略を考え、一人の星占いに伝えました。その星占いには、ウェンツェラーンに住んで、他の人が町から逃げ出すように仕向けるよう命じました。そこで中国人星占いはウェンツェラーンに来て、家を建てて住み込みました。

117 西暦1360年。

118 西暦1361年。

星占いに基づいて建都

ツァオロンスーカーンパは中国人星占いを呼んで、国のこと、自分のことについて聞き、これから先どうであるのか、よいのか悪いのか尋ねました。そこで中国人星占いは、いろいろと占って「このツェラーンの町には、これから先、平穏で有名になるような点は何もありません。」と言いました。そこでツァオロンスーカーンパは「では、どこかに平穏で、町を造るにふさわしい場所があるか占ってみてくれ。」と言いました。星占いは占ったうえで「ここから北に二、三テン[119]の場所で、マーオ川の北側に町を造れば、銀、金の出る井戸が町の真中にあります。これまでよりもずっとよく、何百倍、何千倍も有名になります。」と答えました。ツァオロンスーカーンパは「分かった。」と言いました。七二五年[120]に至り、ウェンツェラーンを出てウェンターソップウーを造営しました。この町を造るに当たり、中国人星占いは、予め土の中に隠しておいた金の鍋を掘り出してツァオロンスーカーンパに見せました。そこでツァオロンスーカーンパは「占いの通りだ。」と言って、とても喜びました。

スーカーンパの支配地域

ツァオスーカーンパの生涯については、その権力は他の誰よりも強く大きく、その支配地域はムンセー、ヨンサーン、ムーアーン、ムークワーン、ムンクン、ムンロンパースートン、ムンラプン、ラコン、ケンフン、ケンハーイ、ケンセン、ケンマイ、カウィラテン、ツァーンパーイポー、パーンヤ、アーンワ、ツァケンからムンウォイサーリーロンにまで及び、これらの国々は毎年税を納め、服従していました。ツァオロンスーカーンパは五十三年間王として君臨し、七十三歳になった七二六年[121]、タイ暦プックイーの年に亡くなりました。

父親のスーカーンパが亡くなった後、息子のツァウペムパが後を継いで七二六年[122]に即位し、スーペムパと名乗りました。ツァオスーペムパには男の子が一人おり、クンターイペムと名付けていました。ツァオスーペムパは二年間の統治の後、七二八年[123]に亡くなり

119　１テン＝約２マイル。

120　西暦1363年。

121　西暦1364年。

122　西暦1364年。

123　西暦1366年。

ました。

ツァオスーペムパが亡くなった後、官僚たちはその子のツァオターイペムを王として擁立しました。彼は同じ七二八年[124]に王として即位し、スーワークパと名乗りました。しかし、この王は品行が悪く、住民に対して圧政を行い、動物を虐待したので、その父の弟であるツァオクングックケウパはツァオスーワークパのこうした行動を嫌ってビルマに逃げて行き、ムンアーワのツァオサトーマンパヤーのもとに身を寄せました。

スーワークパは十五ヵ月間統治しました。クングックケウパが出て行った後、住民たちはスーワークパの行動を嫌い、皆でスーワークパの首を切り落とし、殺害してしまったのでした。クンターイペム即ちスーワークパが亡くなった後、官僚たちがムンアーワに出向いて、クングックケウパに、国に戻って王に即位するよう要請したので、彼は国に帰って即位し、ツンパと名乗りました。しかし、わずか五ヵ月間の統治の後、気が狂い、武器を取って自殺を図り、七三〇年[125]にスーツンパは亡くなりましました。それからはムンマーオには王がいなくなりました。

そこで高官のターオパスーイェン、ターオパロー、ターオスーハーンカーイと官僚たち皆が集まって相談し、「ツァオスーカーンパの御世に、ムンレンの王の子であるナーンパカーンカムサウが妊娠していたが、ツァオロンスーカーンパがその女を叱ったので、彼女は中国へ逃げて行ってしまったことがある。彼女はまだいるのだろうか、それとも、もういないのだろうか。我々はそれを調べてみるべきだ。」という話になりました。

品行の悪い王の即位と王族の内紛

124　西暦1366年。

住民による王の殺害

125　西暦1368年。

王女を探すことに

亡き王女の子が即位を拒む

そこで高官のターオスーイェンとターオスーハーンカーイの二人を先頭に、住民たちは彼女を探してムンセー、ヨンサーンに上って行きました。ナーンパカーンカムサウは既に死亡しており、その息子のツァオクンカムだけがいて、中国人の妻と結婚し、クンプーコーという名の男の子が一人いました。そこで官僚たちは、住民と一緒になって、クンプーカムを連れ戻そうとしましたが、「私は王にはなりたくないので国には戻りません。しかし、私の息子のクンプーコーを行かせてあなたがたの王とさせましょう。」と言いました。

スーカーンパの曽孫が即位

そこでクンプーコーは、官僚たちと一緒に中国を離れ、ムンマーオに到着し、七三一年[126]、タイ暦のカープサンの年に即位し、名をスーホムパと変えてウェンターソップウーに居を構えました。

126 西暦1369年。

スーホムパとタイ諸国王の覇権争い

そこで、タイ諸国は皆贈り物を持ってツァオロンスーホムパに会いに来ました。ところがムンヤーン、ムンコン、カレー、ウェンスー、ムンクン、クワーイラムといった西方に位置する諸国は、しきたりに従って贈り物を持って来ることを拒んだので、ツァオスーホムパは使者を派遣して二度、三度と呼び出しましたが、それでも拒み続けたので、七三二年[127]に至って、ツァオスーホムパは武器を揃え、兵を大量に集め、高官のターオスーイェン、ターオパロー、ターオスーハーンカーイに命じて、兵を率いてムンヤーン、ムンコン、カレー、ウェンスー、ムンクン、クワーイラムを攻撃し、これら諸国を破壊するよう指示しました。

127 西暦1370年。

スーホムパが勝利し、諸国を属国に

高官のターオパローとターオスーハーンカーイは兵を率いてマーンモー、ムンヤーンを撃破してムンコンに達しましたが、ウェンムンコンで迎え撃ちに会い、スーホムパ軍は敗れて、退却を余儀なくされました。

西部諸国軍はそれを追撃し、ムンナー、ツァンター、ムンサー、ムンワンを次々と焼き払って破壊しました。そこでスーホムパはタイ諸国の兵を大量に招集して反撃し、ムンコン、ムンクン、クワーイラム、カレー、ウェンスー、ムンヤーンを攻撃しました。これら諸国は敗れ、属国となり、毎年税を納めるようになりました。

スーホムパの女遊び

ここで高官のターオパローと兵の一部はウェンムンヤーンに守護のために居残り、一方、高官のターオスーハーンカーイと兵の一部はムンコンに守護のため残りました。その後ツァオパロンスーホムは高官ターオパローの妻に会いに行ったところ、彼女に心を引かれ、忘れ難くなってしまいました。そこでツァオスーホムはマーオ川に橋を渡し、その橋を水に浸るように作らせ、川のそばに市場を作りました。王とその使用人は小屋を作ってそこからほどないところに待機し、女性が橋を渡って市場へ行くのを覗き見し、腰布をたくし上げて渡る女性で、綺麗な人を見つけた場合、人に命じてその女性を呼んで来させ、彼女と事に及びました。女性を解放するときには、一人ずつお金を取り出して一.二五チャットを与え、女に口止めをして、もし誰かが尋ねたら、王様とその夫人から呼ばれて宮殿の垂木を数えるように言われただけで、他に何もしていません、と答えなさい、と命じました。

スーホムパが部下の妻に手を出す

このようにして一年が過ぎたある日、ターオパローの妻ナーンツォーサーが市場へ行こうとして橋を渡っていたとき、王はすぐにそれを見つけて、人を使って呼びに行かせ、彼女と事に及びました。他の女に対する場合と同じように、お金を取り出して渡し、口止めをして、もし誰か尋ねてくる人がいたなら、王様が宮殿の垂木を数えるように言った、と言いなさい、と命じました。このように口止めをした後、ナーンツォーサーを解放しました。ターオパローの妻ナーンツォーサーは、解放されるとすぐに家に帰り、皆に「王様が私たち女性を呼んで宮殿の垂木を数えさせたと言うのは全くの嘘です。私については、解放されるまでに、王様はしてはならないことをしました。」と話しました。このように声高に騒いだので、この話は国中に広まってゆきました。ナーンツォーサーはまた、毎日毎晩人を使ってムンヤーン・ムンコンにいる夫のターオパローに知らせに行かせました。そこでターオパローは兵と一緒にムンマーオに戻りました。住民の方はといえば、揃って逃げ出し、ウェントゥーのツァオロンターオカーンムンのもとに来て、「我々はいろいろと話があって来ました。」と言って、「スーホムパについて、その行為は妻をおとしめ、子をおとしめ、全ての住民をおとしめるものです。南の国から北の国まで協力してムンマーオに戦いを挑み、ツァオスーホムパを捕まえてください。」と言いました。そのような事態になる前にツァオスーホムパは逃げ出してしまい、所持品と象は全て持ち去り、住民は半分を連れて行きました。

逃亡したスーホムパに代わりスーイェップパが即位

ターオカーンムンはといえば、スーホムパが逃げ出したので、ムンマーオでは、王の側近や王族から平民までがターオカーンムンを迎え、スーイェップパと名を変えてムンモックカーオマーオロンの王に就位しました。時は七三三年[128]のことです。

128　西暦1371年。

スーホムパが中国に印鑑を持ち出す

ツァオスーカーンパの時代に使っていたスターサファイヤの印鑑は、ツァオスーホムパが持ち出して、中国に着きました。そこでウォンテーホーセンはその印鑑を取り上げました。ツァオターオカーンムンがスーイェップパと名を変えて即位した後はウェンプーカムに住んでいました。ウェンプーカムという名前については、パガンのツァオノーラター[129]が仏歯を求めてムンウォンへ行った帰りに、ムンマーオに立ち寄り、その場所に泊まったことからムンプーカムと呼ばれるようになったものです。

129　アノーラターのこと。

スーホムパがクンロンムンセーに助けを求める

130　西暦1371年。

七三三年[130]にスーホムパは中国に逃げ去り、ウェンムンセー・ツントゥーに着き、贈り物を用意して、クンロンムンセーに会いに行ったとき、クンロンムンセーが「お前はどのような理由で来たのか。」と尋ねたので、スーホムパは「今、ムントゥー・センウィーのツァオパターオカーンムンが大軍を率いてやって来て、国全体を川から陸から攻撃してきたので、私はこれに応戦することができず、あなたの町に来たのです。」と答えました。

スーホムパのうそを見抜いたクンロンムンセー

そのとき、クンロンツントゥーは「スーホムパよ。商人たちが私に言ってきた話によると、そういうことではなく、お前は不実を働き、人妻や子供に猥褻行為を行ったので、住民たちはお前を嫌って追い出した、と聞いている。お前は正直に話しなさい。」と言いました。そこでスーホムパは「それはその通りです。」と答えました。

スーホムパがムンセーの王の心をつかむ

そこでムンセーの王は「スーホムパよ。今、お前は真実を隠さず言ってくれた。お前は今、象四頭、金四ツォイ、銀四十ツォイ用意できるか。」と尋ねました。スーホムパは「はい、できます。約束しましょう。」と言って、象四頭、金四ツォイ、銀四十ツォイをムンセーの王に差し出しました。

スーホムパが中国皇帝に仕えることに

そこでムンセーの王は「スーホムパよ。この贈り物はツァオウォンテーホーセンに持って行きなさい。そして、もしツァオウォンテーホーセンがムンマーオの王であるお前スーホムパがどのような支援を求めてやって来たのか、と尋ねたら、私ことムンマーオのツァオスーホムパはツァオウォンテーホーセンの栄光を称え、その栄光に日夜おすがりしたいと考えて、象四頭、金四ツォイ、銀四十ツォイの贈り物を持ってツァオウォンテーホーセンのもとにお伺いいたしました、と答えなさい。また、贈り物を献上した後、ツァオウォンテーホーセンのもとに仕えなさい。」と言って、この通りにすることを求めました。そこでスーホムパは贈り物を全て持ってツァオウォンテーホーセンのもとへ行き、それらを献上しました。ツァオウォンテーホーセンが質問してきたときには、ムンセーの王が言った通りにいろいろと説明し、彼のもとに仕えることになりました。

ムンセーの王が皇帝にスーホムパ支援を要請

その後ムンセーの王は「あなた様にお仕えするムンセー・ツントゥーの王である私から、ツァオウォンテーホーセンにお願い事があります。ムンマーオの王であるスーホムパがツァオウォンテーホーセンの栄光におすがりしたいと考えて、小象と金銀の贈り物を準備し、ツァオウォンテーホーセンのもとへ持って行きました。スーホムパが国を離れてここにやって来たのは、彼の背後からムンセンウィーのツァオパターオカーンムンが兵を率いてスーホムパの国や住居を占領したからです。ツァオウォンテーホーセンの栄光でもってスーホムパがもとのところに戻れるようにと、私ツントゥー・ムンセーの王からお願い申し上げます。」と手紙を書きました。こうしてムンセー・ツントゥーの王は、使用人にこの手紙を持たせて、ツァオウォンテーホーセンに届けました。

　ツァオウォンテーホーセンはムンセーの王からのこのような手紙を読んで、ワーンスンペン将軍と五十万の兵をツァオスーホムパに付けてムンセーに向かわせました。ムンセーの王はそこに三十万の兵を加え、ワーンスンペン、スーホムパと共に八十万の兵を率いてムンマーオに到着しました。

中国皇帝が要請に応える

　そのときツァオターオカーンムンと官僚たちは、中国軍がやって来たのを知り、九十万の兵を集めて抗戦しました。そこでワーンスンペンは人を遣わしてターオカーンムンに「お前がスーホムパの国土、住民、住居を占領しているのは何故なのか。」と尋ねました。

中国軍司令官の計略

　これに対してターオカーンムンは「スーホムパはその行動が不徳で、住民たちの子供や妻たちに猥褻な行為を行ったために、人々が彼を嫌ったのです。彼が逃げて行ったので、私が来て、住民たちのために町や国を再生し、ターオカーンムン王として君臨しているのです。」と答えました。ワーンスンペン将軍は「分かった。スーホムパが、ツァオウォンテーホーセンにお前が悪いと言ったんだと思うが、もし彼がお前の言う通りだとするならば、象八頭、金八ツォイ、銀八十ツォイを我々に渡してツァオウォンテーホーセンに届ければ、お前は穏やかに過ごすことができる。ただお前たちが贈り物をするだけで、我々は戦争をせず、矛を収めることができるのだ。」と言いました。そこで双方は和解し、お互いに協力して王の休憩所を作り始めました。ターオカーンムンの方は、贈り物を用意してワーンスンペンのもとに戻って来ました。クンロンワーンスンペンは銀、金、小象について、その内容をいろいろと伝えていました。クンワーンスンペンが要求

ひとまず和議が成立

したこうした贈り物については、全てをワーンスンペンに差し出し、相互に行き交いながら過ごしていました。

計略が奏功

クンロンワーンスンペンは、ターオカーンムンに座らせるために脚の傾いた椅子を作って、毎日自分の近くに座らせていました。それで椅子は倒れることはありませんでしたが、ある日、中国側の司令官[131]がカーテンを持ってきて仕切りを作り、スーホムパを隠しておき、それから椅子を置いてターオカーンムンを自分の近くに座らせ、言葉を交わしていました。そのとき彼は合図をして、スーホムパをカーテンの中から呼び出しました。そこでスーホムパはターオカーンムンの肩を押さえて「なあターオカーンムン。我々兄弟は何も喧嘩しているわけではないので、お前は俺の住居の近くに来たんだよな。」と言ったところ、ターオカーンムンは転んでしまい、倒れたところで、ワーンスンペンが刀を抜いてターオカーンムンの首を切り落としました。

131　クンロンワーンスンペンのこと。

スーホムパがムンマーオ王に復帰

七三四年[132]にスーホムパをもう一度王とし、ムンプーカムに住まわせました。ターオカーンムンの子クンカムテットパは、ムンマーオで中国側の司令官が父親を殺害したことを知りました。クンカムテットパは怒って「自分の父親は中国側の司令官がムンマーオで殺してしまった。やつらはきっと自分を探しに来るだろう。」と考え、住民の半分を引き連れて七三四年[133]ウェンセンウィーを出て、カーンムンテットで休憩し、そこでムンヨーの役人に「自分はしばらく国を離れるが、息子のクンアーイはナーンマーンマーク[134]の子です。ムンヨーの役人であるお前と一緒にムンヨーでしばらくの間生活させておいてください。私はいろいろ

132　西暦1372年。

133　西暦1372年。

134　側室。

な物を持って、一緒に連れて来た人と共に、しばらく留守にします。もしこうして逃げなければ、中国の司令官が私を捕まえに来るので逃げるのです。」と言って、ツァオロンカムテットはマーンカーンムンテットを離れ、サルウィン河に沿って下り、ケンパ、ケントンに着き、そこからサルウィン河を渡ってサルウィン河に流れ込むナムテン川の河口にたどり着きました。

皇帝がムンマーオとセンウィーの境界を定める

それから間もなく、中国人の司令官が兵を率いてカムテットパを捕まえに来ました。ツァオカムテットパは南部、中部諸国の兵を集めて、ウェンケントンで中国軍を迎え撃ちました。中国軍は敗北し、ツァオカムテットの軍は中国軍をムントゥーまで追いかけ、毎日毎日戦闘を続けました。中国側の司令官は使者を送ってツァオウォンテーホーセンに知らせました。使いの者はツェーカーンの役人で、ツァオウォンテーホーセンに事の次第を伝えました。そこでツァオウォンテーホーセンはその使いの者に質問したので、ツェーカーンの役人はツァオウォンに「ムンマーオロンの境界はナムマーオで、この川が国を分けているのです。」と答えました。そこでツァオウォンテーホーセンは、使者として来たツェーカーンの役人が伝えてきたことに基づき、命令を下して国璽を押し、七三五年[135]にムンマーオに届けました。ツァオウォンが下した命令に従って、曲がっているところは曲がったままに、真っ直ぐなところは真っ直ぐに、そのまま川に沿って、南の部分は全てカムテットのものとし、北の部分は全てスーホムのものとすることになりました。

戦争をやめ和解

この後双方は戦争を止め、和解しました。中国兵とワーンスンペンは皆撤退し、スーホムパとカムテットパの二人は双方の国に戦争を止めさせ、和解しました。

135　西暦1373年。

ツァオウォンテーホーセンは川と土地を分配して紛争を収めました。ツァオカムテットパはサルウィン河に流れ込むナムテン川の河口の場所を離れ、ムンクンのロイツァーンで一年を過ごした後、七三八年[136]にターポックスィーポに着いて宮殿を建設しました。

136　西暦1376年。

タイの南部をツァオカムテットパが支配

ナーンパホムムンはツァオパーンノイとツァオターオカーンムンの姉であるナーンイェークンとの間の子供です。今、タイの領土はナムマーオ川の南側は、その南部、中部からサトゥン・ムンパーイまで、全てツァオカムテットパが支配することとなりました。ツァオロンカムテットパには男の子が五人と女の子が一人いました。男の子としてはクンアーイロン、クンカムペムパ、クンカムプット、クンカムフン、クンカムワートがあり、女の子としてはナーンパカムフンがあって、いずれもナーンパロンホムムンとの間の子供です。

ツァオカムテットパの子が王位を継承

クンアーイは父親がムンヨーにいるよう命じて以来、父親のもとに来て一緒に暮らすことはなく、ムンヨーに留まっていました。ツァオロンカムテットパは十五年間在位[137]し、七五一年[138]に亡くなりました。父親が亡くなった後、その子のツァオカムペムパが全土の王として即位し、ウェンムンクーを造営して遷都し、そこに二年間住みました。その後更に、ウェンケンルンを造営して遷都しました。

137　計算が合わない。
138　西暦1389年。

亡き王の妻が王統を断絶

ツァオカムペムパには子供がなく、王に即位して三年後の七五四年[139]に亡くなりました。その後、弟のツァオクンカムプットが後を継いで王となりました。ツァオクンカムプットには男の子が二人おり、一人はクンカムフンオンと名付け、もう一人はクンカムワートオンと名付けていました。ツァオカムプットは即位して二年後の七五六年[140]に亡くなりました。そこで官僚

139　西暦1392年。
140　西暦1394年。

たちは協議して、ツァオロンカムテットパの子供でクンカムフンとクンカムワートの二人を即位させようということになりましたが、ツァオナーンパホムムン[141]はそれをきらい、二人の兄弟を捕まえて、首をはねて殺してしまいました。

141 ツァオカムテットパの妻。

女性の王が誕生

　この国には王がいなくなり、七五七年[142]にナーンパホムムンが全土の王となりました。ナーンムンは十年間在位しましたが、女であるため、これから先、王としてふさわしくないのではないかと危惧していました。そこでナーンパホムムンと重臣のターオパンパンムン、その他の官僚たちは、使者を出してムンヨーのクンアーイを呼び寄せようとしました。しかしツァオナーンパホムムンが弟のカムフン、カムワート兄弟の首をはねて殺したという噂を聞き及んでいたので、彼はとても怖くなりました。「父親のツァオロンカムテットがムントゥーを出て、ムンケットのナムマーンカーンに着いたとき、ムンヨーの役人に、息子と一緒にこのムンヨーで農業をして生活するように、と言ってあるので、私はここに留まります。今ここを離れるのはよくありません。」と言って、更に「今、母親のナーンホムムンが私を呼び戻そうとしていますが、そのようなことはさせないでください。」と使者に告げました。使者が帰ってこのことを報告すると、ナーンパホムムンは承知せず「何も危害を加えるようなことはしません。あなたの額と目はツァオロンカムテットパにうりふたつです。今、国には王がいないので、息子のお前が来て全土の王になってください。」と言いました。ムンヨーのクンアーイはもうこれ以上の抵抗はできず、戻って来てムンクーで全土の王として即位しました。七六七年[143]ナーンホムムンとツァオクンアー

142 西暦1395年。

143 西暦1405年。

イは、王族や住民を皆引き連れて、ムントゥーに戻って来ました。ツァオカムプットの子クンカムフンオン兄弟二人は、父親の母であるナーンパロンホムムンの栄光に頼っていました。

センウィーがビルマに降伏

ナーンパホムムンとムンヨーのクンアーイはムントゥーに戻って来てから、ツァオノイサーンパの子スーワーイパとツァオナーンパホムムンの娘ナーンカムフンを呼んで結婚させ、ムンターポックスィーポの王に就位させました。七六八年[144]にナーンパホムムンとクンアーイロンに王族、住民たち皆がムントゥーへ行ってロイツァーンの頂上に町を造り、ツァオクンアーイにツァオロンカムカーイパの名を与えました。この名前から町の名称をウェンカムカーイと名付けました。

この頃ムンアーンワではメンキョーキー[145]が王となっていました。アーンワとプーカムは一緒になってセンウィーを攻撃してきたので、ツァオパロンカムカーイパは兵を集めて抗戦し、九年間戦いました。それで住民たちは何も仕事ができなくなり、至る所で飢えに苦しむことになったので、官僚たちはツァオロンカムカーイパに「もうこれ以上戦えません。住民たち皆が哀れです。仕事がなく、飢えに苦しみ、多くの人を失っています。我々は降伏しましょう。」と言いました。そこで七七八年[146]、タイ暦コットスィーガの年にムンセンウィー・トゥーはビルマに降伏しました。

ビルマによるセンウィーの弱体化

その頃ビルマではポーラーツァーの治世で、この王は頭がよく、ムンセンウィーに脅威を抱いていました。「センウィーは小国を集めて大きくなってきたので、勝ったとはいっても油断はできない。」と言って、タポン、タワーンの地域をおだてて彼らに高い地位を与え、南[147]に呼び出して分離させ、それぞれの地域を属

144　西暦1406年。

145　ミンジョージー、ミンジーズワーソーケー（西暦1368年—1401年）か。

146　西暦1416年。

147　ビルマのこと。

国として税を払わせることにしました。このようにして頭[148]をセンウィーから切り離しました。センウィーの属国は六ヵ国だけとし、この六ヵ国は小国であるために力を持ちえず、人も少ないため、全てセンウィーに残しました。この他には、象係、馬係、宮殿係のみを残しました。宮殿係とはムンノン、ムンヤイ、ナムカムです。ムンノンは垂木、垂木を支える棒、茅(屋根)の係りで、ムンヤイは柱の係りで、ナムカムは床の係りでした。

148 「主要部分」のこと。

センウィー王宮での諸習慣

ムンノンについては､その支配者たちに称号を与え､ヘンコンフン、コンフン、コンフー、コンカーイ、コンパート、コンセン、コンソンのようにコン[149]をつけて呼ばれ、いつも宮殿の周りにいました。

149 「コン」は垂木の意。

ムンヤイはヘンサオフー、サオフン、サオソン、サオセン、サオカムと呼ばれ、サオ[150]が付けられていました。

150 「サオ」は柱の意。

ナムカムはヘントンホン、トンフー、トンフン、トンソン、トンナーン、トンパート、トンセンの名が付けられていました。こうしたことから、ナムカム、ムンヤイ、ムンノンの三ヵ国は、安居が明けたときにはいつも贈り物を準備して、センウィー王に挨拶に来るようになりました。これは、彼らが宮殿係であり、センウィー王を敬っているからであって、このことが習慣になってゆきました。

センウィーと6属国の関係

一方、集められた六ヵ国、即ち、ムンスー、ムンツァーン、ケンルン、ムンパート、ムンイェン、ムンヨックは主人の言う通りになる属国ではなく、単に頭を下げるだけの属国であります。従って、安居が明けたときのカントー[151]では、センウィー王からの返礼品として、各国に銅の鍋一個、ラーイカーのびんろう箱を

151 主人、目上の人などに対し､献上品を差し出し、尊敬・感謝の念を表す儀礼。

一個、サンダル一足を与えました。こうした返礼がくり返され、六ヵ国の間ではこのようなことが習慣となってゆきました。

ビルマ王に税を納める

パガン兵とビルマ兵が帰った後、ツァオロンカムカーイパはコーカーンの老人、ムンヤイの老人、ムンノンの老人に加えて、六属国の王を呼び集めて相談し、米とお金を集めて、毎年ビルマ王に税金として納めることを決めました。しかしムンルンだけは加わりませんでした。そこで、ビルマ王はセンウィー王に兵を率いてムンルン攻撃を命じましたが、センウィー王は「ムンルンと我々はアーイソン、イーソン、サームソンの時代から父母を同じくする真の兄弟国で、アーイソンにはムンマーンルンを統治させ、イーソンにはセンウィーを統治させ、サームソンにはムンミットを統治させたものなのです。ムンマーンルンの人たちに我々に加わるように説得しましょう。もし彼らが従えばそれで結構ですし、もし従わなければ、そのときには攻撃すればいいのではないでしょうか。」と言ったので、ビルマ王もこれを受け入れました。

ムンマーンルンも税の供出を応諾

そこでセンウィー王はムンヤイの老人を使者としてムンマーンルンに対して、自分たちがビルマ王への贈り物として米とお金を集めているのに加わるよう説得しました。ムンヤイの老人が呼びかけたところ、ムンルンの人たちは承知し、彼らがセンウィー王のところに来て、お金の供出に加わったので、ビルマ王は攻撃しませんでした。このときから、ムンヤイはムンマーンルンの父母のような関係になりました。

ムンマーオと中国の争い

さて、ここでムンモックカーオマーオロンとスーホムパの話に戻ると、ツァオウォンテーホーセンが川と土地を分割して、それぞれの国を持たせたことは既に話しました。ムンマーオのスーホムには男の子が二人いて、長男はスーキーと名乗り、二男はスーガムと名乗っていました。ツァオスーホムパは前期に二年、後期に三十三年統治した後、七六七年[152]に亡くなりました。ツァオスーホムパの死後、ツァオスーキーパが七六七年[153]にムンマーオで即位しました。ツァオスーキーパの時代になって、彼は古くからの習慣があるにもかかわらず、それに従わなかったので、ツァオウォンテーホーセンが怒り出してしまいました。中国王の呼び出しに応じなかったので、ツァオウォンの方は益々怒りをあらわにして「二人の兄弟をこの中国に連れて来なさい。」と言いました。しかし、二人の兄弟はこれも受け入れず、人を集めて、中国人たちを追いかけて、たくさんの人を殺害したので、ツァオウォンの方は七七二年[154]、兵を集めてムンマーオを攻撃して来ました。中国側はスーキー、スーガーム側を撃ち破ることができず、スーキー、スーガームの方は中国軍を追撃してサルウィン河のほとりに追い詰め、たくさんの中国兵を殺害し、サルウィン河が血の海になってしまったほどでした。

152　西暦1405年。

153　西暦1405年。

154　西暦1410年。

中国皇帝がセンウィーに出兵を要請

そこでツァオウォンテーホーセンはワーンキャーンスィーに命じて、大量の増援部隊を送りました。スーキー、スーガーム兄弟の方も負けることなく、更に兵を集めてツァオウォンテーホーセンの兵を殺戮したので、ツァオウォンテーホーセンは手紙を書いてセンウィー諸国に命令を出し、「カムカーイパ、ナーンパホムムンよ。援軍を出してスーキー、スーガームと戦いなさい。二人の兄弟を捕まえなさい。」と命じました。そこでナーンパホムムンとカムカーイパは「援軍を出すべきだろうか。」と言いました。

ムンマーオもセンウィーに支援を要請

同じ頃スーキー、スーガーム兄弟も手紙を書いて使者に託し、ムンセンウィーロンのナーンホムムンとツァオロンカムカーイパのもとに届けました。手紙には「我々はクンルー、クンライの時代からずっと兄弟でした。また、これまでにツァオロンスーカーンパが、アーンワから北の方にムンセーロン、セーノイに至るまで国を広げたことで、共にツァオロンスーカーンパの家来となってきました。今、中国兵は悪い行動を取り、これまでの慣行を変え、より多くのものを要求しています。それで我々ムンマーオは戦っているのです。ムンセンウィーロンのツァオナーンパホムムンとツァオカムカーイパにはたくさんの援軍を出して欲しいのです。」とありました。そこでツァオナーンパホムムンとツァオカムカーイパが住民たちを加えて相談したところ、皆一様に「今、ツァオウォンテーホーセンが援軍を送るようにと言ってきたし、スーキー、スーガームの方も援軍を送るようにと言ってきている。では一体、我々はこのどちらを支援すべきだろうか。」と質問を投げかけました。そのとき、官僚、王、住民は皆「我々はどちらを支援しようか話し合ったが結論が出ない。そこで、神様を呼んでそのお言葉に従うことにしよう。」と言いました。

どちらを支援すべきかを占う

そこで「兵を出してツァオウォンテーホーセンを支援すべきでしょうか。」と言って、供物を用意して神に尋ねました。老人に白い服を着せて、神の祭壇の近くに行かせて願い事を言わせました。老人は「神様、今、我々はツァオウォンテーホーセンを支援すべきか否か、目に見えるようにお示しください。」と言って、口の中に水を含み、両方の手で両方の耳をふさいで祭壇を離れ、道を歩いて町に着き、そこで口の中の水を吐き出し、両方の耳を開きました。そのとき吠え鹿が二度鳴いたのが聞こえました。このしるしの意味を解釈すると、蛇の顔は吉で、吠え鹿の顔は凶であるとする古い言い伝えがあるところから、ツァオウォンテーホーセンを支援することは否であるとなります。

占いの不思議なしるし

この後、前と同じようにして、スーキー、スーガームを支援することは是か否かを神に告げて、答えを示してくれるように願い事をして、水を口の中に含み、耳をふさいで、町に戻って来て水を吐き出し、耳を開きました。このとき吠え鹿が四回鳴くのが聞こえました。そこで彼らは、二回は機の神の行いであり、四回は荒々しい豚の行いであるとする古い言い伝えに従って、このしるしを解釈しました。

占いの結果ムンマーオ側を支援することに

「初めはツァオウォンテーホーセンを支援すべきかどうかと神に聞いたのに対し、吠え鹿は二度鳴きました。今回はスーキー、スーガームを支援すべきかと神に尋ねたのに対し、吠え鹿は四回鳴きました。後にやったときが吠え鹿が四回鳴いて、回数が多かったので、我々はスーキー、スーガームを支援すべきだろう。」と言って、各国は兵を率いてツァオロンカムカーイとツァオナーンパホムムンのもとへ駆けつけました。ツァオロンカムカーイとツァオナーンパロンホムムンは、高官のターオパンパンムンと娘婿でスィーポ王のツァオスーワーイパに命じて、三万の兵を率いてツァオロンカムカーイのもとを離れて上って行かせました。そのとき、北の中国兵とその指揮官ワーンキャーンが兵を率いて下りて来て、スーキー、スーガームの兵と交戦になりました。このときはスーキー、スーガームは敗れて逃走し、ムンマーオの町は全て焼き尽くされてしまいました。スーキー、スーガームと住民た

センウィー側は戦わずして中国側より褒美をもらう

中国軍とタイ軍が共同作戦

ちは逃げ出し、マーンモーを通ってイラワジ河の上流に出、家財道具、テーブル、皿など、全てをイラワジ河に沿って流し、南のビルマに着きました。

中国軍は全てムンマーオに集結し、人を派遣してムンセンウィーの兵に「お前たちは何をしに来たのか。」と尋ねました。中国軍の指揮官ワーンキャーンがこのように尋ねたのに対し、スーワーイパとナーンカムフンムン側の人たちは「ツァオウォンテーホーセンが手紙を書いて、我々センウィー側に援軍に来てスーキー、スーガームと戦うように、と命じたので我々は来たのです。」と答えました。そのとき、中国の指揮官が大軍を率いて既にムンマーオに到着していました。中国の指揮官は「センウィーロンの人たちはツァオウォンの援軍の要請に対して、よく努力してくれた。」と言ってとても喜んで、「これから先、ムントゥー・センウィーと呼ぶことは誰にも許さず、プーパーンムンセンウィーロン[155]と呼ぶようにし、印鑑一個、先端にルビーのついた帽子一つ、それに、ベルトをあげるから使いなさい。更に、これから先、末永く食べていけるように、大きな車止め棒と、小さな車止め棒もあげましょう。」と言いました。

それから使者を遣わしてウェンカムクワーイラムにツァオナーンパホムムン、ツァオカムカーイパを迎えにやり、ムンマーオに連れて来ました。中国の指揮官と中国軍、センウィームーパーンのタイ軍、ナーンパホムムン、カムカーイパ、スーワーイパは一緒にムンマーンモー、コントゥンに向かいましたが、スーキー、スーガームに追いつくことはできませんでした。彼らは河に沿って、アーワに逃げて行ってしまっており、中国軍とタイ軍はムンワンの方向に戻り、サーンター、

155　椢(くぬぎ)の国。

ムンロン、モーポン、ムンメンに上って行きました。

そこでツァオウォンに報告したところ、ツァオウォンは、中国からタイに至るまであらゆる場所でスーキー、スーガームを捕えるべく戦闘を続け、また、どこかの国にたどり着いている場合には、その身柄を要求して捕えるよう命じました。全ての兵士がムンロン、ムンメンに集まって六ヵ月が経ち、七八〇年[156]になったとき、ワーンキャーンスィー、カムカーイパ、ナーンパーホム、スーワーイパと中国軍、タイ軍は皆ムンマーオに下りて来た後、そこを出発してムンイェンに至り、スィーポに進んでスムサーイに着きました。それからホーロイ、スィンコンに基地を築いて使者をウェンアーワに派遣し、スーキー、スーガームの身柄を要求しました。アーワ王と官僚たちは相談し、「もし二人の身柄を差し出さなければ、我々の国はそのために滅んでしまいます。」と言って、スーキー、スーガームを捕えて中国人に渡しました。スーキー、スーガームの二人は、自分の運命を悟り、スーキーの方は毒を飲んで自殺しました。一方のスーガームは生きたまま引き渡されました。

ムンマーオ王は自殺、その弟は捕らえられる

156　西暦1418年。

それで彼らは自分たちの国へ帰って行きました。ワーンキャーンスィーの軍はムンティン、クンマの方へ帰って行ったのに対し、センウィー軍の方は、パンパンムンとツァオロンカムホットパ[157]とその弟ツァオカムヨットパの二人の兄弟、ムンスィーポの高官スンロンカーンホーたちが中国の高官と一緒にムンセーロンに行き、一年以上経った後、自国に帰って来ました。

中国軍・タイ軍が帰国

157　カムカーイパの長男。

中国の高官ワーンキャーンスィーは七八〇年[158]に帰国し、スーキー、スーガームをツァオウォンに渡して「ムンセンウィーが大軍を出して支援してくれたので、

中国皇帝より褒美をもらう

158　西暦1418年。

御下命の仕事を完遂することができました。」と言いました。ツァオウォンテーホーセンはとても喜んで、大きな印鑑一個と少し小さめの印鑑一個を差し出し、ツァオパロンカムカーイに持って行ってやるように命じました。また、これから先、長くお金を集めて生活していくための車止め棒も持たせました。七八一年[159]に高官のパンパンムンと王の子供のクンカムホット、クンカムヨット、それにスィーポの高官スンカーンムンカムは、ツァオウォンテーホーセンから貰った報奨品を持ってツァオロンカムカーイパのもとへ帰って行きました。

159 西暦1419年。

ビルマの内紛からビルマとの戦争に

七八〇年[160]にムンプーカムでは、ツォームンニット王[161]とその甥のマンレーソイキャー[162]の二人がムンプーカムの支配をめぐって争い、マンレーソイキャーは争いに敗れ、子供、住民、家財道具を持って逃げ出し、ツァオロンカムカーイの庇護を求めて来ました。そのとき、プーカム王の軍が後を追ってやって来てツァオマンレーソイキャーの身柄を要求しましたが、ツァオロンカムカーイはその要求には応じず、兵を率いて交戦し、一年九ヵ月戦いました。そこで、ムンプーカムの王は「我々はマンレーソイキャーの身柄を求めてここに来ましたが、ツァオパロンカムカーイがそれに応じないのでは仕方がありません。しかし、一緒にここに来ている我が住民たちは、家族から離れて、あなたがたのタイ国に来ているので、彼らを国に帰したいのです。」と言いました。これに対してツァオロンカムカーイは「住民たちについては私は何も言うことはありません。彼らが帰りたいと言うなら、返せばいいでしょう。」と言いました。そこで双方は和解し、七八二年[163]にビルマ軍は全て引き揚げて行きました。

160 西暦1418年。
161 ソームンニット王（西暦1325年―？）のことか。
162 ミンイェーチョーズワー（西暦1440年―1443年）のことか。

163 西暦1420年。

ツァオカムカーイの二子が統治

その後、七八三年[164]、タイ暦ハーイチャウの年になって、ツァオロンカムカーイはウェンヌーロイを離れて下りて行き、ウェンレンの町を造営してそこに住みました。ツァオロンカムカーイパには男の子が三人おり、長男はクンカムホットで、二男がクンカムヨット、三男がクンカムロットと名付けられていました。クンカムヨットには父親がムンティンタウのウェントンケンを与えて統治させ、クンカムロットにはウェンクンマを与えて統治させました。

164 西暦1421年。

かつての女王も逝去

ツァオロンカムカーイパは二十三年間君臨して七九〇年[165]に亡くなりました。父が亡くなった後、ツァオクンカムホット[166]が継承して全土の王となり、ウェンレンに居を構えました。ツァオカムカーイの死後、六ヵ月が経った七九一年[167]にナーンパホムムンも亡くなりました。

165 西暦1428年。

166 長男。

167 西暦1429年。

センウィーとスィーポの争い

ムンセンウィーから分かれたムンマーンルンはセンウィー王の甥のカムテットがずっと統治していました。ツァオカムホットがセンウィー王になったとき、南から北までの諸国を全てウェンカムカーイセンウィーに呼び集めました。各国は皆集まって来ましたが、ムンスィーポだけはこの呼びかけに答えず、来ませんでした。そこでツァオカムホットは怒って兵を集め、スィーポを攻撃しました。川[168]の東側は破壊され、数多くの死者が出ました。そこでナーンパカムフンとその息子のスーコーパはムンポンタウ、プンルム、ムンノン、ヨンホイ、サトゥン、ムンパーイの兵を集め、これら三国[169]は一緒になってツァオカムホット軍と戦いました。ツァオカムホットはそこにいられなくなって逃げ出し、ムンクンマに行ってしまいました。そこで各国は皆、ナーンパカムフンとその子スーコーの二

168 ナムトゥー川のこと。

169 数が合っていない。

人に従うようになりました。

センウィー王が中国に支援を求める

ツァオロンカムホットはムンセーロンの中国人頭目のところへ行って事情を話しました。そのときムンセーの頭目はウークワーンスンと馬主百人、兵隊千人に命じて、ツァオカムホットをウェンカムカーイへ送らせました。その後そこを出て、ムンヘットに陣地を築きました。陣地を築いた後、ナーンパカムフンとその子の二人を呼んで話を聞きました。それから指揮官のウークワーンスンはクンカムホットパに「ナーンパカムフンとその子の二人はお前とどういう関係なのか。」と尋ねました。カムホットパは正直には答えず、中国の指揮官に対して「ムンスィーポと言えば本当は我々の属国なのです。」と答えました。そこで中国の指揮官は、翌日に双方を呼び出して話し合わせることにしました。

中国がセンウィーとスィーポの争いを仲裁

ツァオカムホットとムンセンウィーの官僚たちは中国の指揮官のところへ行き、先に部屋の前に着きました。ナーンパカムフンは部屋に遅れて到着しました。そこでツァオカムホットは「ナーンパカムフンムンおばさん。お元気ですか。」と尋ねました。ナーンパカムフンは「元気だよ。だけどお前は王族を汚してしまったんだよ。」と応じました。

ナーンパカムフンは中国の指揮官に「私はツァオロンカムテットパの正室ナーンロンパホムムンの娘です。クンアーイムンヨー、即ち、ツァオカムカーイパはツァオカムテットパの側室ナーンマーンマークの子供です。このカムホットはツァオカムカーイパの息子です。ツァオカムカーイパが亡くなった後、私の母のナーンパホムムンはクンアーイの後見人となって国を治め、名をカムカーイパと改めたのです。スーキー、スーガームロンがウォンテーホーセンの軍を前に、ムンマーオから退却する段になり、私と私の夫ツァオスーワーイパと兵千人はウェンカムカーイに上って行き、私の母のナーンパホムムンとこのカムホットパの父ツァオカムカーイは、兵を率いてツァオウォンテーホーセンに従い、ムンマーオばかりでなく、マーンモー、コントゥンから、ツァンター、ムンロンに至り、更にスーキー、スーガームを追跡して下流の国[170]まで同行し、その身柄を得て戻って来たのであります。彼[171]が、我々は彼らの属国であると言っていますが、どうしてそのようなことが言えるのでしょうか。」と言いました。そこで中国の指揮官は双方に非難を止めさせ、和解を勧めました。ナーンパカムフンは更に続けて「私の領土は、この川の東側を私の甥のパカムホットが全てめちゃくちゃにしてしまいました。ナムマ、ノンモン、ツァラーン、パーレン、ムンツィット、ホートゥーは全て私の父ツァオロンカムテットパがまだ存命中に、その土地と住民と資本[172]を私に譲り渡したものです。」と言いました。そこで、中国の指揮官は真中から半分に分け、ナムマ、ノンモン、ノンクワーイ、ノンポをナーンパカムフンにあげ、双方は和解しました。

170 ビルマのこと。

171 カムホットパのこと。

172 お金のこと。

ツァオパロンカムホットの統治

中国の指揮官はムンセーへ帰って行きました。時に七九二年[173]のことでした。ツァオパロンカムホットには男の子が二人と女の子が一人おり、長男はクンカムワート、二男はクンカムヒップと名付け、一方、女の子にはナーンハーンクンツォーの名を与えていました。ツァオパロンカムホットは十一年間統治し、八〇二年[174]に亡くなりました。父王の死後、その子ツァオクンカムワートがウェンレンで即位し、その後ウェン

173 西暦1430年。

174 西暦1440年。

レンを出てスーナムヘウ・ポントゥーを造営し、その後ウェンソップタートあるいはウェンナーンアイと呼ばれるようになりました。

王の妹とナカーとの出会い

ツァオカムワートパの治世の八〇五年[175]、王と同母の妹ナーンハーンクンツォーが食料と薪を探しに下りて行って田んぼの周りを歩き回っていたある日、クンナカーに出会いました。クンナカーは湖の中で泳ぎ回っていてナーンハーンクンツォーが田んぼに沿って歩いているのを見つけました。クンナカーは、この若い女たちの後をつければ、彼女たちは必ず自分に気付くだろうと考えました。もし自分が人の姿になって話しかければ、彼女たちは前世に出会ったと言うであろうと考えて、クンナカーは綺麗な姿に化けて「おばさんたち、あなたがたは何を探していらっしゃるのですか。」と話しかけました。ナーンハーンクンツォーら三人は、ナカーの男の言葉を聞いて「私たちはおばさんではありません。私たちはまだ独身で、連れ合いはおりません。」と言いました。そこでナカーの男は「もし一人身でご主人がいらっしゃらないのなら、私たちは一緒になったらどうでしょうか。」と応じました。ナーンハーンクンツォーの友達である二人の女は「あなたの先祖はどこの国の人ですか。いま、あなたは私たちと一緒にならないかとおっしゃいましたが、私たちの方はそうはゆきません。」と答えました。

175　西暦1443年。

二人が恋仲に

ナーンハーンクンツォーサーはちょっと見ただけで、すぐにこれは前世の再来だと感じ、この人に愛情を感じて、とても好きになり、「あなたはどこの国にいるのですか。誰の子供ですか。平民ですか、それとも金持ちの子供ですか、あるいは奴隷を持つ王様ですか。私たちはまだ知らないのです。」と尋ねました。

そこでクンナカーは「私たちは平民の家系ではありません。王の家系です。ところで、あなたは支配者階級の家系ですか、それとも王様の子供なのですか、私に教えてくださいませんか。」と言いました。ナーンハーンクンツォーは「私はツァオプンムンセンウィーロンの妹です。」と答えました。これで二人は意気投合し、将来を約束し合いました。夜になってクンナカーは布団と枕を交換しました[176]。クンナカーとナーンは話し合い、彼女は彼がクンナカーであることが分かりました。約束に従ってセンウィー王に自分を貰い受けに来るように言ったので、クンホーカムナカーはすぐに国へ戻って、官僚と使者に命じて、金と反織物を贈り物としてツァオロンカムワートパのもとへ届けさせ、女を請い求めました。

176 男女が親密な関係になること。

センウィー王がナカーの要請を拒否

ツァオロンカムワートパはこれを承知せず、二度、三度と断られました。そこでクンナカーは再度ツァオカムワートパをその宮殿に訪ね、官僚ともどもいろいろな提案をして、女を請い求めました。「あなたの国には私が鉄の城壁を一層、石の城壁を一層造りましょう。地面を平らにし、サルウィン河にはダムを作ってあなたの町を水壕が取り囲むようにしましょう。宮殿を造ってあげましょう。」と提案しましたが、ツァオパカムワートはそれでも承諾しませんでした。クンナカーは帰って行き、ツァオカムワートと官僚たちは使者を出してムンコンの王を呼び、女に求婚させ、彼にあげてしまいました。ツァオパムンコンが帰路の途中マーンモーの近くに差し掛かったとき、クンナカーが現れ､地面が割れて二人はその中に落ちて行きました。そこでクンナカーは女だけを連れ去って行きました。

ラーンナー諸国のビルマ王への朝貢にセンウィー王が同行

ツァオロンカムワートは男の子がないまま二十年間

統治した後、八二二年[177]に亡くなりました。ツァオロンカムワートが亡くなった後、弟のツァオカムヒップがウェンソップタートで即位しました。ツァオパロンカムヒップの時代の八三二年[178]、ケンマイ[179]、ケンセン[180]、ケンハーイ[181]の三人の王が、使者を使って手紙を持たせ、ツァオロンカムヒップパのもとへ届けました。この三人の王はアーワのツァオマンタラー[182]に対して反乱を起こして敗れ、朝貢品を差し出す必要があったのですが、手紙には「私たちケンマイ、ケンセン、ケンハーイの三人の王は、ムンコーツァンピーの王様に、しばしお聞きいただきたくお手紙を差し上げます。今、私たち三人はムンアーワのツァオマンタラーに献上すべく贈り物を準備しましたが、怖くなって単独で出かける勇気がありません。それで、ここは一つ、ムンコーツァンピーセンウィーの王様におすがりするより他ありません。もしムンコーツァンピーセンウィーロンの王様が私たちを迎えに来てくださらなければ、私たち三人はビルマの宮殿に出かける気になれません。こうした事情から、私たち三人は手紙を書いて使者に託し、王様が私たちを迎えにおいでくださり、私たちを従えてムンアーワのツァオマンタラーのもとへ行ってくださるようにと、ムンコーツァンピーの王様にこうしてお手紙差し上げる次第です。」とありました。

ツァオロンカムヒップパはこのようにケンマイ、ケンセン、ケンハーイの三人の王が手紙を送ってきて、自分を招待したことを知り、兵、武器、士官、官僚たちを集め、ムンケンマイなどの王を迎えに行き、平らで小さな国[183]に着き、三人を連れてツァオマンタラーのもとへ行きました。時にモーニンマンタラー[184]がア

177 西暦1460年。

178 西暦1470年。

179 チェンマイのこと。

180 チェンセーンのこと。

181 チェンラーイのこと。

182 ビルマ王のこと。

183 ビルマのこと。

184 モーニンサトー王(西暦1427年—1440年)のことか。

ーワの王の時代でした。

そのとき、三人の王を連れて朝貢品を献上したところ、ツァオモーニンマンタラーはとても喜んで、東方の国の三人の王を歓迎し、たくさんの贈り物をあげました。また、ツァオマンタラーはセンウィーのツァオロンカムヒップに対して「今、東方の国の三人の王が自分に会いに来てくれてとても嬉しい。この三ヵ国の王様が自分たちの国に帰るとき、センウィー王のあなたから離れないように、一緒に付き添って彼らの国まで送り届けてください。」と言いました。ツァオロンカムヒップパはツァオマンタラーの命じたところに従って、三人の王の荷物、兵、武器を一緒に持って彼らを先導し、近道をするため山を通ってケンセン、ケンハーイ、ケンマイに着きました。

ビルマ王がセンウィー王にラーンナー諸国王の護送を要請

ツァオロンカムヒップがムンケンマイに着いたそのとき、ムンケンマイの王は至上の喜びを感じて、自分の妹のツァオナーンカムムンに象三頭、銀、金、反織物を付けてツァオロンカムヒップパと結婚させ、手厚くもてなしました。ツァオロンカムヒップパはケンマイ王からの贈り物を受け取った後、ウェンケンマイに二ヵ月間留まっていました。帰る日が近くなったある日、ツァオロンカムヒップは牛飼いのアーイに対して「我々が出発する日が近くなってきた。他の人たちにウェンケンマイはどのような町であるのか、また、町の中には何があるのか、十分説明できるように、町中を散歩してよく見ておこう。」と言いました。

チェンマイ王がセンウィー王を歓迎

そこでツァオロンカムヒップと牛飼いと若い男たちはウェンケンマイの町中をあちこち見て回り、町の南東の方に、大きなお寺と大きな仏塔を見つけました。そこでツァオロンカムヒップが「入ってみよう。」と

センウィー王がチェンマイの町を見物し、目にした仏像を持ち出す

言って、その大きなお寺に入って行きました。中に入って仏像が五体並んでいるのを見つけ、主従は「この国では精霊の像がある。ひとつわが国へ持って行って住民たちに見てもらい、もしこの像が本当によいものなら[185]、我々もこの国の人と同じように、この像を信仰しよう。もし何のご利益もないものなら、子供たちにあげて遊び道具にすればよいではないか。おい、牛飼い、それをひとつ抱き上げてみろ。それは木でできているのか、それとも他の何かで作られているものなのか。」と言いました。そこで牛飼いは進み出て、持ち上げようとしましたが、とても重く、それは木製ではなく、金属製でした。今度はツァオロンカムヒップが四体の像を手で持ち上げようとしましたが、とても重く、持ち上がりませんでした。しかし、一体だけは比較的軽いものでした。そこでツァオロンカムヒップはその比較的軽い方の像を持ち上げました。牛飼いは他人に見られないように、その像を布で包んで持ち出し、自分たちの宿泊場所に隠しました。それから二日後、朝早くにツァオロンカムヒップパは宿営地をたたみ、従者を集め、荷物を整理してウェンケンマイを出発し、帰って行きました。時に八三三年[186]のことです。

185 「ご利益があるものなら」の意。

186 西暦1471年。

不思議な仏像を捧持して運ぶことに

帰路にあたり、牛飼いは像を布で包んで馬の背中の後ろの方に吊るし、自分は前の方に乗っていましたが、しばらくするとその像は前の方に来ていました。このように、後ろに載せていても、いつのまにか前に来てしまうことが毎日くり返されました。そこで主従は「これは畏れ多いことだ。この像は、我々が後ろに置いてもすぐに前の方に移って行く。本当に畏れ多いことだ。国までぜひ持って運ぶべきだ。」と言いました。彼らは慎重に持って運び、一人ずつ交代しながら、持って国までたどり着きました。

祠に安置した仏像が逃げ出す

そこで彼らは「この精霊の像はご利益があるのかないのか、栄光が大きいのかそうでないのか、温泉の熱い湯の中につけてみよう。」と言って、温泉の熱い湯の中に持って行って沈めました。すると、湯はたちまち冷たくなったので、彼らは「ムンヨンのこの精霊の像はとても大きな栄光を持っている。」と言いました。そこでツァオパロンは官僚と住民皆に対して「この精霊の像は栄光が大きく、とても強いので、この像を怒らせてはいけません。国の聖木を切って祠を造り、豚を殺し、鶏を焼き、牛、水牛を供えなさい。」と言いました。そこで命令通りに精霊のための祠を造りました。夜になって仏像は逃げ出し、見えなくなってしまいました。

ツァオロンカムヒップパの子が即位

ツァオロンカムヒップパには男の子が一人いて、名をクンカムセンと名乗り、また、女の子が一人いて、その名はナーンカムナンと名乗っていました。ツァオロンカムヒップパは六十三年間君臨し、八十七歳になった八八五年[187]に亡くなりました。父王が亡くなった後、その子ツァオクンカムセンがウェンソップタートで即位しました。

187　西暦1523年。

ムンナーイ王がセンウィーを離れビルマに朝貢

このときのタイ国の領土は、ムンケン、ムンクー、ムンナー、ムンティー、ムンワン、ムンコン、ツェーパーン、ムンマーオ、ムンティン、クンマ、ロイムンレムの一部で、これらは全てムンセンウィーの属国となっていました。ムンスィーポと南の国々ついては、南部、中部の国は全て贈り物を持って来て、ムンノン、ヨンホイ、サトゥン、ムンパーイは全てムンセンウィーの支配下に入っていました。ただ、ムンナーイの王だけは承服せず、支配下に入ることを受忍しなかったので、ツァオロンカムセンパとタイ諸国、南部、中部の国全てがムンナーイに対して、ウェンセンウィーロンに来るように呼びかけましたが、来ることはなく、逆にムンナーイは贈り物を準備してビルマ王に差し出しました。ムンナーイ王がムンセンウィーに来ることを拒んだので、ツァオロンカムセンパはビルマ王のもとに使者を出して、ムンナーイ王の身柄を要求しました。そこで、ビルマ王はムンナーイ王に、戻ってムンセンウィーへ行くよう説得しましたが、行こうとはせず、ムンホーカム[188]を逃げ出してビルマ国内に身を隠しました。

188　アーワのこと。

ビルマ王がムンナーイ王をセンウィー王に渡して対価を要求

ツァオムンヤウマンタラー[189]はことの始終を知らなかったので、ムンナーイ王の贈り物を受け取っていました。そこで、ビルマ王は大軍を率いてパーテップ、ノンモンの小さな市場に着いて、そこからツァオロンカムセンパに自分の所に来るよう呼び出しました。ビルマ王はパーテップでムンナーイ王を捕まえてツァオパカムセンに引き渡し、彼に報奨を要求して言いました。「ムンセンウィーから出て来た弟[190]よ。ビルマ王の俺はここまでやって来てムンナーイ王を引き渡して事態を収拾した。さあ、ツァオパロンムンセンウィーにはこれに対する十分な報奨として何があるのか。」と。

189　ビルマ王のこと。

190　センウィー王のこと。

ビルマ王との間で贈り物を交換

ツァオロンカムセンパはビルマ王に答えて「私には立派な宝石が一個あり、求めに応じてムンナーイ王の身柄を引き渡してくださったことのお礼に差し上げます。」と言って、更に「私と同母の妹ナーンパロンカムナンを王様が自国から足を運ばれたことに対して差し上げます。」と言いました。こうしてセンウィー王はナーンパロンカムナンをビルマ王に差し出しました。ビルマ王はそのお礼として、大きな牡象二頭、牝象四頭を与えました。大きな牡象のうちの一頭は名前をソイパーンといい、もう一頭はソイツンといいました。

「我々の領土はくっついており、ロイスィンコンの頂上からムンノン、ヨンホイに至り、更に上ってムンクン、ラーイカーに至るまでは全てムンセンウィーの領土だ。俺は嫉妬など全然していないよ。」と言って、ビルマ王はナーンパロンカムナンを連れて帰って行きました。ツァオロンカムセンパは八八六年[191]に象を連れて国に帰り着きました。また八ヵ国の王は皆それぞれの国に帰って行きました。ツァオロンカムセンパは在位中、正室との間に男の子を一人もうけ、名をカムハーンパといっていました。また、側室との間の子として、母親が同じ二人の子カムスー、カムナンがあり、その他にはカムトン、カムワート、カムロットがいて、彼らは全て側室との間の子供です。

ツァオロンカムセンパの子どもたち

191　西暦1524年。

このときの王の正室はケンルン王の娘で、名をカーンカムレンといっていましたが、男の子がもう一人おり、名前をカムパークパといっていました。ツァオロンカムセンパには合計七人の男の子がいました。ツァオロンカムセンパは十九年間統治し、九〇三年[192]に亡くなりました。父王が亡くなった後、その子のツァオクンカムハームパがウェンソップタートで即位しました。

父王の死後、正室との間の子が即位

192　西暦1541年。

ツァオカムハームパの死後はツァオカムパークパが即位しました。ツァオカムパークパには男の子が三人おり、長男はクンカムケウ、二男はカムセンツン、末っ子はカムケンと名付けられていました。クンカムパークパが王の時代は国内の治安が十分ではなく、三日

センウィー国の治安が悪化

に一度、あるいは四日に一度、王が人を集めて武器を取ることがよくありました。こうして二、三年が経ち、王はいろいろな人を呼んで官僚たちのニュースを尋ねたり、父親の時代のことや、兄のツァオカムハームの時代のことなど、昔のことについて、彼らはどのようにしていたのかを尋ねました。どうだったのかという王の質問には、官僚たちが答えました。王は即位してから正室との間に三人の男の子をもうけました。一人はクンカムケウでもう一人はカムセンツンで、三人目はカムケンパです。九二一年[193]になって、父の妹で父親がビルマ王に献上したナーンパロンカムナンについて官僚たちに相談を持ちかけました。「今、自分が統治する時代となったので、自分は父の妹のナーンパロンカムナンをわが国に連れ戻したいのだが。」と言いました。官僚たちは皆「そのようなことをしてはいけません。向こうに嫌われるのはよくありません。」と言いましたが、彼は聞き入れることなく、大軍を集め、兵を率いてウーポー、ウーパンへ行き、更に、南の国々の南部、中部の兵も皆集めました。ビルマ王は使者を送って「ムンセンウィーの王よ。何事があって大軍を率いてこの国にやって来たのか。」と尋ねました。ツァオカムパークパは「私の父の妹ナーンパロンカムナンは、父の時代にあなた様に差し上げました。しかし、今、自分がセンウィーの王となって、その父の妹を返してもらおうとやって来たのです。」と答えました。

193　西暦1559年。

カムパークパが官僚の反対を無視、ビルマ王に対して父王が献上した叔母の返還を何度も要求

ビルマ王のもとへ使者を送って二度、三度と要請しましたが、ビルマ王は返すことをしないので、再度使者を派遣して「返してくれるならそう言ってください。また、返してくれないのならそう言ってください。」

と告げました。これに対してビルマの王や重臣、官僚たちが「いいだろう。ナーンパロンカムナンだけでなく、このことによってわれわれの仲が悪くなってはいけないので、象百頭、馬百頭、銀百ツォイ、金百ツォイ、侍女百人もあげよう。」とツァオカムパークパに約束して、矛を収め、仲直りしました。そこで、いろいろな食べ物を与え、象、馬、銀、金を二日に一度持って来たり、三日、四日、五日に一度、象一頭、二頭、銀一ツォイ、二ツォイなどと長期間に亙って持って来て、それが二、三ヵ月続きました。

センウィー軍がビルマ軍に敗れ、王は捕われ殺害される

この間、タイ側の人馬はこの地に長く留まっていたために病気になる者が出始めました。こうした事態が長く続き、逃げ出す者が出てきて、それがたくさんになり、兵力は衰えていきました。そこでビルマ王はタイ軍の兵員を数えさせ、全員の捕捉を命じました。タイ側の軍は皆逃げ出し、ツァオカムパークパとその子の身柄はビルマ軍が捕まえ、ビルマ王に差し出しました。ツァオカムパークパについては、ビルマ王が彼を殺害しました。しかしその子のツァオクンカムフーについては、ナーンパロンカムナンがビルマ王に「クンカムフーはセンウィー王の子供ではなく、私の孫になります。」と言ったので、ビルマ王はクンカムフーオンをナーンパロンカムナンにあずけ、彼女の手の中に置くようにしました。

ビルマ王がタイ諸国を攻撃

そこでビルマ王はナンタ将軍に命じて、武器を取り、兵を率いてタイ国を攻撃させ、南部、中部からセンウィーまでを占領し、ムンクン、ムンティン、クンマまで攻め入りました。九一七年[194]に王[195]の子カムセンツンとカムケンに加えて官僚と住民は皆ムンセー・ツントゥーに逃げて行っていました。クンカムセンツンと

194　西暦1555年。
195　ツァオカムパークパのこと。

クンカムケン及び官僚たちは、贈り物を準備してツントゥーの支配者に差し出し、ビルマ軍がタイ諸国全土に攻めて来たことを伝えました。そこで、ツントゥーの支配者はそのことをツァオウォンテーホーセンに報告しました。

中国皇帝がビルマ・タイの争いを仲裁

そこでツァオウォンは、ワーンキュンという名の高官に一万人の兵を率いてカムセンツンパ兄弟とその住民たちをもとの国に送り届け、ビルマとタイの間の問題を解決し、仲直りさせるよう命じました。更に、南部、中部からムンティン、クンマまでを変更せず、元通り、彼らの領土とするよう命じました。

ひとまず平和を回復

ツァオウォンがこのように命じたので、九一七年[196]に高官のワーンキュンは一万人の兵を率いてクンカムセンパとクンカムケンパ、官僚、全てのタイ住民を連れてムンティン、ウェンカーン、ツェーハックへ下り、クンカムセンとクンカムケンをそこに置き、ワーンキュンの方は一万人の兵と共にビルマに向かい、ツァオウォンが出した命令に従って、双方に争いを止めさせ、過去のことには触れないこととし、今後末永く仲良くするようにさせて、ツァオウォンの命令を履行しました。ビルマの重臣たちも「分かりました。」と言いました。そこでワーンキュンは戻って来て、南部、中部を含め、全てのタイ諸国にそれぞれの国に戻るよう命じ、自分はムンティンに戻って来ました。九二二年[197]にクンワーンキュンはカムセンツンパをムンティンのウェンツェーハックに戻して全タイ諸国の王とし、自分は同じ年に戻って行きました。

アユタヤがビルマを攻撃

その後、九二四年[198]になってヨータラー[199]の大軍が襲来し、ウェンパコー[200]を攻撃してきました。そこでビルマ王は、大臣とムンセンウィーのクンカムケウ[201]

196　西暦1555年。

197　西暦1560年。

198　西暦1562年。

199　アユタヤのこと。

200　バゴーのこと。

201　ツァオカムパークパの長男。

に、兵を率いてイラワジ河に沿って下り、ヨータラー軍を迎え撃つよう命じました。そこで大臣とクンカムケウは兵を率いて南の方に下って行きましたが、ヨータラーの大軍は彼らを包囲し、全てを連れ去り、クンカムケウも連れて行き、ムンヨータラーに着きました。

センウィー王クンカムケンパがビルマ王に会う

クンセンツンパは三十八年間統治し、九五〇年[202]に亡くなりました。兄が亡くなった後、弟のクンカムケンが全土の王として即位し、その年にはウェンツェーハックに住んでいました。ツァオパロンクンカムケンについては、外見は誰よりもハンサムで、その仕草は上品で、声は甘くやさしく、至る所にその噂は広まって、褒め称えられていました。ビルマ王はクンカムケンパの噂を聞きつけ、彼に会いたいと考え、九五一年[203]に手紙を書いて送りました。「ビルマ王の私は手紙を書いてムンセンウィーのツァオパカムケンに送ります。どうかお聞き届けください。四月のダバウンブェー[204]の時期に、ツァオパカムケンにはカーンモーにおいでになり、私に顔を見せてください。」と書いて使者に託し、送って来ました。四月の祭りの時期になり、クンカムケンパはビルマ王が送って来た手紙に従って、官僚と住民を連れてパラーカーンモーにやって来ました。そのときツァオパカムケンはちゃんと贈り物を用意してビルマ王に会いに行きました。ビルマ王はツァオパカムケンを一目見て、噂通り、その話し方はやさしく甘く、その仕草はあらゆる点で上品でやさしいので、とても気に入り、自分の娘二人をクンカムケンにあげて結婚させ、夫婦としての永遠の契りを結ばせました。

ビルマ王の娘をもらったクンカムケンパがその命に従う

そこでビルマ王は「今、お前たち夫婦はサルウィン河の東側に行ってはいけません。サルウィン河のこち

202　西暦1588年。

203　西暦1589年。

204　ビルマ暦の12番目の月の祭礼

ら側にいなさい。古い小さな町、ウェンソップタートにいなさい。」と命じました。四月の祭りが終わり、ビルマ王はパラーカーンモーにお参りをして帰って行きました。ツァオカムケンパは幸せ一杯で、ビルマ王がパラーカーンモーのお参りを済ませた後に、官僚と住民たちを連れて帰って行き、ビルマ王の命令通り、九九一年[205]にムンティンのウェンツェーハックを出て、昔のムンセンウィーに戻り、ウェンソップタートに移り住みました。

205　西暦1629年。

センウィー王がカムスー・カムナン兄弟に殺される

九九六年[206]に至り、ツァオカムスーとカムナンの兄弟[207]がツァオカムケンに対して反乱を起こしました。彼らは武器を取って夜中の十二時に宮殿の上に上り、ツァオカムケンを殺害しました。二人の兄弟はこうして国の支配者のように振舞っていました。そのとき、南部、中部の官僚たちは二人の兄弟を認めず、兵を率いてやって来て、カムスー、カムナン兄弟と戦いました。カムスー、カムナン兄弟側も兵を集めて戦いましたが、戦いに敗れ、カムスー、カムナンと一部の住民は逃げ出し、ウェンムンメンへ行きました。

206　西暦1634年。

207　ツァオロンカムセンパの側室の子で、同母の兄弟。

住民に嫌われたカムスー・カムナン兄弟の殺害を中国皇帝が命じる

ウェンセンウィーは焼き尽くされてしまい、カムスー、カムナンはウェンムンメンへ逃げて行きました。時に、ツァオパカムケンが国を支配し、全土の王となっていたところを、カムスー、カムナンの二人がツァオカムケンを殺害して国を略奪したために、住民たちは二人の兄弟を嫌い、兵を集めて二人の兄弟と戦い、二人の兄弟の方は戦いに敗れてムンメン、モーポンに移り住むようになった事の一部始終をツァオウォンテーホーセンが知るところとなりました。そこでツァオウォンは「カムスー、カムナンの二人の兄弟は悪いやつらだ。二人の兄弟はツァオカムケンを殺害してしまった。この二人を殺せ。」との命令を出しました。

そこで士官に命じてカムスー、カムナン兄弟を捕まえに行かせました。二人の兄弟はこうしたツァオウォンテーホーセンの命令を知り、ウェンムンメンから逃げ出し、ムンワンに行ってマーンノンモーカムに身を隠しました。このマーンノンモーにいる間に、兄のクンカムスーは気が狂い、自分の刀で首を突いて自殺しました。その後クンカムナンはマーンノンモーから逃げ出し、ムンアーワに着きました。そのときビルマ王は事態を知り、「クンカムケンパといえば自分の娘婿である。お前はその彼を殺した。クンカムケンが死んだのでお前にも死んでもらう。」と言って、象に踏ませて殺してしまいました。こうしてカムナンはウェンアーワで死亡しました。

ビルマ王がカムナンを殺害

九六二年[208]にツァオカムパークの子でヨータラー軍が連れ去っていたクンカムケウオンがヨータラー軍を率いて攻撃して来ました。サトゥン、ムンパーイ、ムンノン、ヨンホイ、スィーキップ、ツァームカー、モックマイ、ムンナーイを全て席巻し、その勢いはムンティン、クンマ、ムンレムにまで及びました。全ての国は彼に従うことになり、彼を全土の王に擁立しました。そこで彼は王となり、ツァオカムカーイノイと名乗り、ウェンソップタートに住みました。

クンカムケウオンがアユタヤ軍を率いてタイ諸国を占領し、王となる

208　西暦1600年。

ツァオカムケウ・カムカーイノイが王の時代になって、古い仕来り、即ち、ツァオウォンテーホーセンに対する朝貢は、これを実行せず、また、ビルマ王に対する朝貢も、これを実行しませんでした。朝貢を行ったのはムンヨータラーに対してだけでした。そこでツァオウォンテーホーセンとビルマ王は、いずれもカムカーイノイとは意見が合わず、共に「兵を出して捕ま

クンカムケウオンが逃げ出しカムテットパの家系が途絶える

209　西暦1604年。

えるぞ。」と言ったので、九六六年[209]、タイ暦プックイーの年にツァオカムカーイノイはウェンセンウィーを抜け出し、ヨータラーに逃げて行ってしまいました。これでツァオロンカムテットパの家系は途絶えてしまいました。

中国皇帝がセンウィー王の任命をビルマ王に命令

210　西暦1605年。

ツァオカムカーイノイがヨータラーに逃げ出した後、ムンセンウィーには王がなく、九六七年[210]になってビルマ王は、贈り物として小象、銀、金、反織物、ダイヤモンドを用意し、官僚を使者としてツァオウォンテーホーセンのもとへ遣わし、「タイ国の中でスンセンウィーは大国ですが、今、その国には王がなく、これは良いことではありません。」と伝えました。そこでツァオウォンテーホーセンは「ムンセンウィーの王族の中で誰がよいかはお前が考えなさい。」と言って、ビルマ王に任命を命じました。そこで、ビルマ王の使者は帰って来て、ツァオウォンテーロンが命じたことを詳細にビルマ王に伝えました。そこでビルマ王はムンミットのツァオパスーホムを呼びました。

子の一人をスーフンパの名でセンウィー王に

211　西暦1605年。

212　即ち兄妹婚。

ビルマ王は「今、ムンセンウィーには王がいなくなってしまったので、お前の弟でもよいし、お前の子供でもよいが、一人一人よく考えて、適当な人をムンセンウィーに王として行かせてくれ。」と言いました。ムンミットのツァオスーホムパはビルマ王のこうした命令に対して、自分の子供を一人、九六七年[211]にムンセンウィーに派遣し、スーフンパの名で王に就位させました。彼の正室はツァオスーホムパの子です[212]。彼はウェンソップタートに住みました。

新しいセンウィー王の子どもたち

ツァオスーフンパがムンミットのウェンツェーウーを出てウェンセンウィーに住んだそのとき以来、誰もウェンソップタートとは呼ばなくなり、皆ウェンツェーウーと呼ぶようになりました。ツァオスーフンパには男の子が五人いて、正室の子はクンアーイロンと名付けられていました。また、側室の子が三人おり、クンラーオナウ、クンホムムン、クンツォムの三人です。更にナーンラーイカーとの間の子が一人いて、名前はクンサーンカムです。全部で三人[213]です。

クンアーイはパコー[214]王の子供を求めて結婚し、男の子を一人もうけて、名をクンコーカムと名付けていました。ある日、クンアーイロンはムンパコーへ旅に出かけ、そこで亡くなりました。クンパホムムン[215]は、王である父親がビルマ王のもとに“人質”として行かせていましたが、この子もアーワで亡くなりました。クンパツォム[216]は、ムンコンで王がいなくなったので、王である父がムンコンの王として派遣していましたが、この子もムンコンで亡くなりました。

ツァオロンスーフンパは三十九年間統治し、一〇〇六年[217]に亡くなりました。ツァオロンスーフンパが亡くなった後、孫のクンコーカムが一〇〇六年[218]に王として即位し、全土を支配する王となり、名をスーコーパとしました。彼もまたウェンツェーウーに住みました。ツァオスーコーパは六年間統治し、一〇一二年[219]に亡くなりました。ツァオスーコーパが亡くなった後、その父の弟ツァオクンサーンカムを全土の王として擁立し、彼は一〇一二年[220]に王に即位して名をスーホムパとしました。この王の正室はムンミットのツァオスーホムロンの孫に当たり、クンアーンカムの娘で、正室としての名をハーンパコーカムフンと名乗っていました。ツァオロンスーホムパには男の子が一人おり、彼はナーンロンハーンパコーカムフンとの間の子で、クンカムソンパと名付けられていました。ツァオロン

213　五人ではないか。

214　バゴー、即ちビルマのこと。

215　側室の子。

216　側室の子。

王が都の地を嫌って移動

217　西暦1644年。

218　西暦1644年。

219　西暦1650年。

220　西暦1650年。

スーホムパが王に即位した時はウェンツェーウーに住んでいましたが、その後ウェンメーツァリーに移り、そこで一年を過ごしました。その後、この地を嫌って再び移動し、ウェンツェーモンに移りましたが、ここもまた嫌いになりました。

中国人占星術師に従って遷都

その頃中国では、ミンクムイェーと名乗る有名な星占いが一人いて、この人がツァオウォンテーホーセンと喧嘩になりました。そこでツァオウォンテーホーセンはこの星占いを非難して追放したので、星占いはムンセンウィーに下りて来て住んでいました。ツァオロンスーホムパはこの星占いのミンクムイェーを呼んで、どこに町を造ったらよいかを占ってもらいました。そこで中国人星占いはその場所を示しました。その場所とは、西の方で、ラーン川がトゥー川に合流する地点でした。そこで一〇二四年[221]、タイ暦ムンハオの年に、ツァオロンスーホムパはラーン川の東側を離れてウェンソップポントゥーに移り住みました。

221　西暦1662年。

カムソンパ王の即位

ツァオロンスーホムパはこの中国人星占いをとても気に入り、たくさんの褒美を与え、ムンウンの王としました。このとき以来、ムンウンはムンスィンクーイェーと呼ばれるようになりました。ツァオロンスーホムパは三十三年間統治し、一〇四五年[222]に亡くなりました。父王の死後、その子のツァオクンカムソンがまだ幼少の身で、国を統治することができず、その母親のツァオハーンパコーカムフンが一〇四五年[223]に全土の王となりました。ハーンパコーカムフンが王となって十年が経ち、子供のクンカムソンが成長して国を統治できるようになったので、一〇五五年[224]に同じカムソンパの名で王に即位させました。

222　西暦1683年。

223　西暦1683年。

224　西暦1693年。

この王の正室は名をハーンパミンカムフンと名乗っ

ていました。ハーンパミンカムフンはツァオロンコーパの甥[225]の子で、ナーンツァームとの間の子供です。ナーンツァームは重臣フースンウェンカムの子です。ツァオロンカムソンパには男の子が四人と女の子が一人いました。男の子ではクンカムフー、クンカムレン、クンカムフンの三人は全て同じ側室の子で、もう一人のクンカムロットはムンナーから来た側室の子です。女の子はナーンセンパンと名乗り、正室ハーンパミンカムフンの娘です。ハーンパミンカムフンはナーンノーセンパンの母親です。ツァオクンカムフーには男の子が一人おり、クンカムフンと名付けていました。

225 孫か。

王子がビルマ王の人質に

父親がまだ存命中にクンカムフンは亡くなりました。ツァオクンカムフンは父親の命により、ビルマへ行って、ビルマ王の側用人を務めていましたが、ムンアーワで亡くなりました。この人[226]はパクンリーという名の男の子を一人残していました。ツァオプーカムソンパは自分の子クンカムフンが亡くなった後、このクンリーに人質としてムンアーワへ行くよう命じました。そのときビルマ王は人質にケンマイ攻撃を命じました。それから帰って来て一、二年が経った頃、彼は僧衣をまとい、出家しました。その後東側の諸国に出かけ、サルウィン河を渡ってウェンケントゥンを過ぎたところで泥棒に取り囲まれ、旅行中に僧衣のままで亡くなりました。ツァオプーカムソンパはツァオクンリーが亡くなったという知らせを聞き、自分の子でムンナーから来た側室の子のツァオクンカムロットにビルマ王の人質として行くことを命じました。ビルマ王は彼にワーンマカー[227]という名を与えました。

226 ツァオクンカムフンのこと。

227 ウィンフマカーで「門番」。また、後述のところではワーンマナーとなっている。

228 西暦1714年であるが、三十三年間の統治期間が正しいとすれば、1078年(西暦1716年)となるはずである。

新王が異母妹と兄妹婚

ツァオロンカムソンパは二十三年間統治し、一〇七六年[228]に亡くなりました。父王の死後、その子のクンカムレンが一〇七六年[229]に全土の王となり、ツァオロンカムノーパと名乗りました。正室として自分の妹ハーンパノーセンパンと結婚し、統治しました。

センウィー軍がクンマ軍に敗れ退却

一〇七(判読不能)年に至り、クンマとの仲が悪くなり、タイ暦のカープサウの年に戦争を始めましたが、パーンヒン、ナムポンでセンウィー軍は敗れ、退却してサルウィン河を渡りました。クンマ軍は追撃して来てウェンセンウィーに達しました。ツァオカムノーパが王となって十年が経ち、タイ暦のムンパウの年になって、彼の子クントンラポーがカムレンパと名を変えました。タイ暦のプックサンまでにハーンパノーセンパンとツァオパロンカムノーパの間には男の子が二人生まれており、長男はクンカムレン、二男はクンカムフンでした。

子殺しの夫王を王妃が殺害

一〇八四年[230]に子供のクンカムレンが父親のツァオロンカムノーパに対し、反乱を計画しました。ツァオロンカムノーパはその計画を事前に察知し、ツァオカムレンを殺してしまいました。子供は年頭に殺害されましたが、年末の四月になってナーンロンハーンパノーセンパンは「この人[231]が殺したのは他でもなく、自分の子供そのものです。これでは私はこの人を信頼することはできません。」と考えて、一〇八五年[232]四月白分三日夜十二時過ぎにハーンパノーセンパンはツァオロンカムノーパを殺害して宮殿に火をつけ、焼いてしまいました。

王妃が国の統治者に

それからはハーンパノーセンパンが国を支配していましたが、ムンアーワのビルマ王が命令を出しました。十一月八日にその命令はムンセンウィーのあらゆる所に届きました。そのビルマ王の命令とは、ナーンロンハーンパノーセンパンに国を統治させるというもので

229　西暦1714年。

230　西暦1722年。

231　自分の夫、即ちツァオロンカムノーパのこと。

232　西暦1723年。

した。ノーセンパンが国の統治を続ける一方、ツァオカムソンパの長男クンカムフーにはクンカムフンという名の男の子がいました。このクンカムフンと官僚たちはハーンパノーセンパンの行動を嫌い、町を逃げ出してある場所に集まっていました。そこで官僚たちはツァオカムフンをムンアーワの宮殿に人質として行かせました。

ここでワーンマナー[233]という名のツァオカムロットの話をしましょう。父親のツァオロンカムソンが人質としてビルマ王のもとに送りましたが、ビルマ王は彼に宮殿の門番をやらせていたので、カムロットワーンマナーの名が付けられていました。クンカムロットワーンマナーはビルマ人の女性と結婚し、男の子が一人いて、名をクンカムフーオンといっていました。パナーンノーセンパンがツァオロンカムノーを殺害したのと同じ年にツァオカムロットワーンマナーはムンアーワで亡くなりました。カムフーオンとその母親の二人はビルマに留め置かれました。

ハーンパノーセンナーンは十四年間統治して一〇九五年[234]に亡くなりました。そこでビルマ王は命令を出してクンカムフンにムンセンウィーへ行って統治するよう命じました。そこでクンカムフンは国へ帰り、全土の王となりました。彼は正室としてムンマーオ王の娘を貰って結婚し、国の王として君臨しました。

ツァオパロンカムフンには九人の男の子と五人の女の子がありました。男の子は(1)クンセンウムマンテー、(2)クンカムレン、(3)クンカムワート、(4)クンカムプット、(5)クンセンオントン、(6)クンセンイー、(7)クンセンポー、(8)クンセンウーコー、(9)クンセンミャーオンの九人で、女の子は(1)ナー

人質のままビルマの宮殿で死んだ王子も

233　前述のところではワーンマカーとなっている。

カムフンがビルマ王の命令でセンウィー王に

234　西暦1733年であるが、十四年間の統治期間が正しいとすれば、1100年(西暦1738年)となる。

ンカムポン、(2)ナーンノーソイカムムン、(3)ナーンセンソイ、(4)ナーンセンモン、(5)ナーンセンインの五人です。五人の女の子は全て正室の子です。男の子の内、クンカムワートとクンカムプットは正室の子ですが、クンセンマンテー、クンカムレン、クンセンウーコー、クンセンイー、クンセンポーは全て側室の子です。

盗賊が出没、国中が不穏に

息子のクンカムワートには男の子が二人いて、長男の名はクンアーイです。このクンアーイはムンクンマの人と喧嘩になり、クンマの人は彼をパーンヒン・ナムポンで殺害してしまいました。二男の方の名はクンセントンといっていました。女の子は名をナーンコンカムポンといい、ナーンパケンルンとの間の子供です。この三人がツァオカムワートの子供です。ツァオカムワートは父親がまだ存命中に亡くなりました。ツァオロンカムフンの統治も長くなった一一一一年[235]、モーパーツックの中国人が一人、モーパーンユンの中国人が一人、モーラーオウーの中国人が一人、モーラの中国人が一人、クイの人が一人、スィーポの人が一人、ムンパートの人が一人、タレン[236]の人が一人、これらの人たちが兵を集めて武器を取り、国中を荒らし回り、南のアーワの宮殿からタイ領まで盗賊行為を働き、不穏な状態が続いていました。そこでツァオロンカムフンは息子のマンテーに命じて、大軍を率いてスィーポ、ムンパートで戦わせ、カムレンにはモーパーンユンで戦わせました。

235　西暦1749年。

236　タライン、即ちモン人のこと。

ビルマ王の命令でコーセンポーがスィーポ王を殺害

一一一一年[237]二月黒分九日クンセンマンテーは軍を率いてウェンセンウィーを出発し、南に向かい、ムンノン、ムントゥン、ムンクンの三ヵ国の兵を集め、彼らを率いてパーンムット、ナーペンに陣地を築きまし

237　西暦1749年。

た。ツァオクンセンマンテーの軍はムンスィーポを攻めて全てを焼き払い、スィーポ王を捕えようとしました。そのとき、ムンアーワでは、ビルマ王がコーセンポーに命じて、兵を率いてスィーポを攻撃させていました。ツァオクンセンマンテーはスィーポ王を捕えてコーセンポーに渡し、一方、コーセンポーの方はカーンモー[238]の胸を切り開いて殺害しました。

238 地名。但しここではスィーポ王のこと。

ビルマ軍が撤退

このとき以降、このスィーポ王のことをツァオパロンクワーンパと呼ぶようになりました。それからツァオマンテーの軍はムンパートの王を追撃してこれを捕え、パーンムット・ナーペンの地でコーセンポーに渡しました。この後コーセンポーはムンアーワに帰って行きました。ビルマ軍がまだ帰国の道半ばのとき、スィーポ、ムンパートの軍が追いかけて来て、追いつくことができましたが、彼らは結局、ロイラーに逃げ込みました。このことからムンパート王のことをツァオパカムポックと呼ぶようになりました。クンセンマンテーは帰って来てマーンコン、マーンツァームに居を構えました。

中国軍に敗れセンウィーの都は焼失

今ここでクンカムレンの方の話をしましょう。父親が中国人との戦争に行くよう命じたので、彼は兵を率いてムンイェンのウェンカークの狭いところで戦闘に入りましたが、中国人には勝てず、中国軍の方は追撃して来てムンセンウィーを攻撃し、ムンセンウィーは焼かれてしまいました。そのときツァオロンカムフンはムンセンウィーにいることができず、そこを離れ、ナムカイ、マーンカーンへ行き、そこに三ヵ月間留まりました。中国兵が帰って行った後、一一一二年[239]の六月にツァオロンカムフンは国へ戻って行きました。ツァオロンカムフンは十七年間統治し、一一一二年[240]

239 西暦1750年。

240 西暦1750年。

に亡くなりました。

ツァオマンテーがセンウィー王に

父親のツァオロンカムフンの死後、息子のクンセンマンテーはマーンコン、マーンツァームを出て、ムンセンウィーに着き、一一一五年[241]に王として即位し、スーウムパマンテーと名乗りました。正室には、自分の妹で、父王の正室の子ナーンセンソイカムムンを迎えて結婚しました。ツァオロンスーウムパマンテーがまだ国の支配者となる前に、兵を率いて遠征し、スィーポ、ムンパートの王を捕まえ、コーセンポーに持って行って引き渡そうとしていたとき、スィーポ王は死んでしまいました。一方、ムンパートの王は逃げ出してムンロイラに入り込んだので、コーセンポーは兵を率いてウムポウムマンに下りてきました。そのときスィーポ、ムンパートの兵は協力してコーセンポー軍を待ち伏せ攻撃し、コーセンポーを捕らえ、その首をはねました。コーセンポーはこうしてウムポウムマンで死亡しました[242]。

ムンアーワが破壊され、人質となっていたクンカムフーオンは逃げ出しツァオマンテーのもとへ

この後スィーポ、ムンパートはタレンと協力してウェンアーワを攻撃しました。ビルマ側は破れてウェンアーワは焼かれ、一一一二年[243]にムンアーワは完全に破壊されてしまいました。そのとき門番のクンカムフーオンとその母親の二人は、ムンアーワが破壊されてしまったため、そこに住むことができなくなったので、一一一三年[244]に逃げ出してツァオロンマンテーのもとへ帰って来ました。そこでツァオロンマンテーはセンウィーの東のテンイェットに宮殿を建設し、二人をそこに住まわせました。ツァオマンテーが王の時代の一一一八年[245]、ビルマではオンツェーイャ[246]が王の時代に、ビルマ王は、仕来りに従って、タイ国全土の王たちに来るように呼び出しました。しかしムンセンウィ

241　西暦1753年。

242　この段は前の記述と矛盾する。

243　西暦1750年。

244　西暦1751年。

245　西暦1756年。

246　アウンゼーイャ、即ちアラウンパヤー王（西暦1752年―1760年）のこと。

ーのツァオスーウムマンテーは行こうとせず、贈り物も差し出しませんでした。

ビルマ王の命令に従わないツァオマンテー王

ビルマ王は二度、三度と呼び出しましたが、それでも来ないので、ビルマ王はタイ国のすべての王に命じて呼びに行かせました。それでも来ないどころか、ツァオスーウムマンテーは兵を率いてムンロックツォックを攻撃して破壊し、更に下ってムンスムサーイを攻撃、破壊してソイツァーヤーンに至り、これに火を放って焼き尽くしてしまいました。そこでビルマ王のオンツェーイャはマンキーキョーに命じて、兵を率いてソイツァーヤーンに向かわせ、ツァオマンテーを攻撃させました。ツァオマンテー軍は敗れ、敗走してパーンムット・ナーペンに至り、ここに陣地を設営しました。そこでマンキーキョーはタイ諸国の全ての王たちとともに、兵を率いてパーンムット・ナーペンに向かい、そこで戦いました。そのときマンキーキョーはウェンロックツォックへ移動してそこに陣地を築きました。

窮地に立たされたツァオマンテー王

ツァオマンテーの方の軍はマンキーキョーを追いかけてウェンロックツォックを攻撃しました。何回も攻撃を繰り返しましたが、攻略することができず、退却して行きました。そこでマンキーキョーと全てのタイ諸国王の軍は追撃し、ムンクン、ラーイカー、ムンノン、ムントゥンから南部、中部を全て焼き尽くしてしまいました。ツァオパロンスーウムマンテーは王族と全ての官僚を呼び集め、「今、わが国は憂慮すべき事態に陥ってしまった。どこにも住む場所がなくなってしまったのだ。ビルマ軍がやって来て、南部から中部まで全部破壊してしまった。今般事態が悪化したので、皆をすぐに呼び寄せて中国へ行くのがいいだろう。それが嫌なら、我が弟たち、クンセンオントン、クンカムプット、クンサームレン、クンセンイー、クンセンポー、クンセンウーコー、クンセンオンの中で、誰かビルマ王のもとへ行く勇気のあるやつがいるなら、贈り物を準備して、ビルマ王のもとへ行って隷属すればいい。俺は中国へ行く。」と言いました。

人質として死んだ王子の子とクンカムフーがビルマ王への使い役に

そのとき王子たちは一様に「兄上が勝てないのにわれわれが勝てるはずがありません。兄上が出て行くのなら、我々も皆出て行きます。」と言いました。そのときクンセンカムプットは「クンカムフーオンとその母親の二人はもともとビルマの人であって、ビルマからこちらに来ているわけだから、今、贈り物を準備して、このクンカムフーオンに渡し、ビルマ王のもとに行ってもらうのはどうでしょうか。」と言いました。皆は「それがいい。その通りだ。」と言って、贈り物を準備し、クンカムフーオンに渡しました。そこでクンカムフーオンとその母親の二人は、贈り物を持ってマンキーキョーのもとへ行き、マンキーキョーはそれを持ってオンツェーイャのところへ行きました。ラタナーサンカ[247]は贈り物を差し出し、事情をいろいろと説明したところ、ビルマ王は「分かった。」と言いました。そこでクンカムフーは書記長[248]の取り計らいで人質となりました。クンカムフーが出て行った後、一一二〇年[249]にツァオスーウムマンテーは、王族と官僚と住民を引き連れてウェンセンウィーを出発してマンカへ行き、ヒンセン村で一年を過ごしました。そのときツァオマンテーは「クンカムフーオンとその母親の二人を俺は信頼していない。俺はこの二人を全く信用できない。」と言って、贈り物を準備して弟のクンサームレンに託し、イラワジ河上流のコントゥンにいる

247 書記長。

248 ラタナーサンカ。

249 西暦1756年。

ビルマ王に持って行くよう命じました。

クンサームレンは兄マンテーの言いつけに従って、贈り物を持ってイラワジ河上流のコントゥンに赴き、ビルマ王のところへ行って、その重臣に取り計らいをお願いしました。そこで重臣はそのことをビルマ王に伝えました。ビルマ王は「マンテーの弟のカムレン[250]は、自分は気に入らぬ。カムフーはクンカムロンの子供だ。」と言いました。そのとき重臣たちは「カムフーは門番カムロットの子でございます。」と言いました。そこでビルマ王は人質のカムフーオンにセンウィーの国を下賜するよう命じました。

250 サームレンのことか。

クンカムフーがビルマ王の書記長の意向に従う

ムンセンウィーでは今、ビルマ王が重臣のマンキーキョーに全土を支配するよう命じ、全てのタイ諸国が従うようになりました。ビルマ王オンツェーイャは六年の治世の後、一一二〇年[251]に亡くなりました。オンツェーイャの死後、その子クンモンがビルマ王となり、重臣のマンキーキョーに命令を出し、タイ兵を率いて象を集め、タイ国を再建するよう命じました。ツァオパマンテーとビルマ王は、先代ビルマ王が亡くなってその子の時代になっても争いを続けていたので、書記長は「おい。クンカムフーよ。センウィーへ帰って王となれ、と言う王様の命令に従って、ちゃんとそのことを実行するために帰りなさい。」と命じ、更に「今、自分にはお前にあげるものは何もない。これからお前には南部、中部へ行ってもらって、先ず最初に、村長を全て集めてもらう。次に、ムンヨンホイのマーンマークモン地区には八ヵ村あるが、ヨンホイの王たちは私のお金[252]を集めて、私に渡してくれることになっている。しかしこの三収穫期、四収穫期の間、向こう[253]に取っておくだけで、まだ私は彼らのところに税金を

251 西暦1758年。但し、アラウンパヤー王は実際には八年の治世の後、西暦1760年に亡くなっている。

252 税金のこと。

253 ヨンホイのこと。

集めに行ってはいない。そこで、お前が行って、南部、中部の村長を呼び集め、マーンマークモン、サームツァウ地区の税金を集め、持って来なさい。この命令を実行した後、早くセンウィーへ帰って行くのがいいだろう。」と言いました。

クンカムフーがセンウィー王に

クンセンカムフーは、こうした書記長の命令に沿って、マーンマークモン、サームツァウへ行き、税金を集め、それを全て書記長に渡すことにしました。クンセンカムフーは人を遣わして、南部の村長たち全てに、自分のもとへ来るように言いました。そこでムンノンの南のヘンコンセンとマーンプンのパーポンが中心となってマーンマークモン、サームツァウのクンセンカムフーのもとへやって来ました。ここで双方は顔を合わせました。ツァオクンセンカムフーはこのマーンマークモン、サームツァウに来て一人の女性を見つけ、三ヵ月間一緒に過ごしました。全ての村長が集まり、「宮殿[254]へ行きましょう。」と言いました。そこでツァオカムフーは「もしお前[255]を連れて一緒にマンダレーへ行けば、お前の父母を残すことになり、それはできない。お前はしばらくの間、父母と一緒にここにいなさい。私はマンダレーへ行って、事が終わったらムンセンウィーへ帰り、使者をよこしてお前を連れに来るようにする。」と言いました。こうしてツァオカムフーと村長たちはマンダレーへ行き、持って来た税金を全て書記長に渡しました。そこで書記長は贈り物を用意し、ビルマ王に対して、命令に対する任務は全て完了したことを報告しました。一一二三年[256]三月十二日にクンセンカムフーはビルマ王の命令を受け、センウィーに戻り、ムンセンウィー全土の王となりました。

クンカムフーが東征軍に助言

一一二三年[257]四月三日、ビルマ王はセッセンウォン

254　マンダレーのこと。

255　サームツァウの女性のこと。

256　西暦1761年。

257　西暦1761年。

にケンマイ、ケンセン、ケントゥン、ケンフンの東の国々の征伐を命じました。セッセンウォンはムンナーイに到着し、そこから使者を出してセンウィーのクンカムフーを呼び出し、二千の兵を率いて直ちに東の国々へ一緒に遠征するよう命じました。そこでツァオクンカムフーと二千人の兵士はツァオウォンロン[258]と一緒にサルウィン河を渡り、ウェンケントゥンに到着しました。ツァオウォンロンと王たちは東方の国々の征伐に行き、二年が経ってその任務は終了しました。一一二五年[259]クンロンセッセンウォンとタイ諸国の王たちは帰って行き、十二月十一日にムンレムに着きました。そのときクンロンセッセンウォンは「おい、ムンセンウィーの甥よ。我々はこれから帰って行くのだが、どの道を通ったらいいだろう。」と尋ねました。ツァオパロンカムフーは「もし近道をしてロイワ、ロイピーの方へ行けば、我々の兵や住民は数が多いので、河を渡る際に困難に直面することになるでしょう。もし北の方のルート、つまり、ムンティン、クンマの方へ行けば、船で河を渡ることができるので問題はないでしょう。従って、ムンティン、クンマルートを行くのがいいでしょう。」と答えました。

258 セッセンウォンのこと。

259 西暦1763年。

マンキーキョーがセンウィーを支援

そこでクンロンセッセンウォンは「我々はムンティン、クンマルートを行くことにしよう。」と言いました。十二月黒分五日に陣地を引き払ってムンレムを出発し、一月黒分五日にムンティンのパーンクイ・パーンヒンに到着し、ポン川のほとりに陣地を設営しました。タイの王たちは再びサルウィン河を渡ってマンキーキョーと一緒にビルマ兵とタイ兵を率いてマンカ、マンコーを攻撃して、これを破壊しました。ツァオロンマンテーはカチン人のいるツァーオサンに逃げ込みました。タイの住民たちは皆マンキーキョーに従い、そのマンキーキョーは一一二二年[260]一月にムンセンウィー支援に向かいました。

260　西暦1760年。

ツァオマンテーの死

マンキーキョーが去った後、カチン人の中にいたツァオマンテーは病に侵され、官僚と住民たちを呼び寄せ、彼らが揃って来たのに対して「今、私は病に侵されており、死を免れることはできません。私の身体を担いでマンカ、マーンヒンに連れて行き、そこの自国の領土で死なせてください。」と言いました。そこで住民たちが彼を担いでマーンハイに連れて来たところで、一一二三年[261]に亡くなりました。

261　西暦1761年。

ビルマ軍の狼藉

ここでクンカムフーオンの話に戻ると、ツァオマンテーが贈り物を持たせてビルマ王のオンツェーイャのもとに持って行かせ、ビルマ王に話を取り次がせました。この後、クンカムレンがイラワジ河上流のコントゥンを通ってビルマ王のもとへ行き、ビルマ王と話しました。しかし事態は解決せず、一年、二年と争いを続けましたが、それでも事態は収まりませんでした。ビルマ王のオンツェーイャがクンロンに行ったとき、兵の中には粗野な人[262]がたくさんいたので、一部の人が河を渡り終わってもまだ渡り終わってない人がいました。兵隊たちは他人の田んぼに入って稲を刈り取って集め、それを挽いて蒸して食べていました。また、一部の人は持ち主の手元から奪うようなことさえしていました。このように他人の国内を荒らし回ったのでムンティン、クンマの住民たちは我慢できず、国から逃げ出してしまいました。

262　「訓練されていない人」の意。

中国軍司令官がクンカムフーを歓迎

ムンティン、クンマにはたくさんの兵隊がやって来ました。あまりに数が多いので、船頭は舟を漕ぐことができず、サルウィン河に橋を渡す作業をしていましたが、そのとき、中国兵がやって来て、セッセンウォンの大軍を狙い撃ちしました。セッセンウォンの軍は完敗し、タイ軍も多くの死者を出しました。ツァオウォンロンセッセンウォンの身柄は拘束されてしまいました。しかしセンウィー軍については中国軍は何もせず、無傷のままでした。中国軍の司令官がツァオパクンセンカムフーを呼び寄せたので、彼が中国軍司令官のもとへ行くと、司令官は立ち上がって来て握手し、「ツォーイー(作揖)ツァオパハオ(やあ、閣下)」と言って酒を振舞い、ご馳走をして「センウィー王よ。我々はあなたに対しては何もしません。ご自分の国へお帰りください。」と言いました。

ビルマ王がクンカムフーを退けてクンカムレンをセンウィー王に

中国人指揮官は何もせず、サルウィン河を渡らせ、国へ帰らせました。三月五日になり、もはやセッセンウォンの軍隊を留め置く理由がなくなったので、解放し、大量の軍人たちは皆それぞれの国へ帰って行きました。そのとき、ある知らせがビルマ王のもとに届きました。それは、中国の大軍がやって来て、ビルマ・タイ軍を打ち破ったのはセンウィー王の仕業であると誰かが嘘をついたもので、そのことがビルマ王の知るところとなりました。一一二六年[263]六月白分五日にビルマ王からの呼出し命令がムンセンウィーに届きました。そこでツァオカムフーは七月三日にマンダレーに到着しました。ビルマ王はセンウィー王に対して宮殿の中に入るように言い、一緒について来た住民、重臣、王族たちについては、これを全て分割して、一部屋に三人あるいは四人ずつ入れて、食べ物を与え、一ヵ月以上に亙って監禁しました。九月白分十三日になってビルマ王は命令を出し、センウィーの人は全てクンカムレンのものとし、クンカムレンをセンウィー王とし

263　西暦1764年。

ました。

クンカムフーの無残な死

ツァオウォン[264]、ツァオツン[265]を始め、ツァオカムフーに同行して来た住民たちも全てツァオカムレンに与えて、その組織に加えました。ツァオパクンカムフーについては断罪し、象に踏ませて殺害しました。「これからはツァオカムレンがお前たちの王である。」一一二六年[266]十月白分四日ビルマ王はツァオカムレンにこのような命令を出しました。ツァオカムレンは十一月白分六日にムンセンウィーに帰着して全土の王として即位し、ツァオカムソンパを名乗りました。

ビルマ王が再び東征を命令

ツァオカムレンが王になって、ツァオロンマンテーと一緒によその国へ逃げて行っていた王族、官僚、住民たちに対し、ツァオカムレンは使者を使って命令を出し、全て国に呼び戻しました。一一二七年[267]、タイ暦タオメットの年に、ビルマ王はケンマイ、ケンセン、スィプソンパンナーの東方の国々が、ビルマ王との約束に反して反乱を起こしたので、大臣テンキャーに命じて、ビルマ兵とタイ兵を率いて、これを征伐するよう命令を出しました。テンキャーの兵がムンナーイに着いたとき、テンキャーは手紙を書き、使者に託して、センウィー王のクンカムレンを呼び出しました。クンカムフーがセッセンウォンに呼ばれて一緒に行ったときと同じように、王[268]が二千人の兵を率いて自分と一緒に出征するように、との大臣[269]の命令が使者を介してひそかに届けられました。そこでクンカムレンが官僚と王族を呼んで相談すると、ツァオカムプットとクンセンオントンの兄弟二人に王族と官僚たちは、揃って「クンセンオントンとツァオカムプットの子クンセンミャーウーに二千人の兵を率いて大臣と一緒に行かせよう。」と言いました。

264　大臣。
265　地方長官。
266　西暦1764年。
267　西暦1765年。
268　クンカムレンのこと。
269　テンキャーのこと。

クンセンオントンとクンセンミャーウーの二人は「お兄さん。おじさん。二千人の兵を率いて大臣と一緒に行くことは行きましょう。しかし、ビルマ王に対する任務が全て終わって、ビルマ王が我々二人に褒美をくれたとき、皆さん方が嫉妬するのではないかと思うのですが。」と言いました。クンセントンら二人のこのような言葉に対し、ツァオパロンクンカムレン、カムソンパは「任務が終了したときになって、大臣が褒美としてくれた象、馬、銀、金、宝石、傘は二人が持って行きなさい。私は二人に対して何の嫉妬もしません。ただし、もし二人に国を与えるようなことがあった場合には、それをもっていってはいけません。我々兄弟のこの国では私が王ですから。」と約束しました。そこで、二千人の兵は、クンセンオントンとクンセンミャーウーがこれを率いて、大臣のテンキャーマンと一緒にケントゥンへ行き、それからケンマイ、ケンセンに行って一年と二ヵ月で任務を終了しました。

クンカムレン王の約束

ケントゥンに戻ってサルウィン河を渡り、ラーリに着いたとき、大臣のマンキーは「山国の王様の皆さん。私に従って兵を率いて、遠い東の国を征伐する作業は終わりました。皆さん方全てに、私と一緒に我々の王[270]のもとへ行ってもらい、私がビルマ王に、誰が皇太子になり、誰が王になるのが良いかを進言しましょう。」と言いました。大臣の話に対してクンセンオントンとクンセンミャーウーは「我がムンセンウィーロンについては、われわれ二人の兄弟はここで大臣とお別れします。どうかここで返してください。大臣と一緒にムンアーワには行きません。センウィーは兄のクンカムレンが王を務めており、我々兄弟はその御用人として、

大臣のマンキーの申し出を断った兄弟

270　ビルマ王のこと。

兄王の代理をしているに過ぎません。ひとまず帰ります。」と言いました。

東征の褒美にもらった名馬と名刀

大臣は「お前たち二人はとても立派な心がけだ。お前たち二人には申し訳ないが、私には二人にあげるにふさわしいものは何もない。クンセンオントンよ。ムンレムの人が持って来てくれた、とても早く走るすばらしい紫色の牡馬が一頭あるので、これをお前にあげよう。お前が乗りなさい。それから、ムンレムロンのサームターオの人が持って来てくれた刀が一振りあるので、これはクンセンミャーウーにあげよう。持って行って宝物にしなさい。」と言いました。クンセンオントンとクンセンミャーウーの二人は馬と刀をもらい、そこを出て、南部のムンノンに着きました。そこで二人の兄弟がその馬に試乗してみると、その馬はどんな馬よりも速く、誰も追いつくことができませんでした。また、刀でごとくを切ってみると、見事に切れてしまい、大きな弓を三、四本束ねて切ってみると、これもまた完全に切れてしまいました。

名馬をビルマ王への献上品にしようとするカムレン王

二人はこのように強力な馬と、よく切れる刀の贈り物をもらって、国に帰って来ました。兄弟たちはとても歓迎し、お互いに喜び合いました。それからまもなく、ツァオパカムレン王が「大きな馬に乗ってみる。」と言いました。王の赤い大きな牡馬が一頭前面に現れると、人々が国の至るところでその素晴らしさに驚いていたので、王は「この馬をもって行ってビルマ王に献上しよう。」と言って、皆を集めました。そのときクンセンオントンはムンレムの紫色の牡馬に乗って来ました。王は、この紫色の牡馬が他の馬より二、三倍も早く走るのを見て、クンセンオントンに「この馬はどこで手に入れたのか。」と尋ねました。クンセンオントトンは「ツァオテンキャーウォンが私にくれたものです。」と答えました。そこで王は「ツァオテンキャーウォンがお前にくれた馬は、自分の赤い牡馬よりも速く走れる馬で、ビルマ王がお乗りになるに値する。我々は交換しようじゃないか。この赤い牡馬はお前が乗り、この紫色の牡馬は我々がビルマ王のもとにもって行って献上しよう。これで我々兄弟は幸せになれる。」と言いました。クンセンオントトンは「私は交換しません。ツァオテンキャーウォンは、私が乗るためにくれるので、誰にもあげてはいけません、と言いました。だから私は交換しません。」と言いました。王は「赤い牡馬の他に大きな馬十頭も一緒にあげよう。」と言いましたが、クンセンオントトンは交換に応じず、王が更に銀十ツォイ、金一ツォイもあげると言っても交換しませんでした。この話はここで終わり、王は何もできませんでした。

名刀もビルマ王への献上品にしようとするカムレン王

その後、ある日、クンセンミャーウーがサームターオ・ムンルーの刀を持って来て王に見せると、王は、その能力がどれほどのものか尋ねました。そこでクンセンミャーウーは「我々が前にやったことを見せてあげましょう。弓を三、四本束ねて切ったところ、完全に切れてしまい、ごとくで試したところ、三本の足を切り落としてしまいました。」と言いました。王は「切ってみなさい。」と言って、弓を三本持って来て束ねて切らせたところ、本当に切れてしまいました。そこで王は「この刀はビルマ王に持って行って献上すべきだ。大きな宝石の付いたこの私の刀と交換しよう。この刀も同じくサームターオの刀で、鞘と柄には金箔が貼られており、重さは四カン[271]ある。ここに付いている宝石はルビーで大玉が六個、小玉が一ツァレー[272]

271　＝40キャープ。

272　＝1/4ピー。

力づくで名馬と名刀を奪おうとするカムレン王

以上ある。これをお前の道具にするがよい。」と言いました。しかしクンセンミャーウーが聞き入れようとしないので、更に、銀、金も付け加えよう、と言いましたが、それでも交換に応じませんでした。そこで王は官僚たちを呼び集めて相談しました。クンセンオントンとクンセンミャーウーは、王が刀と馬を交換しようと持ちかけても応じず、また、銀、金の上積みを提案しても応じようとはしませんでした。そこで皆は「優しく言っていて二人が応じないとなれば、厳しく迫れば得られるのではないでしょうか。」ということになったのでした。

そこで王は命令を出し、ケンロムの馬乗りセンクワーンムン兄弟二人にフーヒン、マーンコン、マーンクワーンへ行って、五百人の兵を集めさせ、更にマーントン、マーンカーンの兵も一緒にすぐに連れて来るよう命じました。このように命じた上で二人を町から出しました。二人は馬に乗って夜通し走り、朝にはラーセウに着きました。センクワーンムンの内、弟の方はクンセンオントンの姪の夫で、彼の家はクンセンオントンの敷地の中にあり、彼自身はラーセウの市場に入って行きました。朝早くに兄の方が馬に乗って急いで来ました。弟の方は「こんなに急いで、いったい何があったんですか。私に話してください。」と尋ねました。兄は「クンセンオントンの敷地の中にあるお前の荷物と家族をすぐに戻って取り出せ。今、クンセンオントンとクンセンミャーウーの二人は、王様から馬と刀を要求されたのだが、それに応じなかったので、王様は我々二人に命じてマーントン、マーンカーンに兵を探しに行かせたのだ。これからその四千五百人の兵が、二人の首をはねて、馬と刀を奪い取りに来るぞ。」

と耳打ちしました。

ケンロムの馬乗りセンクワーンムンはラーセウを通り越しました。センクワーンムンの弟の方はクンセンオントンの敷地から自分の家族を連れ出しに来ましたが、彼の妻は承知せず、何度も拒否したため、ついにその事情を妻に説明しました。そこで彼の祖父母が事情を知るところとなり、彼らはクンセンオントンにそのことを伝えました。そこでクンセンオントンとクンセンミャーウーの二人は逃げ出そうかと相談したところ、住民たちは二人に同調し、「我々は一緒に武器を取り、攻め上って王の首をはねた上で逃げるべきです。」と言いました。クンセンオントンとクンセンミャーウーの二人は使用人や兵士たちを集め、その結果、五百人の兵が集まりました。夜の十二時過ぎになって攻め入り、ツァオパカムレンを殺害しました。時は一一二五年[273]、タイ暦カットモットの年でした。

クンセンオントンとその家族は、国内のどこに住んでも気分はすぐれませんでした。そうした中、ウェンカムの大老が執務室にやって来て「今、我がセンウィーロンでは、ビルマ王がセンウィー王に刀を渡して人々を殺害させるひどい行為が行われています。しかし、他の人に刀を渡して王の首をはねさせることはありませんでした。今、あなたの家族が我々の国に住んでいる限り、我々老人は住むことはできません。」と言って、種籾、家財道具を持ち、家族を連れて国を出て行きました。それからしばらくして、九日、十日が経ち、クンセンオントンとクンセンミャーウーに加えて王族、平民皆が出て行き、ウェンセンウィーは廃墟になってしまいました。一一二八年[274]三月二十九日に全員が出て行ってしまいました。

死を恐れた兄弟が先んじてカムレン王を殺害

273　西暦1763年。

王亡き後人々が国を出て、センウィーは廃墟に

274　西暦1766年。

ウンポン・スィーポ王統紀

一三一〇年[1]——本ウンポン王統紀は、世界大戦によって荒廃し、その記録も散逸してしまい、これから先、その内容を知ることが難しくなったため、かつて知識人たちが書き残しておいた記録の中から、正当な王統に関する部分を取り出し、書き留めようとしたものです。

ウンポン・スィーポ国の王統紀は、かつて知識人たちが書き残しておいた正当なものですが、王紀一三〇三年、佛暦二四八五年に世界大戦が勃発し、日本が英国政府に対して戦争を始め、国土は荒廃し、王宮は火災によって消失してしまい、どこを探しても見つけることができませんでした。今、一冊の本を発見することができましたが、その紙は薄く、破れており、ばらばらになってしまって読むことが難しくなっていて、これから先、分からなくなってしまう恐れがあって、どのようにしたら今後も受け継いでいけるかを考え、私、ロイロン[2]の郡長ウームーが自前で書き写したものが本王統紀です。

1 王紀のことである。本書で使われている年号は王紀（緬暦あるいはパガン暦とも呼ばれる）及び佛暦である。西暦638年が王紀元年に当たるが、陰暦を採用しているため、王紀を西暦に直すには月によって638年あるいは639年を加える必要がある。佛暦を西暦に直すには543年を引けばよい。

2 ナムサンのこと。

コーリア国の敗戦

“五体の御仏が未来永劫吉祥を得られんことを”―この世の初めに、王族の中で、未来の佛となるポーティリャーが生まれ、その人が君主となって、釈迦族の家系は途絶えることなく、ポーティリャーから菩薩に至り、全ての主スィッタッタクンマラとなりました。

カッピラワート国では、釈迦族だけが三十三万四千五百六十九人の王子を抱え、新たな決まりは何も加えず、古い決まりを排除することなく、君主としての行動規範十ヵ条を設けて、人々の上にたって国の統治を始めました。コーリヤ国の時代に至り、アピラーツァー王には王女がいたので、コーサラ国のコーサラ大王は「サーキーワーン族[3]の家系を未来に伝えて行きたいのです。」と言って、アピラーツァー王の娘を請い求めました。アピラーツァー王は「我々は釈迦族の家系であり、このような不信人者とは家系が違うので、娘をあげるわけにはゆきません。」と答えました。お互いの国は考え方が違い、相性が悪く、戦争を始め、コーリヤ国は抗戦かなわず、戦いに敗れました。

3 釈迦族のこと。

タコン国の建国

そこでアピラーツァー王は兵、知識人、民衆を全て引き連れて国を離れ、昔の国のあった土地にたどり着きました。その場所は、ツァオコッカサーンの治世にはサムサーラ国と呼ばれていた所で、ツァオコーナクンの時代にはラタ国と呼ばれ、ツァオカッサパの時代にはツェントイ(サーントイ)と呼ばれ、三種類の名前のあった所です。アピラーツァー王はこの地で国を興し、王宮を建設してタコン国と名付け、人々を治めてこの国を統治していました。その間にアピラーツァー王はカンラーツァーキィーとカンラーツァーゲーという名の二人の王子をもうけ、その後亡くなりました。

タコン国の繁栄

その時、長男のカンラーツァーキィーは、国を弟のカンラーツァーゲーに譲り、自らは民衆と兵を引き連れて国を離れ、ラケン[4]のティンニャワティー国を興し、王宮を建ててティンニャワティー国を統治することになりました。ツァオカンラーツァーゲーはタコン国を治め、ピンナカラーツァーとピンナレットラーツァーという二人の王子を残しました。タコン国はツァオカンラーツァーゲーからモーリヤラーツァーまで三十二代にわたって釈迦族の家系が代々統治してきました。モーリヤラーツァー・サーサナタカーの時代に国は栄え、平和で、悪人、強盗、争い、詐欺師などはなく、栄華をきわめ、その名声は四方に広がってゆきました。

4 ヤカイン(ラカイン、アラカン)のこと。

ムンマーオ国を建国

モーリヤラーツァーが亡くなった後、長男のツァオピンナカラーツァーが後を継いで国を治めていましたが、ガンダーラと中国が折り合わず、戦争となり、タコン国は破壊され、ツァオピンナカラーツァーは兵と民衆を引き連れて国を離れ、マリートンの地にたどり着いて王宮を建設し、この地に住み始めました。弟のツァオピンナレットラーツァーも民衆を引き連れて国を離れ、モーネーヤ・ムンマーオ国を興し、王宮を建設してムンマーオ国を統治しました。このムンマーオ国は、ピンナレットラーツァーマハータムマレット以来、釈迦族の家系が途絶えることなく、代々引き継がれてきました。佛暦紀元に入り、クンルーの時代に至って、ビルマにはサレーケッタラー国[5]があって、パーピーヤンマンが王となっており、ヨータヤー国[6]ではマリンマンキィーが支配しており、ムンマーオではツァオクンルーが治めていました。この三ヵ国はお互いに隣接した王国です。

5 この名称そのものはピュー族の「スリークシャトラ国」を指す。
6 この名称そのものは「アユタヤ国」を指す。

釈迦族の家系を継ぐクンルー王の優れた統治

ムンマーオのクンルー王は釈迦族の家系を途絶える

ことなく純粋に受け継いで来ており、知識と運に満ち、先祖より続いた習慣を絶やすことなく、王としての行動規範十ヵ条を守り、その心の中には不滅の誠実さがあって、とても快活で、仏教を厚く信仰し、宗教上の義務を守っていました。安居明けであれ、安居中であれ、毎月四持戒・八持戒を実行して精進し、欲望や怒りを表に出さず、四要素[7]に従って仏教及びサンガを支え、尊敬の念を持って喜捨し、民衆に対しては慈悲、同情、他人の幸せを喜ぶ心の三つの心を失わず、民衆を愛し、善人に対してはこれを支援し、悪人に対してはまっとうな道を教え諭し、国を治めていました。民衆の方も同様に、安居中も安居明けも持戒に努め、お布施を行い、米、飲み物、食料、衣類を提供しました。遠くの人から近くの人まで、士官から下士官まで、兵および民衆に不満を与えるようなことはなく、お金、米、衣類、給料、田畑はこれを分配して与えて国を治めていました。天(神)は喜び、人々は王を愛し、その栄光と名声は広まり、その威厳は大きくなって、全てのカムポーツァ国[8]は大きな国から小さな国まで――タイ・ルー、クン、ユアン、カレン、チン、カチン、タイ、パラウン、タウンドゥー[9]、ダヌ――近いところから遠いところまで、四つの方角、八つの方角から贈り物として、優れた象、きれいな馬、銀、金、きれいなダイヤ、きれいな宝石、生娘などの献上品を持参し、拝謁してその栄光にすがろうとする流れが続いていました。

7 愛情、慈悲、喜び、無欲。

8 タイ諸国のこと。

9 パオ族のこと。

ムンマーオ国を四つに分割

この王には王子として、ツァオクンライ、クンカムトン、クンカムプン、クンカムツォーの四人の王子がいました。ある時クンルー王は次のように考えました。「今、我々は近い国から遠い国までの支配者となっており、誰もが我々を愛しみ、みんな揃って我々を頼って来て、献上品を持って来て敬意を表している。我がカムポーツァ・タイ国は領土がとても広く、我々のもとに献上品を持って来るには距離も遠く、往来が困難なこともあり、また、将来自分が死んだ後、子供たちがその栄華を取り合おうとすれば、他国が我々の支配に障害を与えようと考えかねないことから、今、子供たちには少しずつその領土を分配し、各自必要な場所に自分の国を建設させれば、我々から遠くにいる人たちも往き来が楽になる。」と。そこでクンルー王は四人の王子を全ての官僚の面前に呼び出して命令を出しました。「今、もしお前たちがそれぞれ必要な場所に国を建て、そこに王宮を建てて統治すれば、子々孫々の代までずっと栄華は続くであろう。長男のクンライは自分の近くにいて、我が国を守るがよい。ツァオクンカムトンは中国と接するところに国を建ててムンコン・ムンヤーンと名付け、そこに王宮を建設して統治しなさい。ツァオクンカムプンはヨータラーと接する地に国を建ててムンナーイ・ムンパーイと名付け、そこに王宮を建てて統治しなさい。末っ子のツァオクンカムツォーはビルマと接する地に国を建ててウンポン・ムンミットと名付け、その地に王宮を建てて統治しなさい。」と言って、将官、官僚、兵、象、馬、民衆を分配して与え、それぞれの国を建設させました。

ムンウンポン・ムミットを含む3ヵ国の建国

クンカムトンは命令に従って官僚と民衆を引き連れてムンコン・ムンヤーンを建国しました。また、クンカムプンはムンナーイ・ムンパーイを建国しました。末っ子のツァオクンカムツォーは兵、象、馬、民衆を引き連れて国を離れ、近くにいる要人たちを呼び集めて協議しました。佛暦四八五年四月白分十五日ムンウンポン・ムンミットと名付けて国を興し、王宮を建て、ムンウンポンの王として君臨しました。

九十九ヵ国の誕生

ムンウンポンのツァオカムツォーには、王子としてツァオクンカムコー、クンカムパーンの二人がいました。佛暦五〇六年に至り、ビルマとタイの間の境界が複雑に入り組んでいたために、国土は混乱し、平和が保てなくなったので、ツァオクンカムパーンに兵を託して悪人たちを全て撃破し、境界線を確定して九十九の小さな国に分割し、こうして九十九ヵ国が誕生しました。

ビルマ国境で混乱

ムンミットではこの年に王宮を建設し、統治を始めました。ツァオクンカムツォーはムンウンポンの王として三十五年間在位し、佛暦五二〇年に亡くなりました。その後は長男ツァオクンカムコーが引き継いで国を治めました。ツァオカムコーには王子としてツァオカムコット、ツァオクンカムトットの二人の兄弟がいました。このウンポン王は三十三年間在位し、佛暦五五三年に亡くなりました。その後、長男ツァオクンカムコットが国の統治を引き継ぎ、二十六年間統治した後、佛暦五五八年[10]に亡くなりました。その後、弟のツァオクンカムトット[11]が国の統治を引き継ぎました。ツァオクンカムトットには王子としてクンカムムン、クンカムウン、クンカムスンの三人の兄弟がいました。クンカムトットは三十六年間在位し、佛暦六一五年[12]に亡くなりました。その後はツァオクンカムムンが統治を継承し、三十三年間統治した後、佛暦六四八年[13]に亡くなりました。その後は弟ツァオクンカムウンが国の統治を継承して十七年間統治し、佛暦六七〇年[14]に亡くなりました。その後は弟ツァオクンカムスンが国の統治を継承しました。このクンカムスンに

10　王統譜では五七九年となっており、在位期間二十六年間となればこちらの方が正しいであろう。

11　王統譜では子供のツァオラーオカムトットとなっている。

12　王統譜では六一四年となっている。

13　王統譜では六四七年となっている。

14　王統譜では六六四年となっている。在位期間十七年とすれば、王統譜に従えば六六四年であり、本文に従えば六六五年となる。

は王子としてツァオクンカムキョーがおり、四十四年間統治して佛暦七一四年[15]に亡くなりました。その後はツァオクンカムキョーが継承して国を治めました。この頃ビルマではサレーケッタラー国が滅び、ピュー族の王がいなくなったため、彼らは野蛮な行動に走り、破壊活動を行って、物品、民衆を略奪し、混乱に陥ったので、タイ国との国境地帯には動揺が起こりました。そこでツァオクンカムキョーは「このようにピューの国が混乱していては、我々タイ人の心中は穏やかにはなれない。境を接する地域に要塞を築いて町を守るべきだ。」と言って、長官スンクワーンをリーダーに任命し、官僚百人に対して各自百戸の家を与え、合計一万戸の家を建てて国境に要塞を構築させました。この要塞は官僚百人が出向いて築いたところから、「百人の官僚の町」と呼ばれるようになりました。

15　王統譜では七〇八年となっている。王統譜に従えば七〇八年であり、本文に従えば七〇九年である。

ムンマーオ国とウンポン国で統治者を相互に派遣

佛暦七二一年、ムンマーオの書記官たちが献上品を持って来訪し、ツァオクンカムキョーに対して「我がムンマーオ国は今、王位を継承する王族がいなくなってしまいました。我が国王には子供がなく、国に君臨する人が誰もいなくなり、人は静かで平和な生活ができなくなっています。王様にあっては、代々ムンマーオの家系が途絶えたことがないので、どなたかを派遣し、わが国を治めてくださいませんでしょうか。」と言いました。そこでツァオクンカムキョーは伯父のクンカムムンの子ツァオクンツァームミャを派遣してムンマーオ国を治めさせました。ツァオクンカムキョーは三十六年間統治して佛暦七五〇年[16]に亡くなりましたが、その後を継承する者がいなくなったので、ウンポン国の高官はムンマーオ王のツァオツァームミャに王の派遣をお願いしました。そこでツァオクンツァー

16　王統譜では七四四年となっている。王統譜に従えば七四四年であり、本文に従えば七四五年となる。

ビルマのパガン国がウンポン国に同盟を申し入れる

ムミャはウンポン国に支配者がいない間プースンクワーンの子ポーアーイピウに長官として統治を行うよう命令を下し、彼をウンポン国の長官として推挙し、この国を治めさせました。

佛暦七五二年に至り、パガン国王クンサムムックタレットは「我がパガン国では、我々の伯父スパニャーナーカラがお亡くなりになった時から十三年間国王がいませんでした。その間、ピュー国王がやって来て、破壊活動を行い、ロイヨンロットの近くに国を作ろうとしています。そこで我々は対抗しようとしましたが、十九の村しか集まらなく、ピュー族たちは破壊活動を続けています。このようなことでは、我々は大国と同盟を結ばない限り、生活が成り行かなくなってしまいました。今、ウンポン国の長官ポーアーイピウにあっては、兵と武器は豊富にあり、国は大きく、武勇能力に優れ、国力があって、知識も優秀で、力もあるので、我々と同盟を結んで我々を敵から解放し、ピュー族の問題を解決して、平和になって、幸せになれるように我々を助けてもらえないでしょうか。」と話し、手紙を書いてパッタセーナとパッタウンナの二人の官僚に命じて、献上品を持って、長官ポーアーイピウのもとに行かせました。彼らは「今、我々パガン国の王ツァオサムムックタレットはウンポン国と同盟を結び、お互いに愛し合って、何か事があったときには相互依存に基づいて助け合い、二つの兄弟国を一国のようにして、お互いに助け合おうではありませんか、と言っているので、長官の許に参上いたしました。」と言って、パガン国からの手紙と献上品を差し出しました。そこで長官ポーアーイピウは、「これまでビルマと我々タイ国は協力し合ったことはなく、ビルマ語は我々には分からないのに、どのように協力することができるのか。」と下問してきました。パッタセーナとパッタウンナは、「その通りです。しかし、これまでビルマとタイはお互いに協力してこなかったということは、お互いに言ってはいけないのです。動物の間では、鼠の頭目ヒリマニャと鳩の頭目ツィックタラキーマーは同盟を結んでいて、鳩五百羽が狩人の罠にかかったとき、その頭目が鼠の頭目のところへ行って救助を求め、解き放ってもらったことがあります。鹿と烏が同盟を結んでいて、鹿が狩人の罠にかかったとき、烏は知恵を働かせて助け、鹿の命を救ったという例もあります。今、長官とサムムックタレットが同盟を結んで相互依存関係を作って助け合えば、外からの危険に対してお互いに強くなり、お互いに助け合えばお互い敵となることもありません。」と話しました。そこで長官ポーアーイピウは、彼らの言う通りだとすると彼らと協力した方がいい、と考え、ビルマの様子がどうであるかを知るために、「弟のポーパーンを彼らと一緒に行かせて見てきなさい。」と言って、弟のポーパーンを彼らと一緒にビルマに行かせました。サムムックタレット王は、ウンポン国が同盟を結んでくれるようにいろいろと努力して、ポーパーンを盛大にもてなし、贈答品として、金一ツォイ、銀千キャープ、牡と牝の水牛百頭、牡と牝の牛百頭、シャン木綿、絹、しゅす、ヴェルヴェットを大量に与えて、「今ピュー族が我々を大変困らせているので、どうかウンポンの長官に助けていただいて、ピュー族と戦ってください。」とポーパーンに言いました。ポーパーンはサムムックタレットからの贈答品を受け取り、帰って来て長官ポーアーイピウに差し出し、言われたことばを伝えました。ポーアーイピウは「それなら助けよう。」と言って、兵と武器を集め、カーマニツァンタに命じて兵を率いて戦わせました。ピュー族は撃退され、大量の戦死者を出しました。タイ国は勝利し、こうしてパガン国のサムムックタレット王とウンポン国は同盟を結びました。

ムンマーオ王の子がウンポン国に君臨

ポーアーイピウは長官として三十年間統治し、佛暦七八〇年[17]に死亡し、ウンポンには統治者がいなくなりました。そこで高官たちはツァオクンツァームミャの子でムンマーオの王ツァオスーホムパのもとへ行き、そのことを伝えました。ツァオスーホムパはポーアーイピウの子ポーユンに、父親に代わって長官の後を継ぐよう命じました。そこで高官たちは帰って来て、彼をウンポン国の統治者としました。ポーユンはウンポン国を二十六年間統治し、佛暦八〇六年[18]に亡くなりました。ポーユンの死後、ポーアーイピウの弟ポーパーンが四年間国を治めていましたが、ムンマーオ王ツァオスーホムパの子ツァオスーパーンパが兵と民衆を引き連れてウンポン国にやって来たので、ポーパーンは戦うことなく国を差し出しました。ツァオスーパーンパは誰をも叱責することなく、王宮を改修してウンポン国に君臨しました。彼は王として五十二年間在位し、佛暦八五二年[19]に亡くなりました。その後は子供のツァオスーワーイパが王位を継承しました。

17　王統譜では七七三年となっている。

18　王統譜では八〇〇年となっている。

19　王統譜では八五六年となっている。

ムンマーオ王の弟がウンポン国を経営

その頃、ムンマーオにいる父親の弟ツァオスーパーンパが兄と仲たがいし、弟のツァオスーケムパを連れてムンウンポンにやって来ました。ウンポン王スーワーイパは彼らを受け入れて面倒を見、国の仕事をすべて彼らに任せました。ツァオスーワーイパは三十八年間王を務めて亡くなり、ツァオスーゲーパが後を継いで三十四年間統治しました。彼が亡くなった後は弟のツァオスーケムパが後を継いで三十九年間統治し、佛暦九六三年[20]に亡くなりました。その後はツァオスーケムパの子ツァオスーホムパが継承しました。ツァオスーパーンパの弟はツァオスーホムパが八歳になったときから皇太子の地位を与えていました。

20　王統譜では九六七年となっている。

代々の王が田を開き、ウンポン国は繁栄

ツァオスーホムパは貧しい人も皆食にありつけるように、堰を作り水溝を掘って水が流れていくようにし、ウンポンの北側に田畑を開墾して、五十バスケットの種籾がまける田んぼを作り、毎年水溝を増やしていって、民衆が皆食にありつけるように配慮しました。ツァオスーホムパは四十五年間在位し、佛暦一〇〇八年[21]に亡くなりました。その後は弟で皇太子であったスーパークパが即位しました。ツァオスーパークパには子供として、ツァオスーピックパ、ツァオスーポーパの兄弟二人がありました。ツァオスーパークパは三十五年間王位にあった後亡くなり、その後長男のツァオスーピックパが継承して十七年間在位し、佛暦一〇六〇年[22]に亡くなりました。その後は弟のツァオスーポーパが継いで国を治め、民衆は水路を掘って田を開き、町の東側に百バスケットの種籾がまける田んぼを作り、人々の食を満たしました。ツァオスーポーパは三十五年間王位にあって、佛暦一〇九五年[23]に亡くなりました。ツァオスーピックパの子ツァオスーコーパがその後を継ぎ、二十二年間統治した後亡くなりました。その後は弟のツァオスーペンパが継ぎ、水路を作ってムンランに田んぼを開墾し、二百バスケットの種籾がまける田んぼを開いて人々の食を満たしました。この王は三十四年間在位して亡くなりました。その後は子供のツァオスーケムパが国を治め、水路を作ってナム

21　王統譜では一〇一三年となっている。

22　王統譜では一〇六五年となっている。

23　王統譜では一一〇〇年となっている。

マに田んぼを開墾し、百バスケットの種籾がまける田んぼを作り、更に、ラックテン、キョンカムに水路を作って田を開き、五十バスケットの種籾がまける田んぼを作って人々の食を満たしました。この王は二十五年間在位して亡くなり、その後は弟のスーホムパが二十二年間王位にあって佛暦一一九八年[24]に亡くなりました。その後は子供のスーピンパ[25]が後を継いで統治し、牛飼い、馬飼い、奴隷、商人たち皆の往来が楽になり、楽しくなるように国土を整備しました。王として三十三年間在位し、王紀四九年、佛暦一二三一年に亡くなりました。その後は叔父のツァオスーヒップパが継承し、二十四年間統治して亡くなりました。それからは子供のスーツォーパが二十七年間統治して王紀百年、佛暦一二八二年に亡くなりました。その後はその子ツァオスーホーパが継承して統治し、主要道路を通り易く快適なものにして国土を整備すると共に、パッキィー村に田んぼを開墾し、五十バスケットの種籾がまける田んぼを作って人々が生活できるようにしました。

歴代の王が田を開き、道路や寺院を修復

ツァオスーホーパには男の子としてツァオスーホムパ、ツァオスーウムパという二人の兄弟がいました。この二人の兄弟王子は一緒にムンターンに二百バスケットの種籾が蒔ける田んぼを開墾し、それぞれが百バスケット分を開墾し、ツァオスーホムパが開墾した田んぼはムンターンの人々が耕作する為に与え、弟のスーウムパが開墾した田んぼはムンターンの人には与えず、従者を連れて村を作り、畑を作り、家を建てて住まわせて田を耕作させました。そこでツァオスーウムパの従者たちが作った村はマーンカー[26]と呼ばれ、ビルマ語ではチュンユワーと呼ばれましたが、その後時

24　王統譜では名前がツァオスーハームパとなっており、一二〇三年となっている。

25　王統譜ではツァオスーペムパとなっている。

26　奴隷の村の意。

を経てマーンカーパッカーと呼ばれるようになりました。父親のスーホーパは二十二年間在位し、王紀一二二年、佛暦一三〇四年に亡くなりました。その子ツァオスーホムパは後を継いで三十六年間治め、王紀一五八年、佛暦一三四〇年に亡くなりました。後は弟のツァオスーウムパが即位し、キョイクン[27]の田んぼを広げて五十バスケットの種籾が蒔ける田んぼを作ってキョイクンの人々に耕作させました。ツァオスーウムパは十八年間在位し、王紀一七六年、佛暦一三五八年に亡くなりました。その後は叔父のツァオスーハートパが継承してターテーに三十バスケットの種籾が蒔ける田んぼを開き、パーンヌーには二十バスケットの種籾が蒔ける田んぼを開いてターテーの人々に耕作させました。ツァオスーハートパは四十六年間在位し、王紀二二二年、佛暦一四〇四年に亡くなりました。その後は子供のツァオスーケックパ[28]が継承し、ナーペンに二十バスケットの種籾が蒔ける田んぼを開墾してナーペンの人々に耕作させました。ツァオスーケックパは三十七年間在位し、王紀二五九年、佛暦一四四一年に亡くなりました。父親が亡くなった後は、その子ツァオスータームパが後を継いで十五年間在位し、亡くなりました。その後は弟のツァオスーワーイパが三十五年間在位して王紀三〇九年、佛暦一四九一年に亡くなりました。その子スーカーンパは父親の後を継いで即位し、ターパーラーイ大通りを馬飼い、牛飼い、担ぎ屋の往来が容易になるように補修拡幅し、きれいにしました。パーンパオに田んぼを開墾し、二十バスケットの種籾を蒔けるようにし、パーンパオの人たちに与えて、彼らが耕作して生活できるようにしました。ツァオスーカーンパは十七年間在位し、王紀三一六年、

27　キョックメー(チャオメー)のこと。

28　王統譜ではツァオスーカークパとなっている。

佛暦一四九八年に亡くなりました。その後はツァオスーモックパが即位し、ターツェーエンを改修整備して往来を容易にしました。ツァオスーモックパは十四年間在位した後亡くなりました。その子ツァオスーツォムパは父親の後を継いで即位し、二十八年間在位して亡くなりました。その後は子供のスーツムパが後を継いで即位し、ワントックウェンに三十バスケットの種籾が蒔ける田んぼを開墾させました。この王は三十二年間在位し、王紀三九〇年、佛暦一五七二年[29]に亡くなりました。その子ツァオスーウムパが父親の後を継いで三十六年間統治し、ホークットに五十バスケットの種籾が蒔ける田んぼを開墾しました。三十六年間在位して亡くなった後、甥のスーイェップパ[30]が後を継いでナムスィムに五十バスケットの種籾が蒔ける水田を開墾し、また、モーキョーに百バスケットの種籾が蒔ける水田を開墾してモーキョー及びナムスィムの人たちに与えて耕作させました。彼は二十二年間在位し、王紀四四八年、佛暦一六三〇年[31]に亡くなりました。その後は子供のスーホムパが継承して即位し、ツェーモンに百バスケットの種籾が蒔ける田んぼを開墾しました。彼は三十三年間在位して亡くなり、その子ツァオスーツァームパが後を継いで即位しました。彼は代々の王が行ってきた功徳を受け継ぎ、寺院、パゴダ、モーキョーの仏像など、古くなって傷みが現れたものの修理、修復を行いました。ツァオスーツァームパは十八年間在位し、王紀四九九年、佛暦一六八一年[32]に亡くなりました。

29　王統譜では三十三年間在位し、王紀四〇一年、佛暦一五八三年に亡くなったとなっている。

30　王統譜ではツァオスーハームパとなっている。

31　計算が合わない。

32　計算が合わない。王統譜では王紀五〇九年、佛暦一六九一年となっている。

ムンミットに冬の離宮を建設

そこで、その弟のツァオスーソンパ[33]は兄嫁ナーンネンカムを王妃として、共に国を治めました。ツァオスーソンパは「ウンポン国は暑季にはとても暑く、雨季が過ごし易いだけだ。冬はまたとても寒く、ムンミットは冬の間の四ヵ月間は暖かい所なので、そこで過ごすのがよい。」と言って、冬の間そこで暮らすためにナムミット川とナムモン川が合流する地点に宮殿を建てるよう命じました。そこで高官のスンクワーンムンパーセンと知事のウームンの二人が視察に出かけ、王紀五〇二年、佛暦一六八四年の八月白分八日に銀紙、金紙を貼り付け、宮殿を建て、塀を作り、倉庫を作って出来上がりました。こうして雨季と暑季にはウンポンの町に住み、冬にはムンミット・ナムモン宮殿に移るといった生活がずっと続きました。このツァオスーソンパには王子としてクンスーとクンカムパーンとクンカムコットの三兄弟がいました。ツァオクンスーソンパは二十六年間在位し、王紀五二五年、佛暦一七〇七年[34]に亡くなりました。

33　王統譜ではツァオスーツォンパとなっている。

34　王統譜では王紀五二五年、佛暦一七一七年となっている。

ムントゥムに避暑宮殿を建設

長男のツァオクンスーがその後を継いで即位し、弟のクンカムパーンにはクサーラーツァーマハースーホムパの名を与えて皇太子とし、国政に関する諸問題を全て譲り、末弟のクンカムコットには父親のスーソンパが使っていたムンミットの宮殿を与えてムンミットを治めさせました。ツァオクンスーには王子としてクンペーがいました。ムンミットのツァオクンカムコットには王女ナーンアーンツンと王子スーケムパの二人の姉弟がいました。王弟で皇太子のクサーラーツァーマハースーホムパは、父親のスーソンパに倣って、冬と夏に住みやすい場所を探し出すようにとの命令を出しました。そこでスンクワーンムンは「ウンポンの町からあまり遠くなく、また、あまり近くもない二千ター[35]離れた場所では、土地は平らで、山に取り囲まれており、涼しくて静かです。」と言いました。これに

35　１ター＝７キュービット≒3.2メートル

対して皇太子は「それなら、その場所の周辺で農業を営んでいる農民たちを使って宮殿を建てるための土地を整えさせ、森を切り開いて宮殿を建設する村に対しては、国政上の負担を軽くして、税を免除しなさい。」との命令を出しました。そこで、調査してその場所にある村のリストを作ったところ、全部で五十八ヵ村あったので、この五十八ヵ村の人々に命じて森を切り開き、宮殿を建設するよう命じました。乾季と暑季にはこの宮殿に赴き、この宮殿にいるときには、南部諸国の王や領主たちが集まって来てそこで国政の話をしました。この宮殿を建てた場所は王紀五三五年、佛暦一七一七年八月白分八日にウェンムントゥムと名付けられました。クサーラツァーマハースーホムパは暑季にはムントゥムへ行き、冬にはムンカーに来て、宮殿を建設してそこに住み、雨季にはウンポンに帰って住んでいました。ツァオクンスーは四十二年間在位し、王紀五六七年、佛暦一七四九年[36]に亡くなりました。その後は弟のツァオクサーラーツァーマハースーホムパが後を継いで即位し、プンウォーパーンツァームに百バスケットの種籾が蒔ける田んぼを開墾し、ムンカーにも百バスケットの種籾が蒔ける田んぼを開墾して、全ての農民が耕作できるよう支援し、種籾、野菜の種、水牛なども与えました。この王は二十三年間在位し、王紀五九〇年、佛暦一七七二年[37]に亡くなりました。

36 王統譜では王紀五七七年、佛暦一七五九年となっている。

37 王統譜では王紀六〇〇年、佛暦一七八二年となっている。

叔父から皇太子に任命されたクンペー

そこで高官たちは相談し、「今、我が王は逝去されました。ツァオクンスーの子であるクンペーが正しい血統を受け継いだ人に当たります。」とツァオクンペーに伝えました。それに対してクンペーは「まず、叔父であるムンミット王の許可を求める必要があります。もし叔父の許しが得られれば、王として即位しましょう。しかし、もし許しが得られなければ、そうしたくはありません。」と答えました。そこで高官たちはムンミットのツァオカムコットにそのことを告げると、ツァオクンカムコットはムンミットを王子のツァオスークムパに譲って、自分はウンポンに戻って即位しました。そこで娘のツァオナーンアーンツンと甥のクンペーを結婚させ、ツァオクンペーを皇太子に任命してウンポン国を治めました。ツァオクンカムコットは四十一年間在位して亡くなりました。その後は、ツァオクンペーが後を継いで五年間統治した後、ツァオクンペーの子クンカムキョーが継承して四十六年間統治しました。その後は弟のクンカムソイが継いで十八年間統治し、後はツァオクンカムキョーの子が継いで三十三年間統治しました。その後は弟のクンキョーモイが継いで三十年間統治し、王紀七六三年、佛暦一九四五年[38]に亡くなりました。

このとき王族の血統を受け継ぐ子供はなく、高官たちの間で誰を統治者にしたらよいかを相談したところ、スンカムムンリーは、「父祖の時代から代々釈迦族の家系が途絶えることなくウンポン国を治めてきました。ムンミットではウンポンの宮殿を建設したツァオクンカムツォーの子で一番下のクンカムパーンがムンミットを興して君臨し、王紀五二五年にはウンポン王スーソンパの子供たちでムンウンポンとムンミットを分け合って治めてきており、釈迦一族の血統が途切れることなく続いています。今、我々としてはムンミットのツァオクンターンを招くのが良いのではないだろうか。」と言いました。これには皆が賛成し、高官たちは「皆一緒に行こう」と言って、ムンミットの支配者スーコンパに対して「今、我がムンウンポンでは

38　王統譜では王紀七七二年、佛暦一九五五年となっている。

ツァオスーコンパの代に国の栄光が輝く

王統が途絶え、正しい血統を受け継ぐ人がいなくなってしまいました。そこで、王様のお子様の中でどなたか一人をムンウンポンに派遣していただき、統治していただけないでしょうか。」と言いました。そこでツァオスーコンパはムンミットを弟のツァオスーホムパに譲り、自分は高官たちと一緒にムンウンポンにやって来てこの国を統治しました。王紀七六三年、佛暦一九四五年[39]にツァオスーコンパはムンウンポンの王として即位しました。このツァオスーコンパは知性が豊かで、才能に優れ、武器は豊富にあったので、勇気ある人たちを官吏に登用し、兵、士官、官吏、役人たちは聡明で賢く、知識が豊かで、知識人や賢者もいて、王に対して役人たちが問題を起こすこともなく、給料、食料、田畑、米、衣類を分配し、宗教[40]を保護し、出家僧たちを支援し、民衆は王をこよなく愛し、王は民衆を、民衆は王をそれぞれ愛していました。これによって国の栄光は輝き、その名声は近いところから遠いところまであまねく広まり、ケンユン[41]、ケントゥン、クンヨン[42]、ヨータヤー[43]を始め、それぞれの国からやって来て忠誠を誓い、国は栄光に輝き、豊かで平和で、災難はなく、王から民衆に至るまで豊かさを享受していました。

39　王統譜では王紀七七三年、佛暦一九五五年となっている。

40　仏教のこと。

41　景洪のこと。

42　ラーンナーのこと。

43　アユタヤのこと。

ツァオスーコンパの奢り

その頃、アーンワ国は初代マンコン王[44]が支配していた時代で、とても繁栄し、「飛び立った鳥が地上に落ちることはない。」と言われていました。ツァオスーコンパはこのことを知り、「各国が皆我々のもとに来て忠誠を誓っているのに、ムンアーンワは他の国のようにやって来ることを強く拒んでいる。このはぬい鳥[45]ははばたいてガルーダ[46]に反抗している。ムンアーンワのアマラプーラは人口が多いと言っても、その

44　アーンワ王朝第四代ミンカウン王（西暦1401年—1422年）か。

45　ムンアーンワのこと。

46　ムンウンポンのこと。

国土はこまを回すだけの広さしかない。われわれには武器や兵が豊富にあって、力があるので、仮にアーンワのアマラ市にレンガの塀や鋼鉄の塀を作って我々を防ごうとしても、我々はそれを打ち破ることができる。」と言いました。そこで、武器、兵、象部隊、馬部隊を集めて王紀七七六年四月白分十二日の吉日を選び、兵を率いて町を出発しました。炎が隊列の後方に見えたので、王は高官のウームンに、これはどういうことか、と尋ねたのに対し、ウームンは「兵を率いて出陣するときに、もし炎が右手側に見えた場合はカツァアーサーといって、出陣するのはよくありません。災難が降りかかり、相手に負けることになります。もし隊列の前方に炎が見えた場合は、アリクタパイといって、相手方から敗北をこうむることになります。左側に炎が見えた場合は、イックカウェンパイといって、栄光と力量が強く、大きく、勝利することができます。後方に炎が見えた場合は、サアラペオパイといって、とても明るく輝き、相手方は若い女性、象、馬、銀、金を差し出すでしょう。天宮図から判断すればこのようになります。」とツァオスーコンパに答えました。そこでツァオスーコンパは高官ウームンのこうしたことばをとても気に入り、「もうすでにアマラプーラは我らの手の中に入ってしまったようなものだ。」と言って、ウームンに褒美を与えました。

アーンワ国王初代マンコンがツァオスーコンパとの宥和を画策

ツァオスーコンパは象八十頭、馬千頭、兵八万人を引き連れて、四月白分十五日にムンアーンワに向けて出陣し、トゥンタラートゥントンに陣地を築き、軍を整えて、強固な塹壕を掘りました。そこで高官のウームンに命じて初代マンコンのもとに行かせ、「今、ウンポン王スーコンパは、我々に抗戦するのか、それとも我々に服従するのか、と迫っています。」と初代マンコンに伝えました。そこで初代マンコンは知識人のポーラツァーを呼び、「今、ウンポン王のツァオスーコンパが兵、武器、象、馬を率いてわが国の近くにやって来ているが、我々は抗戦すべきだろうか、それとも、降伏すべきだろうか、どのようにしたら国は穏やかになり、また、我々はどのように考えて行動したらよいだろうか。」と下問しました。そこで、高官ポーラツァーは「二つの卵はお互いにぶつかれば一方は割れます。抗戦して戦争をすれば、今回は我々が勝ったとしても、敵意はなくなりません。薪の燃えかすや火種はどうしてもなくなりません。しばらくすれば再び燃え出します。土の塊の場合、火で焼けば焼くほど硬くなります。こうした土の塊は水に浸しても軟らかくなって解けていくことはなく、災難や敵にはなりません。例えば、孔雀について、これまで六代の王様に亙ってずっと捕まえようとしてきましたが、一度も捕まえることができませんでした。六代の王様がなくなり、七代目の王様になったとき、賢い狩人に命じて孔雀を捕まえに行かせました。そこで狩人はメスの孔雀に、柔らかくて、繊細で、心地よく、甘い声で鳴くよう教え込みました。何度も教え込んだ上で罠を仕掛けに行きました。こうした甘い声を聞いて孔雀は心の煩悩に負けて、自らに砦を築く間もなく、偈頌を唱える間もなく、飛んで行って罠にかかり、狩人は捕まえることができました。この例のように考えてみてください。」と言いました。そこで初代マンコンは思案をめぐらした末、「それでは孫娘のマンツァンターをスーコンパに差し出して結婚させ、我々の義理の子、義理の孫としよう。そうすれば二つの国は一つの国となり、同盟を結ぶことになり、相互依存関係に入ることとなって、どちらかに問題が起こったときにはお互いに助け合えることになり、スーコンパが同意してくれさえすれば結構なことだ。上手に話のできる識者を選んでスーコンパのもとに行かせなさい。」と命じました。そこで識者ポーラツァーは手紙を書き、役人のツェースキョーティンに命じて、献上品と手紙を持たせ、ツァオスーコンパのもとへ行かせました。ツェースキョーティンは命令に従ってウンポン王スーコンパのもとへ行き、献上品と手紙を差し出し、「現在、陛下が兵、象、馬、奴隷を率いてアマラプーラの地に留まっていらっしゃるので、人々はとても驚き、恐怖を感じています。夏の季節に加えて、太陽光が強く、象、馬、人は疲れきっています。我が王、初代マンコンには、陛下に対して怒りを持ったり、抗戦する意思はありません。ただ、国が平和で、民衆、生き物、僧侶たちが穏やかに過ごせることだけを願っております。そこで、二つの国が一つの国のようになることを願って、自らの孫娘を陛下のもとに嫁がせ、陛下を義理の息子、義理の孫としたいと申しており、そのことをお伝えに参りました。」と言いました。そこでツァオスーコンパはマンコン大王の手紙を読み終え、「近くの者。もし手紙にある通り、また、この使いの者の言葉通りだとすると、我々にとっては満足で、納得できるものだ。もしこれが本当だとすると、長くここに留まっていてはいけない。早く事を成就させ、我々は国に帰るべきだ。マンコン大王のもとへ行ってこのように伝えなさい。」と命じました。このように命じられたので、ツェースキョーティンはツァオスーコンパの命令通り、初代マンコンのもとに戻ってこのことを伝えました。そこで初代マンコンは高官のポーラツァーを呼び、「今、スーコンパは我々の願いに同意してくれた。ついては、事が速やかに収まるよう、王室の習慣及び記録文書に従って、結婚式のための仮宮殿を建て、結婚させることについて早く準備を進め、孫娘のマンツァンターをスーコンパに嫁がせなさい。」と命じました。そこでポーラツァーは王室の婚礼の習慣に従って、結婚式を行うための仮宮殿を建設し、マンツァンターに衣装を付け、首飾り、綬を付け、宝石をちりばめ、銀、金の糸を通して九種の宝石を付け、霊界の王女がこの世の国に降りてきたかのように飾りつけました。象、馬、兵士たちが屋敷の前と後ろに並び、二本の象牙の間[47]をマンツァンターテーウィーが象に乗って出発し、結婚式が執り行われる仮宮殿のあるタープ村に着きました。ツァオスーコンパはこの結婚をとても喜びました。そこでポーラツァーは「王様。これで王様とマンコン大王とは親戚関係になり、二つの国は一つの国のようになって、相互依存関係に入り、どちらかに問題が起った場合にはお互いに助け合えることになりました。一方、その領土はムンサレーケッタラー[48]の時代からずっと拡大を続けてゆき、今ではムンウンポンの領土とくっつくようになっています。これから先、もめごとを起こさないために、王様が今陣地を構えている場所から境界線を引いて、領土を確定しておこうではありませんか。」と言いました。ツァオスーコンパは初代マンコンと親戚関係になったことに鑑み、ポーラツァーの言った通りにすることに同意しました。そこで、マンコン側はキョックミーに境界を示すパゴダを一基建て、そこからトゥットケー山を上っていって、その北側のセンキャーン山にパゴダを一基建て、そこから

47　両側に人が並んだ間のこと。

48　スリークシャトラのこと。

更にワーピウ山に沿って山の頂上までをスーコンパの領土として分け与えました。

初代マンコン王の孫娘がウンポン国王妃に

スーコンパはナーンマンツァンターを連れて国に戻って来ました。マンツァンターはナーンソイキャーと名を変え、スーコンパは彼女を王妃としました。ツァオスーコンパは二十二年間在位し、王紀七八五年、佛暦一九六七年[49]に亡くなりました。その王子はまだ若過ぎたので、ムンミット王スーホムパの弟の子ツァオロイサーンパを迎え、彼はナーンソイキャーと結婚してムンウンポンに君臨しました。

49　王統譜では王紀七九五年、佛暦一九七七年となっている。

アーンワ国軍とウンポン国軍が対峙

この時代ムンアーンワではスィーハスーが国を治めていましたが、この王は王妃を愛することはなく、側室ばかりを愛して正室をほったらかしにしていたため、正室のスィンポメーはツァオスィーハスーに対する怒りがこみ上げ、絹織物、シュス、ビロード、カーサーなどの反物を用意し、それに麝香、薔薇の香水をかけてよく包み、密書を付けてツァオロイサーンパのもとに送って来ました。密書には「こちらに来てスィーハスーを追放し、私と協力して国を治めてください。」とありました。ロイサーンパは手紙を読み、スィンポメーが送って来た品物を眺めてとても喜び、兵を集め始めました。スィーハスーはその噂を知り、カレーキェートンニョーに手紙を書いて「ムンウンポン王が、今、兵を集めてムンアーンワに攻撃を仕掛けようとしているようですが、早く兵を連れて助けに来てください。」と伝えました。そこでカレーキェートンニョーは兵を集めてアーンワを助けにやって来ました。ツァオロイサーンパは象八十頭、馬千頭、兵八万人を率いていっせいにアーンワに下りて来て、巨大な陣地に陣取り、兵を進めてアーンワを包囲しました。

そこでキェートンニョーの部隊は橋の入り口を塞いで町に侵入できないようにしたため、両大軍は対峙してにらみ合いの状態になりました。ツァオロイサーンパはナーンミパヤースィンポメーが、冷静で賢明な人を選んで自分のもとによこしたものと考え、何ら気にすることもなく、祭りを行って楽しく過ごしていました。マンラゲー[50]と高官たちが兵を集めて包囲し、攻撃を仕掛けたときにはもう既に時遅く、ロイサーンパは慌てて逃げ出し、象、馬、歩兵を撤収して国に帰って来ました。

50 ミンフラゲー(西暦1426年)のことか。

アーンワ国の実権を握ったキェートンニョーをムンヤーンのサトーラーツァーが殺害

その時、マンラゲーとスィンポメーはキェートンニョーを重要人物として扱っており、宮殿の中では自由な行動を許し、いつでも出入りができるように、何の制限も設けていなかったので、キェートンニョーはマンラゲーを殺害し、スィンポメーと手を組み、献上品と親書を準備してツァオロイサーンパのもとにやって来て、「私たちを実の子、実の孫とみなして、どうか大いに愛してください。」と伝えました。そこでツァオロイサーンパは怒り出すこともなく、「結構だ。よいことも悪いことも全て援助しよう。」と返答し、アーンワはカレーキェートンニョーが治めることになりました。ムンヤーンのツァオサトーラーツァーがこのことを知り、兵を集めてアーンワにやって来てムンツァケン[51]を攻撃したため、キェートンニョーは親書をしたため、人を遣わしてツァオロイサーンパのもとに届け、「ウンポンの王にあっては、敵サトーラーツァーから国を守るために助けに来てください。ウンポン王が来て下さらなければ、勝てません。」と伝えました。ツァオロイサーンパは「これまでに約束しているので、助けなければ約束を果たせなくなってしまう。」

51 サガインのこと。

と言って、王自ら象八十頭、馬五百頭、兵三万人を引き連れてムンアーンワに下り、ソイキェットイットに陣地を構えました。そこでムンヤーンのサトーラーツァーは「ウンポンの王様が援軍に来たのでは我々は勝てない。ウンポン王が助けなければ我々は勝てるのだ。」と言って賢者に手紙を託してツァオロイサーンパのもとに派遣し、「キェートンニョーという人は徳のない人で、何をすべきで、何をすべきでないか、全く考えない人です。マンラゲーが彼に品物、食料、銀、金など全てを与え、国に関する全ての責任を与えて、宮殿の中では、昼夜を問わずいつでも出入りを自由にして、何の制限も設けていなかったにもかかわらず、マンラゲーを殺害したばかりか、ツァオウンポンがやって来て、スィーハスー[52]を攻撃しようとした時には、彼は援軍としてやって来てツァオウンポンを攻撃しようとしたのです。彼はスィーハスーと同盟を結んでいながらスィーハスーの息子マンラゲーを殺害したのです。このような徳のない人を自己の側に持つべきではありません。軍を出してはいけません。ツァオウンポンはいろいろとお疲れのようですので、中立の立場でいてください。我々がこうした徳のない人を戒めます。」と伝えました。ツァオロイサーンパは「こうしたツァオサトーラーツァーの言うことは全くその通りだ。」と言って、キェートンニョーを助けることなく、軍を引き上げて帰って来ました。ムンヤーンのサトーラーツァーの方はキェートンニョーに圧勝し、彼を捕まえて殺害し、マンタラームンヤーンの名を受けてナーンスィンポメーと手を組み、ムンアーンワを統治することになりました。ムンウンポンとは同盟を結んで、二国を一国のように考えて強く慈しみ合い、仲良く付

52　マンラゲーの父か。

き合いをしました。

ツァオロイサーンパは十五年間在位し、佛暦一九八二年[53]に亡くなりました。その子ツァオスーワーイパが後を継いで国を治め、王子としてツァオスーホムパ、ツァオスーハームパ、ツァオスーペンパの三兄弟をもうけました。ツァオスーワーイパは十年間在位し、その子ツァオスーホムパが六年、ツァオスーハームパが七年統治した後、王紀八二三年、佛暦二〇〇五年[54]に亡くなりました。その後は王子ツァオスーペンパが継承して国を治めました。この王には王子としてツァオスーピックパ、ツァオスーノーパ、ツァオスーツォムパの三兄弟がありました。ツァオスーペンパは十年間在位し、王紀八三三年[55]に亡くなり、その後は長男のツァオスーピックパが後を継いで即位し、王子としてツァオスーケムパ、ツァオスーツムパ、ツァオスーソンパをもうけました。ツァオスーピックパは八年間在位し、王紀八四一年[56]に亡くなりました。その後は二番目の弟スーノーパが即位して、八年間在位の後に亡くなり、末の弟ツァオスーツォムパがカーンカムスーツォムパと名を改めて後を継いで国を治めました。

ツァオカーンカムスーツォムパは、暑季になるとムンミットとムンロンの境界地にあるケンローに出向いて宮殿を建てて過ごし、冬の四ヵ月間はムンミットで過ごし、雨季の四ヵ月間はウンポンの町に戻って過ごす、という生活を続けていました。ツァオカーンカムスーツォムパの時代に、トンペン・トンツァーが王女ナーンカムフンに加えて銀百ツォイと献上の品を揃えて、お祭りをした上で、王女をツァオカーンカムスーツォムパに献上し、忠誠を誓いました。ナーンカムフンは、背は低くもなく、また高くもなく、色は黒くも

代々の王統

53　王統譜では一九九二年となっている。

54　王統譜では王紀八三三年、佛暦二〇一五年となっている。

55　王統譜では王紀八四三年となっている。

56　王統譜では王紀八五一年となっている。

トンペン・トンツァーの王女をウンポン国の王妃に

なく、白くもなく、その容姿は五つの特徴[57]を備えており、カーンカムスーツォムパはナーンスィーリウンマーの名を与えて正室として迎え、協力して国政に当たりました。

57　(色が)白くもなく、黒くもなく、(背が)高くもなく、低くもなく、痩せてもいない。

王妃が白象が腹の中に入る夢を見る

　ある時、ナーンミパヤーロンマハースィーリウンマーの夢の中で白象が一頭東の方から現れて、真っ直ぐポックカーン[58]、ミンツェン[59]、ツァケン[60]、パーンヤ[61]の方に向かつて行きました。ビルマ人たちは花、米菓子を供え、ヤーン[62]、ヨン[63]、ヨータラー[64]、パラウン、トンスー[65]を始め、いろいろな人たちが揃ってお供え物を差し出して拝んだところ、この白象はミパヤーマハースィーリウンマーの腹の中に入って行きました。そこで彼女は驚いて目を覚まし、恐怖心がわいてきたので、ツァオカーンカムスーツォムパに話したところ、ツァオスーツォムパは朝の接見の時になって、重臣たちが仕事を始めに来た時、相談役の識者を呼んで王妃の夢の話をしました。重臣の識者スンカムムンは「このことは、過去の例から判断すれば、大きな国、百一種の人、国を支配してきた全ての王族にとって運が強く、大きな栄光をもった王が現れ、全ての支配者になることを示しています。」と答えたので、ツァオカーンカムスーツォムパの妃はこの識者スンカムムンの言葉にとても喜んで、たくさんの褒美を与えました。この王妃は胎児の成長に十分注意し、臨月を迎えました。子供が生まれ、その顔は予言通りの男の子で、スンカムムンが言ったように、国の支配者とならなくてはならないので、ツァオクンムン[66]と名付けました。更に、その後クンムンの弟ツァオスーホムパ、ツァオスーツォムパが生まれ、三兄弟となりました。

58　パガンのこと。
59　ミンジャンのこと。
60　サガインのこと。
61　ピンヤのこと。
62　カレン人のこと。
63　ラーンナー人のこと。
64　アユタヤ人のこと。
65　パオ人のこと。
66　国の支配者の意。

アーンワ国をめぐり紛争

　その頃ムンアーンワではソイナーンキョースィン・

67　シュエナンチョーシン（西暦1502年—1527年）のことか。

68　モーガウンのこと。

69　プローム（ピイェー）のこと。

70　タウングーのこと。

71　パガンのこと。

72　パガンのこと。

ナラパティ[67]が国を治めており、親書をしたためて「二つの国が一つの国のようになって相互依存関係を作り、どちらかに問題が起こった際には助け合えるように同盟を結ぼう。」と言ってきました。この親書と共に献上品を持ってツァオカーンカムスーツォムパのもとに来て同盟を結びました。この頃アーンワのナラパティとムンコン[68]、ムンヤーンとは折り合いが悪く、争いが続いていましたが、ムンヤーン王はピイェー[69]・トングー[70]国王に書簡を送り、援軍を要請しました。そこでピイェー・トングー国王は兵を集めてプカーン[71]の町に侵攻しました。一方、ナラパティ王は書簡をしたため、使いの者をツァオカーンカムスーツォムパのもとへ送り、「どうか助けてください。」と伝えました。そこでウンポン王は象六十頭、馬千頭、兵四万人以上を集めて息子のクンムンに与え、援軍に向かわせました。ツァオクンムンは兵を率いて出発し、パカーン[72]に向かい、ムンピイェー王・トングー王と戦いました。ムンピイェー王・トングー王は恐れをなして、ツァオクンムンに降伏しました。ツァオクンムンは事態を解決し、兵を引き上げ、ムンアーンワに帰って来ました。そこでムンコンとムンヤーンの王は兵を引き上げ、それぞれの国へ帰って行ったのでツァオクンムンもウンポンに戻り、事は収まりました。

敗れたアーンワ国王がウンポン国王の後ろ盾で王宮を奪回

　この後ナラパティは兵を集めてムンヤーンに侵攻しました。ムンヤーン王は献上品と親書を携えてツァオカーンカムスーツォムパのもとにやって来て、「今、アーンワ王ナラパティがやって来てムンコン、ムンヤーンを攻撃しています。この前の時はウンポン王が援軍に来たので、我々は兵を引いて帰ったため、事は解決しておらず、アーンワ王はまた我々にこのように攻撃を仕掛けて来ています。国が平和で繁栄するようにウンポン王が仲裁してくだされば、アーンワは言うことを聞いてくれるのではないでしょうか。」と伝えました。そこでツァオカーンカムスーツォムパは「今、我々が仲裁しようと伝えたのだが、アーンワのナラパティは聞き入れようとしないのだ。」と返事を書きました。そのときムンヤーン王は大軍を集めてナラパティ軍を圧倒したので、ナラパティ軍は戦いに敗れ、国もとに撤退しましたが、ムンヤーン王は追跡してアーンワに至り、そこに陣地を構えました。そこでアーンワ王ナラパティは手紙を書いて使者に持たせ、ウンポン王に早く助けに来てくれるよう伝えました。そこでツァオカーンカムは象三百頭、馬千頭、兵一万人以上を集めて援軍に向かい、ワークワーン・サーンコンに着きましたが、ムンアーンワは敗れてしまい、ナラパティは一握りの民衆を引き連れてツァオカーンカムを頼って来ました。ムンヤーン大王はムンピイェー王の子マンサトーにアーンワの町を与え、宮殿を与えてムンヤーンに帰って行きました。この後、ツァオカーンカムとナラパティ王の方は兵を率いてアーンワに下って行きました。マンサトーは抵抗することができず、ムンヤーン王のもとに逃げて行き、ツァオカーンカムとナラパティは戦いに勝利しました。ツァオカーンカムはナラパティを宮殿に戻し、兵を引き上げて戻って来ました。

結局アーンワ国はムンヤーン王の手に

そのときムンヤーン王はツァオカーンカムが兵を引いて戻って行ったということを知り、素早く象、馬、兵を集めて攻撃して来てアーンワを包囲し、ナラパティを捕まえて殺害して息子のツァオスーホムパ[73]に宮殿と国を与えました。その上でナラパティ王の所持品

73　ソーハンブワー（西暦1527年―1543年）か。

と王家の象徴、それに献上の品をそえてツァオカーンカムスーツォムパのもとに送り、「ムンコン、ムンヤーン、ムンナーイ、ムンパーイ、ウンポンはずっと一つの血統に連なる親戚関係にありました。今、ムンアーンワのスーホムパは、れっきとした我々の血統を継承している人物で、大いに愛し、見守ってあげてください。」と伝えました。

スーツォムパ王の死去

ツァオカーンカムスーツォムパは四十年間国を治め、王紀九〇一年、佛暦二〇八三年[74]に亡くなりました。その後は息子のクンムンが後を継いで国を治めました。この王には王子としてツァオスーコーパ、ツァオスーピックパ、ツァオスーツォムパ、ツァオスーノーパの四人の兄弟がありました。

74　王統譜では王紀八九九年、佛暦二〇八一年となっている。

ツァオクンムンが四人の王子をムンパーイ、ムンナーイ、ムンミット、ムンセンウィーに行かせて治めさせる

この頃ムンパーイではツァオスーイェップパが亡くなり、国内が大変混乱したので、ムンパーイの官僚たちはツァオクンムンのもとを訪ね、「我がムンパーイには統治者がいなくなってしまいました。」と言ったので、ツァオクンムンは「ムンパーイへ行って国を治める適当な人を探しなさい。」と命じました。そこで高官のクワーンムンパーセンは「ムンパーイ、ムンナーイはヨータラーと接する地域なので、もし、力のない、威厳の乏しい人を派遣して統治させるならば、うまく治まらず、悪い人たちが増えます。また、王族でない人を派遣して治めさせるのも正当ではなく、国の平和は保てません。我々の王子二人を派遣して治めさせるなら、王子たちは法を熟知しており、武勇に優れ、法で治める方法をよく知っているので、国は平和になるでしょう。」と述べました。ツァオクンムンは、この言葉をとても気に入って、二人の年長の王子を呼び、国の治め方について教え、貴族、官吏、行政官たちに

ついては、交替させるべき者については交替させ、正しい人を抜擢し、法に無知な人は排除し、能力のない人は使わず、民衆を愛しなさい、と諭しました。長男のツァオスーコーパにはムンパーイに行かせ、真中の王子ツァオスーピックパにはムンナーイに行かせ、その下の王子にはムンミットに行かせ、末の王子ツァオスーノーパにはムンセンウィーへ行かせて、それぞれ分け与えて統治させました。また、武器や民衆も分け与えて、それぞれの国を治めさせました。

クンムンが夢のお告げ通り大王に

ムンアーンワではツァオスーホムパは人が悪く、馬鹿で乱暴で、知性に乏しく、民衆を信じず、愛することもなく、馬鹿な人や野蛮な人と付き合い、民衆を抑圧し、僧侶たちを殺したりしていたので、民衆は恐れを抱くようになっていました。そこで官僚たちは相談し、ツァオスーホムパを捕まえて殺害してしまいました。首席大臣マンキィーヤーンノンと補佐官たち、全ての要人たちが集まって、国に君臨する国王に誰を選んだらよいか、どこの国にあげたらよいか、どの王を呼び寄せたらよいかについて協議しましたが、結論は出ませんでした。そこで大臣のマンキィーヤーンノンは「他の国から王様を招いて君臨してもらうのであれば、そこそこの王様では敵であるムンヤーン王の攻撃から国を守ることはできず、国は平和でなくなります。そこでウンポン国王のツァオクンムンにおいでいただき、統治していただければ、どの国も対抗することはできないでしょう。このウンポン国王クンムンは、その運は強く、栄光は偉大で、権勢は強く、また、知性も豊かで、その感性も十分でありますので、我々はウンポン国王を招聘して統治してもらおうではありませんか。」と言いました。全ての人がこの案を気に入り、同意したので、五種類の楽器の演奏の準備をし、ドラム、ラッパ、竪琴、弦楽器を始め、国王としての具備品を完全に揃えて手紙を書き、王とするための道具、さまざまな献上品を準備し、八人のブラフマンと重臣たちに命じてツァオクンムンのもとに伺い、ムンアーンワに来て統治してくださるようにお願いさせました。ツァオクンムンにあっては、長男ツァオスーコーパにはムンパーイを与え、ツァオロンスーピックパにはムンナーイを与え、ツァオスーケムパ[75]にはムンニョンソイを与え、一番下の王子[76]にはラーイカーを与えていたので、ムンウンポンについては自分の弟のツァオスーホムパに与えました。王紀九〇三年、佛暦二〇八五年には末弟のツァオスーツォーパをケントゥンに行かせました。八月白分三日にツァオクンムンはアーンワに行って即位しました。ツァオクンムンはムンアーンワとムンウンポンを治め、大王となり、カムポーツァムンタイ[77]は弟や子供たちにその領土を分配して与え、自分の身代わりとなってそれぞれの国の王となり、それぞれに王傘、王宮、王位、白傘[78]、王としての具備品を与え、各自に独自の炉[79]を与えた上で、「各自、自分の役所を作り、しっかりと自分の国を治めなさい。」と教え諭しました。「これから先、弟でムンウンポン王のツァオスーホムパにあっては、自分が率先して弟のニョンソイ王スーケムパ、同じく弟のラーイカー王スーツムパ、子供のムンパーイ王スーコーパ、同じく子供のムンナーイ王スーピックパ、同じく子供のムンミット王ツァオスーツォーパ、同じく子供のセンウィー王スーノーパを呼び集め、新年の時に一回、安居明けの時に一回、銀の花、金の花を用意して毎年ムンアーンワにやって来て父であり、兄である私

75　ツァオクンムンの弟のことか。

76　ツァオクンムンの弟のことか。

77　タイ諸国のこと。

78　王の寝台の上の傘のこと。

79　地位、領土などのこと。

に献上しなさい。ケントゥンの弟スーツォーパについては、非常に遠いところなので、三年に一回来なさい。」と命じました。こうして新年の時と安居明けの時に九つのタイ国[80]王はアーンワ王のもとへ出向くようになりました。ムンウンポンはツァオカムツォーが王となって以来初めて、ツァオクンムンがタイ全てに君臨する王となりました。それはツァオホーカムクンムンがムンアーンワを支配し、全てのカムポーツァタイ国はツァオクンムンによって完全に支配されているからであり、アーンワ王は最早タイの代理[81]ではなく、「天の主人」[82]と呼ばれるようになりました。またウンポン王たち、これまでに国を治めてきたウンポン王たちは、その名前がツァオスーツォーパとかスーコーパとなっており、スー[83]及びパ[84]の血を引き継いでいることにちなんでツァオパと呼ばれるようになりました。

ムンウンポンの町では、町の南東端にサークトーセー[85]と呼ばれる仏像とパゴダが建てられており、南西の端にはサークトーヤー[86]と呼ばれる仏像とパゴダ、町の北東端にはソイミンウン[87]と呼ばれる仏像とパゴダ、北西にはソイムットー[88]と呼ばれる仏像とパゴダがあって、それぞれ信仰されていました。

80　ウンポン、ニョンソイ、ラーイカー、ムンパーイ、ムンナーイ、ムンミット、センウィー、ケントゥン、アーンワ。

81　コーツァーコープワー。

82　ツァオプワー

83　「虎」の意。

84　「天」の意。

85　ビルマ語のテットーセーより。

86　ビルマ語のテットーヤーより。

87　ビルマ語のシュエミンウンより。

88　ビルマ語のシュエモウトーより。

スーコーパがアーンワ王に

ツァオクンムン大王は、アーンワ王となって統治を始めてから六年後の王紀九〇九年、佛暦二〇九一年に亡くなりました[89]。大臣のスィントー、クワーンムンパーセン、ヤーンセン、センカラーツァーは揃ってツァオウンポンに知らせに来ました。ウンポン王ツァオスーホムパは「ムンパーイのツァオスーコーパを呼びなさい。」と言って、アーンワ王の地位をスーコーパに譲りました。そこで大臣たちはムンパーイ王ツァオスーコーパを招聘するため、彼のもとを訪ねました。

89　王統譜では、二十五年間統治の後、王紀九二四年、佛暦二一〇六年に亡くなったとなっている。

しのび寄るビルマの影

ツァオスーコーパは、子供のツァオスーカイパにムンパーイを譲り、自分はアーンワへ行って、名をナラパティムンパーイと改めてムンアーンワを治めました。

その頃ムンウンポンではツァオスーホムパが亡くなり、子供のスーポーパが後を継いで即位していました。アーンワ王ツァオナラパティムンパーイはビルマへ行き、ビルマの習慣やビルマの要望を受け入れましたが、タイ人は士官、下士官を始め、皆、タイ人の上に立つ存在を認めようとせず、民衆、士官、官吏たちは自分たちの故郷へ帰って行きました。ツァオナラパティムンパーイは「自分はビルマ人の意向に従う。」と言って、そのような行動を続けていました。王紀九一三年、ツァケン[90]王ツェースーキョーティンはムンヤーン王と手を組んで、兵を集めムンアーンワを包囲しました。そのときナラパティムンパーイはムンミット王、センウィー王、ラーイカー王、ニョンソイ王、ムンパーイ王、ムンナーイ王、ウンポン王に呼びかけて「皆揃って援軍に来てください。」と手紙を書いて人を派遣し、要請してきました。そのウンポン王ツァオスーポーパは「ナラパティ王様にあっては、お国が順風満帆の時には親戚には何も声をかけないで、一体どのような親戚なのでしょうか。タイ人を愛し、慈しむこともなく、ひたすらビルマ人を信用して、彼らを重用していたではありませんか。今ツェースーキョーティンから攻撃を受けたからといって、親戚のことを考えているふりをし、親戚を頼って助けを求めているだけではありませんか。兵を集めて助けに行くよう我々が命令を出す理由はありません。」と返事を書いて送り、何の支援もしませんでした。カムポーツァタイ国[91]がナラパティを支援しなかったので、ツェースーキョーティン側

90 サガインのこと。

91 タイ諸国のこと。

はタイ側の考えがばらばらであることを知り、ムンアーンワを攻め落として占領し、ウンポン王と同盟を結びました。ナラパティムンパーイの方はカムポーツァタイ国が助けてくれなかったので、抗戦することもできず、ムンハーンサーワティーへ逃げて行きました。ハーンサーワティー王スィンピウスィンは側近のタラに命じてナラパティムンパーイをテータマ庭園に連れて行き、そこに住居を建設させて手厚く保護しました。

アーンワ国をめぐる攻防

王紀九一五年に至り、アーンワのナラパティはハーンサーワティー国王に対し「ムンアーンワの核を取り出して廃棄し、その皮を我々にください。」と言いました。そこでハーンサーワティー国王はクンナラパティと一緒に兵を集め、ムンアーンワを攻撃しました。ツェースーキョーティンの方は、手紙を書いて使いの者に託してウンポン王のもとに送り、「助けに来てください。」と伝えました。そこでウンポン王ツァオスーポーパは兵を集めて進軍しましたが、ワークワーンサーンコンに着いたところでツェースーキョーティンが亡くなった事を知り、兵を引き上げて帰って行きました。スィンピウミャースィン[92]の方はアーンワを攻め落としましたが、ツァオナラパティに与えることはせず、弟のサトーマンツォーに王位を与えて治めさせました。ツァオナラパティはムンウンポンに戻って来ましたが、ウンポンのツァオスーポーパは受け入れを拒み、ムンナーイへ送り出しました。

92　ハーンサーワティー王。

抗戦せずに同盟を結ぶことを選ぶ

その時スィンピウミャースィンは兵を率いてカムポーツァタイ国に向かおうとしたのでウンポン王ツァオスーポーパは「もし戦えば、国民、生き物、僧侶、民衆に多大な被害が及び、生き物がかわいそうだ。」と言って抗戦しませんでした。「安居明け、新年の時に

93　ハーンサーワティのこと。

94　王統譜では王紀九三九年、佛暦二一二一年となっている。

95　王統譜では王紀九五二年、佛暦二一三四年となっている。

敵対国とも言葉巧みに同盟関係を結ぶ

96　チェンマイのこと。

は、我々の父や兄や王たち、更にツァオナラパティムンパーイなどがやっていたように、献上品、銀の花、金の花を持って拝謁に伺います。もし南方の国[93]に何かがあった場合には、タイ国はその能力に応じて助けに行きます。二つの国を一つの国のようにする同盟を結ぼうではありませんか。」と言いました。そこで二つの国は同盟を結び、スィンピウミャースィンは満足して、事は解決し、お互いに慈しみあうようになりました。ツァオスーポーパは九年間在位し、王紀九一八年、佛暦二一〇〇年[94]に亡くなりました。そこでムンミットのツァオスーツォーパが戻って来て後を継ぎ、ウンポンを十三年間治めた後、王紀九三一年[95]にはその子ツァオスーホムパが引き継ぎました。

アーンワの王がサトーマンツォーの時代に、使いの者に書簡を託し、「ハーンサーワティーの皇太子は我々の親戚であり、また、娘のナットスィンメーを連れて行って結婚したのですが、この娘を愛することもなく、面倒を見ることもせず、ケンマイ[96]王の娘タートゥカリャーばかりを愛しています。面倒を見ないばかりか、いじめて、殴り、顔を血が出るまで叩き、ナットスィンメーは着衣でもってその血をぬぐうほどでした。彼女が事の次第を手紙に書いてよこしたので分かったのですが、とても心を痛めています。そこで我々はムンハーンサーワティーを攻撃しようではありませんか。」と伝えてきました。これに対しウンポン王は「我々は同盟関係にあるのだ。」と言って側近のウームンに武器と兵一万人以上を与えて「助けに行きなさい。」と命じました。ハーンサーワティー王は進撃して来てアーンワの町の近くまで来ました。アーンワ王サトーマンツォーは象に乗って出陣しましたが、勝てそうになく、形勢は不利で、結局逃げ出してしまい、ウンポンの兵は帰って来ました。その時ハーンサーワティーの皇太子が兵を率いてムンウンポンを攻撃しようとしたので、ウンポン王は国土が荒廃するのを恐れ、武器や兵を集めて抵抗することをせず、言葉巧みに話したところ、皇太子の方は「これまでの王たちの時代のように、新年と安居明けの時に銀の花、金の花を持って拝謁に来ればよい。」と言いました。同盟を結び、問題が起こったときには助け合うことにしよう、と言ってお互いに納得して同盟関係を結びました。ツァオスーホムパは十五年間在位して、王紀九四六年、佛暦二二二八年[97]に亡くなりました。その後は子供のツァオスーカイパが後を継いで統治していました。

王紀九五八年に至り、ハーンサーワティーの皇太子がニョーンヤーンマンタラーと名を変え、一国、また一国と次々に戦争を仕掛けていたので、ウンポン王は国土が荒廃しないように、言葉巧みに戦争を回避していました。この王は十三年間在位して王紀九五九年、佛暦二一四一年[98]に亡くなりました。その子カムレンが後を継いで即位し、同じように巧みな言葉遣いを続けました。ニョンヤーンマンタラーはヌワーラントンの山のふもとに境界線を示す石標を建て、和平条約を結びました。

その頃ムンナーイ王はムンハーンサーワティーがクントングー[99]・クンムンラケン[100]と戦って敗れたということを聞きつけました。「ハーンサーワティーのモンキャーテックは誠実ではなく、徳もなくナラパティムンパーイ王を助けてムンアーンワを撃ち破ってもツァオナラパティにムンアーンワを与えることはせず、彼の末弟の子[101]サトーマンツォーに与えてしまいまし

97　王統譜では王紀九六七年、佛暦二一四九年となっている。

引き続き言葉巧みに戦争を回避

98　王統譜では王紀九八〇年、佛暦二一六二年となっている。

ムンナーイ王がビルマとの戦争を決意

99　タウングー王のこと。

100　アラカン国王のこと。

101　前述のところでは弟となっている。

た。今、我々の先祖が所有してきたムンウンポンの領地は引き裂かれ、取り上げられてしまいました。彼らはこのように欲が深いのです。彼らはこの欲深さの故にムンハーンサーワティーは潰れてしまうことになろうということをまだ知らず、後悔することになるでしょう。ムンアーンワについては、自分が戦って伯父のナラパティムンパーイの遺産を取り戻して見せようぞ。」と言いました。ムンナーイ王は兵を集めてニョンソイの町の北側にあるポーリサートパラーに陣地を構えて、北部地域の王たちに呼びかけました。ニョンヤーンマンタラーはこのことを知り、使いの者に書簡を託してウンポンのツァオカムレンのもとに送り、「ムンナーイ王が兵を集めてムンアーンワを攻撃すると言ってニョンソイのポーリサートパラーに来ています。ムンパーイ、ムンナーイ、センウィー、ニョンソイ、ムンミットはツァオウンポンの支配下にあります。ムンナーイ王がアーンワを攻撃することができないようにツァオウンポンにあってはこれを阻止してください。」と伝えました。これに対しウンポンのツァオカムレンは「ムンナーイ王が攻撃できないようにしましょう。」と返事を書いて送りました。ウンポンのツァオカムレンは手紙を書いて使いの者に託し、ムンナーイ王のもとに送って、攻撃を止めさせようとしました。ムンナーイ王は「ハーンサーワティーのサーンニーターモンキャーティック父子は我々を抑圧し、侮辱して、もう耐えられません。トングー王とラケン王がムンハーンサーワティーを撃ち破り、彼らの力量は衰えておりアーンワを攻撃して、先のクンムン及び我々の伯父ナラパティムンパーイの遺産を取り戻そうではありませんか。息子のニョンヤーンを捕まえさせてください。

どのように止められてもじっとしている訳にはゆきません。祖父及び伯父の遺産を取り戻しに行きます。」と返事を返してきました。ツァオクンカムレンは再び手紙を書いて、「戦争をすれば、民衆や僧侶たち、人間、動物がたくさん死ぬことになり、多くの苦しみを味わうことになります。各国がお互いに同盟を結び、協力し合い、相互依存関係を作れば、ビルマにとっても、タイにとっても、多大な利益がもたらされます。だから我々は同盟を結ぼうではありませんか。もし合意に至らず、また、ビルマの力が強くて我々を打ち負かすなら、昔から続いてきた繁栄、幸福を失うことになり、損をすることになるでしょう。そこで我々がムンナーイ王に伝えなくてはならないことは、ビルマを撃ち負かしてはならないということです。もしこれを防ぐことができなければ、我々の任務は放棄されたことになります。」と伝え、「ムンアーンワへ行ってはいけません。兵を引いて帰りなさい。」と伝えました。一方ムンナーイ王の方は「ツァオウンポンがビルマを恐れて彼らに屈服するというならそうしたらいいでしょう。私は屈服することなく、進撃してビルマを占領します。」と言いました。これに対しツァオウンポンは「我々は事をうまく収め、争いを防ぎたいと教え諭しているのに、このように失礼な言葉を使ってくるなら、彼[102]の身柄を取り押さえなくては終わるまい。」と言って、兵を集めてニョンソイのポーリサートパラーにやって来ました。ムンナーイ王の方はこれに抵抗することもなく、逃げて行きました。一方ツァオクンレンはこれを追いかてムンナーイまでやって来ました。ムンナーイ王は怖くなってケンマイへ逃げ込みました。そこでツァオクンレンは手紙を書いて使いの者

102　ムンナーイ王のこと。

103　ツァオカムレンのこと。

104　王統譜では王紀一〇一九年、佛暦二二〇一年となっている。

を派遣し、ケンマイ王にムンナーイ王の身柄を要求しました。ケンマイ王はムンナーイ王をツァオカムレンに引き渡しました。王[103]はその罪を問うことはせず、教え諭して国へ戻し、兵を引いてウンポンに戻って来ました。ツァオカムレンには王子としてクンソイテンが一人おり、三十九年間在位して王紀九九八年、佛暦二一八〇年[104]に亡くなりました。

中国王の大軍がアーンワに南下

その後は子供のツァオクンソイテンが後を継いで十九年間在位して亡くなりました。その子ツァオスーツァームパが後を継いで国を治め、王子としてツァオスーワーイパがありました。王紀一〇二三年に至り、中国王スィンスィーワーンが二十万を超える大軍を率いてムンアーンワにやって来ました。その頃ムンセンウィーには王がおらず、高官たちが国を治めていましたが、お互いに意見が合わず、非難の応酬を行って混乱していたので、高官のカムターンとポンピックが献上品を持ってツァオウンポンのもとを訪ね、「ムンセンウィーには国を治める王がおらず、高官たちが合同で治めていますが、互いに意見が合わず、国内の平和は保てず、加えて中国兵がやって来たので、人々は恐れをなして逃げ出して行き、国内はどこもかしこもこのようなありさまで、弟殿下でも、ご自身でも、どちらかにおいでいただいて国を治めていただけませんでしょうか。」と言いました。このように言われたのでツァオスーツァームパはムンウンポンを子供のツァオスーワーイパに譲り、自らはムンセンウィーへ行って統治しました。ウンポン王スーワーイパには王女ナーンスックターが一人と王子ウッカーワラ、ウッカツェーイャ、クンツァームミャ、クンツァームミェー、クンステーワ、クンネンの合計七人の子供がありました。

アーンワ王がウンポン国の王女を迎えて西の王妃に

その頃ムンアーンワはツァオスールンマンタラーの子供の時代で、末の子が治めていました。中国軍がやって来てオンピンレーに到着しました。しかし、言葉巧みに話をしたため、中国軍は兵を引いて帰って行きました。そこでムンアーンワの大臣ツェースーノーラターは「ムンアーンワはかつてソーイナーンキョスィンやナラパティの時代にアーンワとウンポン両国が一つの国であるかのごとく愛し合い、どちらかに問題があった時には助け合えるように、同盟関係を結んでいましたが、その時のようにすれば、中国軍はムンウンポンを通って来ることができないばかりか、ムンアーンワまで来ようとはしないでしょう。我々とムンウンポン王とは親戚関係にあり、ウンポン王には立派な王女がおられます。このナーンスックターは容姿端麗で、心やさしく、品があって、仏典や慣習法に通じており、言葉使いはやさしく上手で、頭脳明晰だと聞いております。献上品を用意してこの王女を貰い受けに行ったらよいのではないかと考えます。」と言いました。これに対し、アーンワ王はツェースーノーラターの言った言葉がとても気に入り、高価な献上品を用意してツェースーノーラターに命じてウンポン王のもとへ伺いに行かせました。ツァオスーワーイパは「両国が一つの国のようになり、これから先、かつてのように深く愛し合えるように結婚させましょう。」と返事を書いてよこし、兵と付け人を付けて娘のツァオナーンスックターを送り出しました。アーンワ王は象、馬、車、警官、兵士をたくさん用意して迎えに行き、連れて帰って西の王妃の地位を与えました。弟のツァオウッカーワラとクンツァームミャは姉のナーンスックターについて来て、姉と一緒に住みました。アーンワ王は、生活の糧になるように、と言ってツァオウッカーワラにはメオキィーとニョンラの領地を与え、クンツァームミャにはウェンヤノンの領地を与えました。ツァオスーワーイパは四十一年間在位し、王紀一〇六四年、佛暦二二四六年[105]に亡くなりました。その後は子供のツァオウッカーワラが戻って来てムンウンポンを治めました。

105　王統譜では王紀一〇八五年、佛暦二二六七年となっている。

王子兄弟があい次いで即位

ツァオウッカーワラがムンアーンワにいた時、ローカマーンオンターヤカー宮殿の北の王妃の妹との間に男の子ツァオツォーラヨーターを一人もうけていました。ツァオウッカーワラがムンウンポン王となるために帰る時、ムンアーンワ王は「ツァオツォーラヨーターは自分の子として面倒を見る。」と言って、生活の糧になるようにカペユワーの領地を与えました。このことからツァオツォーラヨーターはカペツァーと呼ばれるようになりました。ツァオウッカーワラは二十三年間在位し、王紀一〇七六年、佛暦二二五八年[106]に亡くなりました。その後は弟のウッカーツェーイャが後を継いで即位しました。この王には、王女としてナーンフンカムが一人、王子としてクンサーンミャツォイが一人いて、姉弟二人がありました。

106　王統譜では王紀一一〇八年、佛暦二二九〇年となっている。

ウンポン国の都を「センポー」に移す

王紀一〇七七年になって、米、水、食料が不足し、民衆は飢えに苦しみ、病が流行して多くの死者が出、人々は動揺して村や国から逃げ出して行きました。このように国が混乱したのでツァオウッカーツェーイャは、高僧ツァオタムマウィツァーラ、ツァオウィマーラーツァーラ、ツァオピニャーツォータ、ツァオツァンタランカーラを招き、更に、知識を持った僧侶、知識人、大臣、貴族たちとも相談したところ、高僧、知識人たちは「ウンポンの町はその生命力が衰え、占星図の三つの魔の期間に入っており、地域ごとに意見が合わなくなり、このままでは繁栄が失われて行きます。今、町を移転して東の方に引っ越せば、国は平和になり、安寧に満ち、災難はなくなり、今よりもよくなり、昔よりももっとよくなって、その権力、威厳、栄光、力はずっと大きくなるでしょう。」と言いました。そこでツァオウッカーツェーイャはウンポン国内の領主たちを呼び集め、適した場所を探したところ、ウンポンの町の東七百ター[107]のところでナムトゥートゥクタワティー川とケンカン山の中間にとてもよい場所が見つかりました。そこでパテサー木[108]の祠を作り、四種類の果物を用意して祭礼を行い、僧侶たちを招いて護呪経文を唱えてもらいました。三法を供えて、サキャー神[109]、ピラムマー神[110]、ルッカー神[111]、プンマ神[112]、世界の神を始め、南側の三十七神、北側の三十七神の正統な神々に知らせ、更に、国内の十八人の領主にも知らせました。王紀一〇七八年、佛暦二二六〇年六月白分十二日夜、吉祥の時を選んで祝砲を放ち、銀紙の基礎、金紙の基礎を置き、東西に五百ター南北に二百ターを紐で測って印を付けました。その時、パラウンとコンロイ[113]たちは毛が縞模様の鷹を持っていました。その毛の色は黄色、赤、白、緑、茶色、紫色で、あたかも画家が描いたようにとても綺麗で、人々は三々五々ざわざわと鳥を見に集まって来て、とても大きなお祭りになっていきました。この町は、この鳥に因んで、センポー町と呼ばれるようになりました。これは鷹がビルマ語でセインと呼ばれるからであります。町の南側にはナムポ・ナムホン川があって、西側を回って町の北側に流れて行き、町の西側にはアノーマーの地名から取ったノーマー寺院があります。北東

107 1ター＝7キュービット≒3.2メートル

108 あらゆるものを産する聖木。

109 インドラ神。

110 最も高い地位にいる神。

111 木の神。

112 地の神。

113 プラン族のこと。

114　一ソック＝ひじから中指の先までの長さ。

115　王統譜では王紀一一一二年となっている。

に少し行けばツェータワン僧院が建てられています。町の城壁と堀は高さが十五ソック[114]あって、町を取り囲んでいます。そこでツァオウッカーツェーイャはこの町に移動して統治を始めました。ツァオウッカーツェーイャは四年間在位し、王紀一〇八〇年[115]に亡くなりました。その後は弟のクンツァームミャが後を継いで四年間統治し、亡くなりました。その後は弟のクンネンがツァオウッカーツェーイャの娘ナーンフンカムと結婚して国を治めました。

ビルマの圧力でウンポン国の領域が狭められる

その頃ムンアーンワはクンハーンサーワティーパーマンの時代に入っており、この王は一国、また一国と、お互い平和に暮らすことができないように、おだてたり、脅したり、攻撃したりして介入してきたので、我々タイの兄弟国はばらばらに分裂し、平和を保つことができず、お互いに攻撃し合い、国々は荒廃し、ムンウンポン国内の各領地でも、親戚関係にある領主たちがお互いに意見が合わず、攻撃し合って、南から北まで皆このようになって、国家権力には従わず、兵を集めて反乱を起こし、国内は混乱に陥ってしまいました。ウンポンのツァオクンネンは兵を出して事を収めようとしたところ、ハーンサーワティーパーは一万人以上のビルマ王国軍を引き上げさせました。ムンウンポンに従ってきた領地とその領主たち、親戚関係にある彼らは「ウンポン国王にはもう従いたくない。各自自分のところは自分で治めたい。」と言ったので、アーンワ王は兵を出してこれを抑え、引き上げて行きました。この時、ティットクー、ヤノン、ティットコン、メンムー、キョールー、ムランタッパ、ソイマーン、ソイコッキィーの司令官たち、それにツィンイェン・クムマテの領主スィリナンターヨーターは「今、領主たちは皆ウンポン王にはもう従いたくないと言っています。アーンワ王様には、おいでいただいて我々に領地を分配してくださいませんか。」と言いました。そこでアーンワ王は一万人を超える兵を出して領地を分配しました。アーンワ王はビルマを受け入れない国に対しては攻撃して占領し、命令を出して「各自領地を分配しなさい。」と言いました。ビルマ軍と領主たちは協力して強制的に領地を取り上げて分配を行い、王紀一〇八三年八月白分十二日にウンポンの領域を定めました。ムンウンポンは、その町から東側に三日間の距離でナムマオック川の源流に達して、そこでケンセンウィーと接し、南東方向に三日間の距離でトンカノックスンルン山に至って、そこでセンウィーとムンクンに接することになりました。南側では三日間の距離でホーツク山、ペクロイサーン山、ワーピウトン山に至り、ナムロン川の流れに沿ってムンクンに接しており、南西方向にアーイユン大通りに沿って三日間の距離でツォーキィー川、ターメーホ大通りに達してロクツォクと接することになりました。西側では三日間の距離でパーンプトン山及びマークモンハートン、アーンペトレット、ツィットヤーピン、トンマイツォン、パーンタップセンに至り、更にガースートンターン、キョーキンに至ってスムサーイと接し、北西側にクーニム山からトンカラート山、ロイサームターオ山、キョーケンに沿って三日間の距離でムンミットと接することになりました。北側では三日間の距離でロイカツァ山、トンクワー、ニョンパーンパゴダに至り、そこから下ってトーロックキョイクン、キョーケンに至ってトンペンと接し、北東方向にナムトゥー川の流れに沿って二日間の距離でターパーントン、キョーケンに

116　王統譜では王紀一一四六年、佛暦二三二八年となっている。

達しセンウィーと接することになりました。このようにしてウンポン国の四方向の領域を定めました。ムンイェン、ムンタート、ムンロンムントゥン、ロムホン、スィークーなどはスムサーイの中に加え、その他は、大きな村百五十六ヵ村、小さな村千五百六十九ヵ村に組織しました。ウンポンがもっていてその収入源としていた九ヵ所の渡し場などは「みんなで壊してしまいなさい。」と言われて、勝手に分配されてしまいました。ウンポン王クンネンは「先祖代々ずっと支配し続けてきたのに、今、ビルマがやって来て、このように不法に領地を取り上げられてしまった。今後この国を治めて行く王は、'敗北した王' と呼ばれることになり、自分としては自責の念を感じ、とても悲しい。世界が滅びることがあっても、その伝統は不滅です。国が滅びたために兄弟が仲たがいし、意見が合わず、血縁関係が疎遠になってゆくのはとても恥ずかしい。」と言って、大変心を痛め、涙を流しました。王紀一〇八三年、高官のスンクワーンムンは兵を率いてセンウィーへ行き、戻って来て大きな寺院を寄進し、この寺院はワットセンウィーと呼ばれるようになりました。ツァオクンネン大王は三十年間在位し、王紀一一一四年、佛暦二二九六年[116]に亡くなりました。そのときツァオクンネンの娘ナーンカムコーは二歳になったばかりで、ナーンミャツァンターの方は八ヵ月になったばかりと、国を継承する王子がなく、高官たちが行政を行っていましたが、国内の平静は保てませんでした。

タレン人の侵入でアーンワ国が混乱

117　タライン（モン人）のこと。

ムンアーンワについては、どこの国もハーンサーワティーパーマンを好まず、援軍を送ることはしなかったのでタレン人[117]たちは彼を捕まえ、国は混乱していました。そこでモンオンツェーイャソイポーはアロンマンタラー[118]と名を変え、タレン人たちと戦い、あらゆる国に出兵を要請しました。

ムンウンポンには王がいなかったので、ツァオウッカーワラの子でツァオローカヤーンオンターヤーが育ててムンハーンサーワティーに連れて行っていたツァオツォーラヨーターに就位を要請しました。ムンハーンサーワティーでは国政が混乱していたので、国王がツァオツォーラヨーターと一緒に行くことはできませんでした。ハーンサーワティー国王はツァオツォーラヨーターがウンポン王の本当の子孫であることを知っていたので、彼にウンポン国を統治させることとし、自分の娘ツァオキンツォーウをツァオツォーラヨーターと結婚させました。王紀一一一六年[119]に至り、ツァオツォーラヨーターはウンポン王統の正統な継承者となり、高官がやって来てツァオツォーラヨーターとナーンキンツォーウにムンウンポンに来て統治してくれるよう要請しました。ツァオツォーラヨーターにはナーンキンツォーウとの間に王子クンミャートサンテー、二男クンメウ、末っ子クンソーの三兄弟、王女ナーンセンモン、ナーンソイインの王子・王女合計五人がありました。

クンナインだけがモンオンツェーイャと戦い、ムンウンポンに逃げ出して来て、ツァオツォーラヨーターのもとに庇護を求めて来ましたが、ビルマ人たちは追いかけてきて、彼の身柄を要求しました。彼はビルマ人のもとに戻らないばかりか、彼ら[120]を殺して逃げ出して行きました。ツァオツォーラヨーターは「ウーオンツェーイャはアロンマンタラーと名を変えアーンワを支配しています。彼らが戦っていた時には我々は彼らを助けることはしませんでした。しかるにクンナイ

118 アラウンパヤー王(西暦1752年―1760年)か。

ツァオツォーラヨーターがウンポン国王に

119 王統譜では王紀一一四七年となっている。

ビルマとウンポン国との複雑な関係

120 ビルマ人のこと。

ンはビルマ人を殺して逃げ出して行きました。このことはわが国にとっては遺恨の残る事柄です。今我々がモンオンツェーイャを助けに行かなければ、ビルマ人たちは我々に対し憎悪と敵意を持つでしょう。助けに行くべきです。」と言って、兵を集め、高官のクワーンムンウーに命じてモンオンツェーイャの援軍に行かせました。ツァオツォーラヨーターは十三年間在位し、王紀一一二九年、佛暦二三一一年[121]に亡くなりました。その子ツァオミャートサーンテーはツァオクンネンの娘ナーンカムコー、ナーンミャツァンターの二人の姉妹と結婚し、後を継いで統治しました。ナーンカムコーには長男クンソイキャーの他クンオンコット、クンパーン、クンコイピウ、クンポーの五人の男の子があり、加えてナーンスィーリアーンスン、ナーンセンミャートヌ、ナーンセンモン、ナーンセンオン、ナーンセントイがあって、男女合計十人の子供がいました。一方ナーンミャツァンターには長男クンノーパの他クンツァームトゥン、クンキョン、クンツァームウー、クンソイケン、クンキョーウェンの男の子六人があり、加えてナーンモイカム、ナーンセンムン、ナーンセンツァーム、ナーンセンウ、ナーンセンクンと五人の女の子があって、男女合計十一人の子供がいました。こうしてツァオミャートサーンテーには男女合わせて二十一人の子供がいました。

121　王統譜では王紀一一六〇年、佛暦二三四二年となっている。

ウンポン軍がビルマ軍との挟撃で中国軍を撃破

　ツァオミャートサーンテーの治世に、キィーターラーオワーンが司令官として中国の大軍を率いてやって来ました。ツァオミャートサーンテーはウンポンスィーポ国内の領主たちに命令を出し、武器と兵を集め、ツェーエンに防衛陣地を築き、防戦するよう命じました。またムンアーンワに対して「両国が結んでいる同盟関係に従って、援軍を送って助けてください。」という手紙を書きました。そこでアーンワ王はウォンスィントーマハースィーハスーに命じて、兵を率いて援軍に行かせました。しかし中国軍の兵力は強く、防衛することかなわず、自国に逃げ帰り、兵、民衆共に自国に留まっていました。中国軍は追いかけて来てムンアーンワにたどり着きました。そこでウンポン軍が一方から、スィーハスーのビルマ軍がもう一方から協力して挟み撃ちにし、中国軍を撃破して大量に殺害し、話し合いの上、事を解決しました。中国軍は帰って行きアーンワ王はクンミャートサーンテーをとても気に入り、「お互いの国でどちらかに問題が起こった場合、助け合いましょう。」と言って同盟を結びました。王紀一一三〇年にツァオミャートサーンテーはムンウンポンに戻って来て、川に面したところにウェンモーレンの町を造ってそこに移り住みました。

パトン王に王女を与えアーンワ国との古来の同盟関係を確認

王紀一一四〇年に至り、ウェンアマラプーラの町を造ったパトン王はウンポンスィーポ王の娘ナーンスィーリアーンスンを王妃にしたいと考え、使いの者を出してナーンスィーリアーンスンを請い求めました。そこでクンミャートサーンテーは「我々は古より深く愛し合い、どちらか一方に問題が起こった場合には助け合うことにしているので、差し上げましょう。」と返事を書いて送り、兵や民衆にも知らせてスンカムムンに命じて娘をムンアーンワ王ツァオパトンのもとへ送り出しました。アーンワ王は象、馬、両側に軍人の乗った車を用意して迎えに行かせ、アソンロットティックミパヤー[122]の位を与えました。ツァオパトンとツァオナーンスィーリアーンスンは男の子ツァオテックティンペーをもうけました。

122　決められた宮殿にいるのではなく、王と共について行く王妃。

パトン王の皇太子にも王女を与え皇太子妃に

123 (色が)白くもなく、黒くもなく、(背が)高くもなく、低くもなく、痩せてもいない。

王紀一一四四年に至り、ツァオパトンの息子の皇太子は「ウンポンスィーポ王の娘ナーンモイカムはとても綺麗で五つの要素[123]を具備しているので皇太子妃にしたい。」と言って彼女を求めてきました。ツァオミャートサーンテーは、これまでの慣例に従って、領主たちに兵を付けて送り出し、各停泊地で盛大な祭礼を行いました。費用が足りなくなったので、領主たちは使いの者を派遣してお金を求めて来ましたが、どこにもすぐに用意できるところはなくスンカムムンリー、センヨットに命じてキョック、ノンロン、ソンターン、クンハーンノンウォー、ノンアーンなど二十四ヵ村がムンロックツォクに持ち寄った二十五ツォイを受け取って出発しました。皇太子は象、馬、両側に軍人の乗った車を伴って娘を迎え、皇太子妃の地位を与えました。二人の間には男の子ツァオティックティンメーが生まれました。王紀一一四五年にツァオパトンはブラフマンのアムキィーとイェートーを招いて、町の南東にあるツンコンにワットソイクー寺院を建立させました。ツァオミャートサーンテーは二十三年間国を治め、王紀一一五〇年[124]に亡くなり、長男のツァオクンソイキャーが後を継いで国を治めました。

124 王統譜では王紀一一八三年となっている。

仏教に帰依するあまり国王が出家

ツァオソイキャーには男の子としてクンオー、クンミャートオー、クンミャートウェン、クンポン、クンコイ、クンキャートゥンの六人がおり、また、女の子としてナーンセンモンがいて、合計七人の子供がいました。ツァオソイキャーは民衆や生き物全てをこよなく愛し、悪行十ヵ条はこれを行わず、王道十ヵ条に従って国を治め、仏教、三宝を尊び、安居明けであっても、安居中であっても、毎月四つの持戒、八つの持戒を設け、八戒、十戒を実行し、サンガに寄付を行って、仏教を擁護し、毎月、毎日、瞑想することに喜びを見出し、王としての生活が嫌になり、王でいることに興味を失ったため、王紀一一五八年[125]に国を弟のツァオクンコイピウに譲り、出家しました。クンコイピウ大王には男の子としてクンミャートポンとクンミャートネーがあり、女の子としてナーンセンがあって、男女合わせて三人の子供がいました。クンコイピウは王として六年間国を治め、王紀一一六四年、佛暦二三四六年[126]に亡くなりました。皇太子[127]の息子ティックティンメーはムンアマラプーラにいましたがクンコイピウの後を継いで十七年間国を治め、その後伯父のツァオクンソイキャーに国の統治を戻しました。

125 王統譜では王紀一一八九年となっている。

126 王統譜では王紀一一九五年、佛暦二三七七年となっている。

127 アーンワの皇太子でツァオパトンの息子。

アーンワ国とインドとの戦争に援軍を派遣

王紀一一八七年に至り、アーンワ・ツァケン王とインドが戦争を始め、アーンワ・ツァケン王は手紙を書いて「我々は同盟を三度も結んでおり、またティックティンメーとは兄弟関係にあります。兵を派遣して助けに来てください。」と伝えてきました。そこでツァオクンソイキャーは兵を集めて、息子のツァオクンコイに命じ、これを率いて援軍に向かわせました。事態は解決しツァオクンコイは戻って来ました。ツァオソイキャー大王は「自分は歳をとったので、信仰に生きるため僧侶になりたい。」と言って国の統治を息子のクンコイに譲りました。

反乱鎮圧でアーンワ国に援軍を派遣

王紀一二〇〇年に至り、弟のクンソイポー[128]がツァケンミン[129]とアーンワに対して反乱を起こしたため、「我々はこれまで、どちらかに問題が起こった場合には助け合っていた慣行に従い、今回、弟のクンソイポーが我々に対して反乱を起こしてきたので、ウンポンスィーポ王にあっては援軍を送ってください。」との手紙を届けてきました。そこでウンポン王クンソイは、

128 誰か不明。

129 サガイン王。

兵を集めてツァオコイピウの長男クンミャートポンに託し、援軍に向かわせました。しかしムンウンポンではその間にクンコイが亡くなり、クンソイポーの方はツァケン・アーンワを手中に収めたので、クンミャートポンはムンウンポンに戻って来て国の統治を継承しました。クンミャートポンは五年間在位し、王紀一二〇五年、佛暦二三八七年[130]に亡くなりました。その後は父の弟ツァオクンポーが後を継いで国を治めました。ツァオクンポーには男の子としてクンツァーティー、クンポンがあり、女の子としてナーンセンスツァー、ナーンセンケーサー、ナーンセンニーラー、ナーンミンオン、ナーンセントイがあって、男女合計七人の子供がいました。

130 王統譜では王紀一二二六年、佛暦二四〇八年となっている。

ツァオソイポー王に王女を与える

その頃、ツァオソイポー王が「我々の祖父ツァオパトンとクンミャートサーンテーが親戚関係になったことによって、血統は途絶えることなく、どちらかに問題が起こった場合には助け合ってきました。お嬢様のナーンセンケーサーをぜひ、慈しみ、育て、その面倒を見させてください。」と言ってきました。そこでツァオクンポーは側近の者や兵たちに命じてナーンセンケーサーを送り出しました。

マーントゥン王に気に入られたツァオキャートゥン

王紀一二一四年に至りツァオクンマーントゥン[131]が、「今、兄のパカーンミン[132]が国の周囲で反乱を起こしています。これまで先祖代々助け合ってきた慣行に習い、ウンポンスィーポにあっては、援軍を派遣して助けてください。」と言ってきました。そこでツァオクンポー大王は、兵を集めてツァオミャートサーンテーの末の子クンキャートゥン[133]に指揮を命じました。彼は出征して戦い、事態は解決し、国を取り戻しました。ツァオマーントゥンはツァオキャートゥンを

131 ミンドゥンミン（西暦1853年―1878年）

132 パガンミン（西暦1846年―1853年）

133 誰か不明。

とても気に入り、自分のところで面倒を見ることにしました。クンポー大王は十四年間在位し、王紀一二一九年、佛暦二四〇一年[134]に亡くなりました。

そこでツァオキャートゥンはムンウンポンスィーポに戻って国の統治を継承することにしましたが、ツァオマーントゥンは「子供たちを連れて行ってはいけません。我々が自分たちの子として育て、教育を施し、聡明になるように育てるから。」と言いました。それでツァオクンキャートゥンは自分の子ツァオクンセンをマーントゥン王のもとに置き、ムンウンポンスィーポに戻って統治を始めました。ツァオマーントゥンはツァオクンセンを自分の子のように育て、王統の表象を初め、王子としての資格を与えました。ツァオクンポーの娘ナーンセンケーサーにはナーンミパヤー[135]の地位を与えました。ツァオクンキャートゥンは王紀一二一九年[136]にウンポンスィーポに戻って国を治めました。ツァオクンキャートゥンは布施、持戒、瞑想を実行して仏教を保護し、サンガに寄付を行い、北側の丘にワットノーマーを建立して、僧侶たちの瞑想、布薩、入浴の場所とし、戒壇、パゴダを寄進して、毎月持戒に努めました。民衆に対しては、彼らをこよなく愛し、在家の信者たちが戒を守り、安居明けの時でも、安居中の時でも、僧院で暮らす場合には衣服を支給し、米、水、お金、ござ、数珠、水差しを与えて彼らを支援し、官僚に対しては、給料、食料、田畑、衣服など、あらゆるものを十分に与え、昔からあった通行制止棒によって徴収する税については、これを引き下げ、馬飼い、牛飼いに対しては、その繁殖を支援し、無利息でお金を融資し、三年後に返還させました。国内に問題が起こった場合には、法に従ってこれを裁き、正当な解決

134　王統譜では王紀一二四〇年、佛暦二四二二年となっている。

民は豊かで戦争もなかったツァオキャートゥンの治世

135　「王妃」の地位。

136　王統譜では王紀一二四〇年となっている。

を図りました。こうして、国内に災難は起こらず、平和で、あらゆる点で豊かになり、泥棒はおらず、戦争はなく、国は穏やかで、心豊かで、何も恐れるものはありませんでした。ただ功徳を積み、戒を守り、瞑想を行い、布施をするだけでした。クンキャートゥン大王には男の子としてツァオキャーケンが一人おり、女の子としてナーンミャツーカー、ナーンセンスカーがいて、合計三人の子供がありました。王紀一二二八年にアマラプーラ王ツァオマーントゥンに呼び出され、出かけて行きました。問題が解決したのでムンスムサーイを与えられてそこに居た時、病に罹り、スィーポの町にたどり着く間もなく、二月にムンスムサーイで亡くなりました。ツァオキャートゥンは九年間在位し、その後は息子のツァオキャーケンが後を継いで国を治めました。

仏教に深く帰依したツァオキャーケン大王とイギリスの侵攻

王紀一二三〇年に至りツァオスィーリタムマソーカが建立したモーキョーパゴダが完全に壊れてしまったので、ツァオキャーケンは人を集めてその修復に熱心に取り組み、寺の尖塔、中心の大きなパゴダ、それを取り囲む小さなパゴダ、寺の塀をはじめ、綺麗に修復し、祭礼を行いました。ツァオキャーケンは民衆に対して大きな慈悲の心を持ち、生き物を慈しみ、保護し、良い事を奨励して国を豊かにし、仏教行事においては、進んで食事を共にし、三宝を敬って仏道に精進し、僧侶たちに対しては、支援を惜しまず、毎月寄進を行っていました。官僚たちに対しては、その能力に応じて給料を月初めに支払い、米、衣服、畑、田んぼは、これらを不足させることなく与えました。馬飼い、牛飼いたちに対しては、取引するための資本を出してこれを支援しました。主君は人民を愛し、人民は主君を愛することで、国に動揺はなく、繁栄して、その富は大きく膨らみ、仏教は栄えて、苦労、苦しみを味わうものは誰もいませんでした。ツァオキャーケン大王には男の子としてツァオケー、ツァオカラー、ツァオルー、ツァオパオーの四人の子供がおり、女の子としてナーンカムレン、ツァオツォーヨンの二人の子供がいて、男女合計六人の子供がありました。王紀一二四〇年に至り、「涅槃への道になるように」と言って、町の東のターポックパーンナーの北東方向に、ツェータワンロンという寺院を建立してウーウィスッタ大僧正を招き、信仰を深め、寄進を行いました。国の統治を続ける中で、王紀一二四四年にビルマ王ツァオスィーポ[137]は心を病み、ヤンゴンのサンチャウン寺院へ行って、そこに住まわれました。残してきた国内の政は、叔父と官僚たちが行い、スィーポ王[138]は、また、大臣を任命して政治に当たらせました。王紀一二四七年になって英国人たちがやって来てスィーポ王を連れ去って行きました。

137　スィーボーミン（西暦1878年―1885年）

138　ビルマ王スィーボーミンのこと。

ツァオキャーケン大王の決断

　スィーポ[139]の高官ウーケンは王と意見が合わず、国を離れてコンカーン[140]の王族たちのもとに身を寄せ「兵を集めてスィーポを撃ち破ろうではないか。」ともちかけました。王紀一二四八年に至りウンポンスィーポの王ツァオキャーケン大王はヤンゴンを出発してムンパーイ、パーイクンを通って兵を集め、それを率いてコンカーン王たちを捕まえようとしましたが、彼らはつかまる前に逃げ出してしまいました。戦いに勝利し、事態が収まったところで「ツェーモンホーロイタンカンにウンポンの町を建設しなさい。」と言い残してスィーポの町に戻り、ターポックのナムトゥー川のそばに宮殿を建ててそこに留まりました。王紀一二四

139　ムンウンポンスィーポのこと。

140　ムンヤイのこと。

九年になって、もとの宮殿に戻り「今、英国人がこの国を治めることになりました。我々スィーポの町はその寿命が尽きようとしています。敵がやって来て破壊されてしまう可能性もあるし、これから先、国内が穏やかで、人々が往来するに事欠かないようにするにはこの町は少々狭すぎます。このような理由から、我々は新しい町を建設してそこに住むべきです。しかし、我がウンポンは、これまでの歴史から、四人の地区判事が揃わなければそれはできません。そこで、四人の地区判事を任命しましょう。」と言って、命令を出しました。一方で、町に住んでいる人には「今出て行ってナムポ川の南側の田んぼのところで待つように。」との命令を出し、測量士を使ってナムポ川の南側の田んぼを測量させました。その上で、古い町に住んでいる人に田んぼの方に行って家を建てて住むようにさせました。

スィーポに代わってウンポンカーカムの町を建設

王紀一二五一年、ウンポン王ツァオキャーケン大王はヤンゴンへ行き、ソーブワ会議[141]に出席し、C.I.E.[142]の称号を得ました。英国は彼を総督顧問とし、政府の中ではクンセンという名前を与えました。ウンポンスィーポ王ツァオキャーケン大王・クンセンは王紀一二五二年五月に戻り、七日七晩の祭りを行っている間、ウンポンの古い町の土地を掘り起こし、その土をクンマークルンカーカムに持って来ました。キョイクンの地区判事キョイメーの地区判事モーキョーの地区判事ムンラーンの地区判事を任命し、この四人の地区判事を官吏としました。星座に従って、吉日の最も運の強い日、最もよい時間になった時、新しい町の中心となる宮殿の主柱を据える穴を掘りました。善なる神と国の守護霊に祈りを捧げ、僧侶たちを招いてお経

141 ビルマ語のミンソゥンブエー。

142 Companion of the Indian Empire

を唱えさせました。あらゆるものを産する聖木、各種の果物をそれぞれの寺院に寄進し、全てが揃った食事をご馳走しました。その上でウンポンの町の土とクンマークルンカーカムの土を持って来て、宮殿の主柱の穴に入れました。吉祥の時、星座の良い時を見計らって、大砲を放って祝福の合図を送った上で、宮殿の主柱を四本四隅に立てました。四隅にある四本の柱には油[143]がかけられ、そのことから町はウンポンカーカムと呼ばれるようになりました。南のこの新しい町はウンポンカーカムと呼ばれました。

143 コールタールのことか。

ツァオキャーケン大王の三十六年間の統治

王紀一二五三年、カーカムの町の南にあるクンポイで、精霊から人に至るまで供養を行い、カーロンナカー[144]、ウィックツァー[145]、ピールー[146]、ツォーキィー[147]を祭る祭礼を行って、踊りを踊り、同じ高さの銀と金を持って来てヤケン仏像を作り始めました。同じ高さの銀と金の他に、民衆が持ち寄った銀、金、銅を加え、それでも足りなくて王[148]が更に追加して作り続けましたが、この年には完成せず、一二五四年――一二五五年に至っても完成に至らず、未完成のまま残されました。王紀一二五七年に至り、ヤンゴンのツァーンキョン[149]の僧ウーカーウィを招き、一緒にビルマ人の仏像製作者サラーノーを連れて来て仏像の製作を指揮させ、仏像は完成しました。この仏像はとても立派な姿で、信仰を集めました。C.I.E. ツァオキャーケンクンセン大王は三十六年間国を治め、王紀一二六四年、佛暦二四四六年[150]に亡くなりました。

144 ガルーダ。
145 超人。
146 夜叉。
147 仙人。

148 スィーポ王のこと。

149 サンチャウン地区。

150 本文では佛暦二二四六年となっているが、明らかに二四四六年の誤記である。

大王の子ツァオケーの平和が守られた治世

その子ツァオケーが後を継いで、先祖代々受け継がれてきた習慣や伝統に従って国を治め、王としての十ヵ条を守り、三宝を敬い、持戒に努め、民衆を啓発して良い行いを奨励したので、国は輝き、現世及び超自然界のどちらに於いても富は豊かになりました。馬商人は四方八方どこへでも往き来できて、災難に遭うこともなく、外国人が来て生活することも多く、銀や金はふんだんにあって、栄光、威厳、運は一層大きくなり輝いていました。民衆は貧困に苦しむことなく、この王の時代には国は平和で繁栄し、金持ちもたくさんいました。これは国を治める王が法を守って、仏教が栄え、王が持戒に努め、布施を行い、仏教儀礼を盛大にたくさん行ったからです。ツァオケー大王には男の子としてツァオウンキャーがあり、女の子としてツァオキャーニュン、ツァオスィーリウンマー、ツァオスィーリマーラーがあって、男女合計四人の子供がいました。民衆は平和で幸せな生活を送り、泥棒はおらず、国外に於いても国内に於いても輝いていました。

ツァオケー王にサーの称号

王紀一二六五年に至り、王はツェータワン寺院を建立してウーパニャソイター僧正に寄進し、仏教を深く信仰し、僧侶たちには三蔵を学んで学徳に努め、義務を守るよう求め、仏教を広めました。王は自ら檀家の立場で、僧侶たちには毎月布施を行い、量にかかわらず物品を援助、寄進しました。公務員に対しては、給料、食料、衣服を与え、着物が破れていたり、食事に事欠いたりすることなく、何も不足するものがないようにしました。王紀一二六八年には馬商人の往来が容易になるようにナムトゥー川に大きな鉄橋を架けました。王紀一二七八年にスィーポの町が火災に襲われたので、ノンコーに新しく宮殿を建てました。王紀一二八二年には更にツァカーンサーに宮殿を建立して移動しました。ツァカーンサーに住んでいる時に、尖塔のある寺院と銅のパゴダを建立して寄進しました。一二八六年には三蔵経に通じた僧侶をビルマから招き、僧侶の間で経文の暗唱試験を実施し、僧侶たちにあらゆるものを産する聖木、僧侶用の什器、僧衣を寄進しました。三蔵経をシャン語に翻訳したこのケー大王は仏教を尊び、法王となり、仏教の擁護者として、その知識は広く深く、その行いは善良でした。英国政府も彼を尊重して総督顧問とし、どこでも会議の際には最も重要な人物として扱いました。王紀一二九九年[151]、英国政府は彼を抜擢して C.I.E. サーツォーケーと名付け、ムンタイ[152]の領主としました。王紀一二九〇年、大王は突然英国へ行きたい、と言い出しましたが、まだ出発せぬうちに病に倒れ、七月白分十二日の夕刻に亡くなりました。サーツォーケーは二十六年間在位しました。

151　王統譜でも、本文(このすぐ後)でも、王紀一二九〇年に亡くなったとなっているので、この年号は誤りであろう。

152　シャン州のこと。

父王のやり方に習ったツァオウンキャーの十年間の治世

彼の死後、その子ツァオウンキャーが後を継いで国を治めました。父サーツォーケーのやり方に習い、仏法から外れることなく国を治めました。国は平和で、災難、災害もなく、民衆は楽しく生活することができました。王紀一二九四年にはモーキョー[153]にある大きなお寺の仏舎利塔が古くなって壊れたので、住民に呼びかけ、一緒になって古い寺を取り壊し、レンガと瓦でできた寺院を建立して寄進しました。王紀一二九六年に、仏教の布教を目的としてツァカーンサーの町で大きな祭礼を行い、若年僧と青年僧に対しては、暗唱の試験を行い、全てを産する聖木、各種の果物、いろいろな物品をそれぞれの寺院に寄進して、試験に合格した僧には給料、食糧、食事代、僧衣代を毎月あげることにしました。ツァオウンキャー大王は十年間在位し、王紀一三〇〇年、佛暦二四八二年に亡くなりました。

153　スィーポの近くにある地名で、塩水井戸がある。

郡長パーツィットが行政官に

英国政府は郡長のパーツィットにその後の行政を行

わせていましたが、四年が経った王紀一三〇三年に世界大戦が勃発し、外国人、中国人、日本人が英国政府と戦争を始めたので、郡長のパーツィットは四年間行政を行った後、英国へ逃げ帰りました。

日本支配下での王制

王紀一三〇四年に C.I.E. ツァオキャーセンクンセンの末の子ツァオオーが日本支配下で後の行政を受け継ぎました。王紀一三〇六年になって英国人、アメリカ人が対日反攻を開始し、戦闘が続いたため、国内に平穏はなく、混乱したため彼は逃げ出しました。ツァオオー大王は三年間国を治めた後、「混乱によって疲れた。」と言って国を放棄しました。ツァオオーには男の子としてツァオキャーツン、ツァオキャーセンがあり、女の子としてツァオママ、ツァオキィーツ、ツァオイェンヌがあって、男女合計五人の子供がいました。

ビルマが独立

英国人とアメリカ人が国に戻って来て、郡長タムプー・センセンが行政を行うことになりました。王紀一三〇八年、英国政府はビルマ・シャン(タイ)を独立させ、ケントゥン王の息子に行政を任せました。それから八ヵ月後ツァオオーの息子ツァオキャーセンはツァオパの地位を得て国の行政を受け継ぎましたが、国の再建は今だ十分ではなく、法律が十分に整備されないまま王紀一三一〇年、佛暦二四九二年を迎えました。

ウンポン・スィーポ王統譜

国を治めた王の名前	在位期間	王紀	佛暦	出来事及び推移
佛暦485年にムンマーオ王の息子ツァオカムツォーがムンウンポンを創設。				
ツァオカムツォー	35年		520	霊界に召される。
王の長男―ツァオカムコー	33年		553	同上
ツァオカムコーの息子―ツァオカムコット	26年		579	同上
子供の―ツァオラーオカムトット	36年		614	同上
ツァオカムムン	33年		647	同上
ツァオクンカムウン	17年		664	同上
ツァオクンカムスン	44年		708	同上
ツァオクンカムキョー	36年		744	同上
ポーアーイピウ	30年		773	運が尽きる。
ポーユン	26年		800	運が尽きる。
ポーパーン	4年		804	失脚する。
ツァオスーパーンパ	52年		856	霊界に召される。
ツァオスーワーイパ	38年		894	同上

国を治めた王の名前	在位期間	王紀	佛暦	出来事及び推移
ツァオスーゲーパ	34年		928	同上
ツァオスーケムパ	39年		967	同上
ツァオスーホムパ	45年		1013	同上
ツァオスーパートパ	35年		1048	同上
ツァオスーピックパ	17年		1065	同上
ツァオスーポーパ	35年		1100	同上
ツァオスーコーパ	22年		1122	同上
ツァオスーペンパ	34年		1156	同上
ツァオスーケムパ	25年		1181	同上
ツァオスーハームパ	22年		1203	同上
ツァオスーペムパ	33年	49	1231	同上
ツァオスーヒップパ	24年	73	1255	同上
ツァオスーツォーパ	27年	100	1282	霊界に召される。
ツァオスーホーパ	22年	122	1304	同上
ツァオスーホムパ	36年	158	1340	同上
ツァオスーウムパ	18年	176	1358	同上
ツァオスーハートパ	46年	222	1404	同上
ツァオスーカークパ	37年	259	1441	同上
ツァオスータームパ	15年	274	1456	同上
ツァオスーワーイパ	35年	309	1491	同上

国を治めた王の名前	在位期間	王紀	佛暦	出来事及び推移
ツァオスーカーンパ	17年	326	1508	同上
ツァオスーモックパ	14年	340	1522	同上
ツァオスーツォムパ	28年	368	1550	同上
ツァオスーツムパ	33年	401	1583	同上
ツァオスーウムパ	(不明)	(不明)	(不明)	同上
ツァオスーハームパ[1]	22年	(不明)	(不明)	同上
(不明)	(不明)	(不明)	(不明)	同上
ツァオスーホムパ	33年	491	1673	同上
ツァオスーツァームパ	18年	509	1691	霊界に召される。
ツァオスーツォンパ	26年	535	1717	同上
ツァオクンスー	42年	577	1759	同上
クサーラーツァーマハースーホムパ	23年	600	1782	同上
ツァオクンカムコット	41年	641	1823	同上
ツァオクンペー	5年	646	1828	同上
ツァオクンカムキョー	46年	692	1874	同上
ツァオクンカムソイ	18年	710	1892	同上
ツァオクンキョーオン	33年	743	1925	同上
ツァオクンキョーモイ	30年	773	1955	同上

1 本文ではツァオスーイェップパとなっている。

国を治めた王の名前	在位期間	王紀	佛暦	出来事及び推移
ツァオスーコンパ	22年	795	1977	同上
ツァオロイサーンパ	15年	810	1992	同上
子供の— ツァオスーワーイパ	10年	820	2002	同上
子供の— ツァオスーホムパ	6年	826	2008	同上
子供の— ツァオスーハームパ	7年	833	2015	同上
子供の— ツァオスーペンパ	10年	843	2025	同上
子供の— ツァオスーピックパ	8年	851	2033	同上
弟の—ツァオスーノーパ	8年	859	2041	霊界に召される。
弟の—ツァオカーンカムスーツォムパ	40年	899	2081	同上
子供の—ツァオクンムン	25年[2]	924[4]	2106[5]	ムンアーンワ統治に向かう。
弟の—ツァオスーホムパ	6年[3]	930	2101[6]	霊界に召される

2 本文と整合しない。

3 本文と整合しない。27年か。

4 本文と整合しない。909年か。

5 本文と整合しない。2091年か。

6 2112年か。

国を治めた王の名前	在位期間	王紀	佛暦	出来事及び推移
子供の― ツァオスーポーパ	9年	939	2121	同上
ムンミットの ツァオスーツォーパ	13年	952	2134	同上
子供の― ツァオスーホムパ	15年	967	2149	同上
子供の― ツァオスーカイパ	13年	980	2162	同上
子供の― ツァオクンカムレン	39年	1019	2201	同上
子供の― ツァオクンソイセン	19年	1038	2220	同上
子供の― ツァオスーツァームパ	6年	1044	2226	ムンセンウィー統治に向かう。
子供の― ツァオスーワーイパ	41年	1085	2267	霊界に召される。
子供の― ツァオウッカーワラ	23年	1108	2290	同上
弟の― ツァオウッカーツェーイャ	4年	1112	2294	同上
弟の― ツァオクンツァームミャ	4年	1116	2298	同上
ツァオクンネン	30年	1146	2328	同上

国を治めた王の名前	在位期間	王紀	佛暦	出来事及び推移
王が存在せず、高官たちが行政を行う。	1年	1147	2329	ツァオツォーラヨーターを招聘。
ツァオツォーラヨーター	13年	1160	2342	霊界に召される。
ツァオミャサーンテー[7]	23年	1183	2365	同上
弟の― ツァオクンソイキャー	6年	1189	2371	クンコイピウに譲る。
子供の― ツァオクンコイピウ	6年	1195	2377	霊界に召される。
ツァオティックティンメー	17年	1212	2394	ツァオソイキャーに返す。
ツァオソイキャーが戻って統治する。	5年	1217	2399	ツァオクンコイに譲る。
ツァオクンコイ	4年	1221	2403	霊界に召される。
ツァオクンミャートポン	5年	1226	2408	同上
ツァオクンポー	14年	1240	2402[9]	同上
ツァオクンキャートゥン	9年	1228[8]	2410[10]	同上
ツァオキャーケンクンセン	36年	1264	2446	同上
子供の―ツァオクンケー	26年	1290	2472	同上

7 本文ではツァオミャートサーンテーとなっている。
8 前任者・後任者を考えると計算が合わない。
9 2422年の間違いであろう。
10 前任者・後任者を考えると計算が合わない。

国を治めた王の名前	在位期間	王紀	佛暦	出来事及び推移
子供の― ツァオウンキャー	10年	1300	2482	同上
英国人郡長パーツィット	4年	1304	2486	世界大戦が始まり、逃げ出す。
ツァオクンセンの子― ツァオオー	3年	1307	2489	大戦のため放棄する。
英国人郡長― ツァオウォントック・スィムセン[11]	1年	1308	2497[13]	離任する。
ツァオクンムンキェントゥン[12]		1309	2491	離任する。
ツァオオーの息子― ツァオキャーセン		1310		

11　本文ではタムプー・センセンとなっている。

12　本文ではケントゥン王の息子となっている。

13　2490年の間違いであろう。

参考文献

CHAZEE, Laurent (1999) *The Peoples of Laos: Rural and Ethnic Diversities,* White Lotus Press, Bangkok

CUSHING, J.N. (1914) (republished 1971) *Shan and English Dictionary,* American Baptist Mission Press (first publication), Gregg International Publishers Ltd. (republication)

HAUDRICOURT, André-G. (1972) *Problèmes de phonologie diachronique,* SELAF, Paris

HAUDRICOURT, André-G., HAGEGE, Claude (1978) *La phonologie panchronique,* PUF, Paris

Li, Fang-kuei (1977) *A Handbook of Comparative Tai,* The University Press of Hawaii, Honolulu

Sao Sai Mong Mangrai (1965) *The Shan States and the British Annexation,* Cornell University, Ithaca

—— (1981) (republished 2002) *The Padaeng chronicle and the Jengtung state chronicle translated,* University of Michigan, Ann Arbor

SCOTT, J.G., HARDIMAN, J.P. (1900-1901) *Gazetteer of Upper Burma and the Shan States,* Rangoon

SHINTANI, Tadahiko L.A., YANG, Zhao (1990) *The Mun language of Hainan island,* アジア・アフリカ言語文化研究所

SHINTANI, Tadahiko L.A. (1993) The Origin of the World in the Khün Literature: Pu Sangkhaya before the Buddha Era, 『言語文化接触に関する研究』No.6, pp161-234, アジア・アフリカ言語文化研究所

新谷忠彦(編著)(1998)『黄金の四角地帯—シャン文化圏の歴史・言語・民族』慶友社

SHINTANI, Tadahiko L.A., KINGSADA, Thongpheth (ed.) (1999) *Basic Vocabularies of the Languages spoken in Phongxaly, Lao P.D.R.,* アジア・アフリカ言語文化研究所

SHINTANI, Tadahiko L.A. (ed.) (1999) *Linguistic & Anthropological Study on the Shan Culture Area,* アジア・アフリカ言語文化研究所

新谷忠彦(1999)「言語から見たミャオ・ヤオ」『アジア遊学』No.9, pp.149-157, 勉誠出版
――(2000)『シャン(Tay)語音韻論と文字法』アジア・アフリカ言語文化研究所
SHINTANI, Tadahiko L.A., KOSAKA Ryuichi, KATO, Takashi (2001) *Linguistic Survey of Phongxaly, Lao P.D.R.,* アジア・アフリカ言語文化研究所
SHINTANI, Tadahiko L.A. (2003) Classification of Brakaloungic languages in relation to their tonal evolution, in KAJI, Shigeki, *Cross-Linguistic Studies of Tonal Phenomena,* pp.37-54, アジア・アフリカ言語文化研究所
新谷忠彦(2003)「センウィー・クロニクルに見られる「タイ国」像(Ⅰ)―王の資格をめぐって」『アジア・アフリカ言語文化研究』No.66, pp.275-298
SHINTANI, Tadahiko L.A. (2003) Notes à propos de l'étymologie du mot karen, *Linguistics of the Tibeto-Burman Area,* No.26-1, pp.15-21
―― (2003) Research on the Tai Cultural Area, in GOUDINEAU, Yves, *Laos and Ethnic Minority Cultures Promoting Heritage,* pp.185-188, UNESCO, Paris
―― (2004) Les deux phases d'assourdissement des initiales sonores et de dédoublement du système tonal dans les langues karen, *Bulletin de la Société de Linguistique de Paris,* Tome 98, fasc.1, pp.409-416
―― (2005) Austroasiatic tone languages of the Tai cultural area ― from a typological study to a general theory of their tonal development, in KAJI, Shigeki, *Cross-Linguistic Studies of Tonal Phenomena,* pp.271-292, アジア・アフリカ言語文化研究所
新谷忠彦(2007)「山地民のことば」『自然と文化そしてことば』No.03, pp.22-28, 言叢社
――(2007)「センウィー・クロニクルに見られる「タイ国」像(Ⅱ)―精霊信仰と星占い」『アジア・アフリカ言語文化研究』No.73, pp.177-190

あとがき

私がシャン語の勉強を始めてからもう35年以上になる。ここに訳出したものは長い道のりの中のほんのワンステップでしかないが、ようやくその成果を具体的な形で示すことが出来ることでひとまず安堵の気持ちがある。もともと私のタイ文化圏（シャン文化圏）研究は誰も考えない非常識な研究対象であり、またその研究方法もきわめて非常識な方法をとっている。こうした非常識な研究対象や研究方法を貫くミスター非常識にとっては四面楚歌のような状況を常に覚悟しておかなければならない。ただ、今振り返ってみれば、大変厳しい状況下にはあっても私は随分と幸運に恵まれたような気もしている。本書の出版に際し序文を寄せてくださった石井米雄先生は常に私の研究を励まし支持してくださった。先生の存在は四面楚歌の中で聞こえてきた応援歌のようなもので、その点では私の置かれた状況は四面楚歌ならぬ三面楚歌と言えるかもしれない。またＡＡ研の同僚ダニエルスさんからはいろいろな面で刺激を受け、研究の進展に追い風となったのはもとより、本書の出版に道筋を付けてくれたのもダニエルスさんであり、本書の出版に際しては貴重な写真も提供していただいた。説明中「ダニエルス撮影」と明記しているものはダニエルスさんから提供を受けた写真であり、それ以外は全て私が撮ったものである。更にこの35年程の間に数えきれないくらい多くのシャン族及びタイ文化圏（シャン文化圏）の方々のお世話になっている。こうした方々の協力なくして私の研究は成り立ち得なかった。私が今の勤務先ＡＡ研に受け入れていただいたのも大変な幸運のひとつである。成果主義を追及する現在の風潮にあっても、長期的な視野に立った基礎研究を重視するポリシーを持つこの研究所は私のような研究者にはきわめて好都合であった。最後に本書の編集作業を引き受けてくださった雄山閣及び担当者の金田直次郎さんに感謝するとともに、今後も変わりなく続ける私の研究に対して、多くの方々からのご支援・ご批判を賜れば幸いである。

2008年２月12日

タイ王国への出発を前にして　　　新谷忠彦

新谷 忠彦（しんたに　ただひこ）1946年生まれ。

現職　東京外国語大学　アジア・アフリカ言語文化研究所教授。

専門分野　シャン文化圏（タイ文化圏）を中心とした東南アジアやメラネシアなどの多言語社会における言語音変化とその背景の探求。

現在の主な研究テーマ　タイ文化圏（シャン文化圏）における資料の乏しい言語についての資料を収集・分析し、比較研究する中から伝統的な文化的座標を明らかにする言語学的、人類学的、歴史学的研究。

業績　巻末の「参考文献」中に列挙。

平成20年4月30日　発行

東京外国語大学
アジア・アフリカ言語文化研究所
叢書 知られざるアジアの言語文化 I

タイ族《ぞく》が語《かたる》る歴史《れきし》

「センウィー王統紀《おうとうき》」
「ウンポン・スィーポ王統紀《おうとうき》」

著者　新谷 忠彦
発行者　宮田 哲男
発行　雄山閣
〒102-0071
東京都千代田区富士見二―六―九
TEL03-3262-3231　FAX03-3262-6938
http://www.yuzankaku.co.jp
製本　協栄製本
印刷　研究社印刷

ISBN 978-4-639-02032-5　C3022